MÉMOIRE DE LA DANSE

Edition préparée sous la direction
de Sonia Schoonejans

Titre original :
Blood Memory
Editeur original : Doubleday
(Bantam Doubleday Dell Publishing Group), New York

ISBN 2-7427-4223-9

Photographie de couverture :
Martha Graham par Soichi Sunami

MARTHA GRAHAM

MÉMOIRE DE LA DANSE

traduit de l'américain par Christine Le Bœuf

BABEL

A mon père et ma mère, à Geordie, Mary, Lizzie et William Henry.
A Ron Protas, mon ami, qui a travaillé avec moi et partagé une nouvelle orientation et un nouvel élan dans ma vie.
A mon editor, *Jacqueline Onassis, dont la foi a fait de ce livre une réalité.*
A Howard Kaplan pour son dévouement et sa sensibilité au long des heures innombrables que nous avons passées à préparer ce livre.
A Halston, qui fut mon collaborateur et bientôt mes mains.
A Liza Minnelli et Mikhail Baryshnikov, qui m'ont fait don de leurs talents d'artistes et de leur chaleureuse amitié.
Aux distingués présidents de notre comité, Francis Mason, qui nous a aidés à redémarrer, Lee Traub, Arnold Weissberger, Judith Schlosser et Evelyn Sharp, qui se sont joints à nous pour aller de l'avant.
A ma chère Alice Tully et à mon amie et conseillère Frances Wickes.
A Linda Hodes, Yuriko, Helen O'Brien, Maureen Musialek et Christopher Herrmann, qui ont conforté ma résolution et mes capacités d'aller de l'avant.
A tous mes danseurs, passés, présents et futurs.

Janvier 1991

Je suis danseuse. Je crois qu'on apprend par la pratique. Qu'il s'agisse d'apprendre à danser en pratiquant la danse ou d'apprendre à vivre en pratiquant la vie, le principe est le même. Dans un cas comme dans l'autre, il s'agit d'accomplir un ensemble particulier de gestes, physiques ou intellectuels, par lesquels adviennent une forme d'aboutissement, une conscience de soi, une satisfaction de l'esprit. Dans une certaine mesure, on devient un athlète de Dieu.

Pratiquer signifie donner réalité, en dépit de tous les obstacles, à une vision, à une foi, à un désir. La pratique est un moyen de convoquer la perfection souhaitée.

Je pense que si, de tout temps, la danse a tant fasciné le monde, c'est parce qu'elle symbolise l'accomplissement de la vie. A l'instant même où j'écris, le temps a commencé à transformer aujourd'hui en hier – le passé. Les découvertes scientifiques les plus brillantes se transformeront avec le temps, et deviendront peut-être obsolètes devant l'émergence de nouvelles révélations de la science. Mais l'art est éternel, car il découvre le paysage intérieur, qui est l'âme de l'homme.

J'entends souvent cette expression : la danse de la vie. Elle me touche fort, car l'instrument par lequel la danse s'exprime est aussi celui par lequel la vie est vécue : le corps humain. Celui par lequel s'affirme l'essentiel de la vie. Il garde en mémoire toutes les manifestations de vie, de mort et d'amour. La danse paraît charme, aisance, délices. Mais le chemin vers l'excellence n'est pas plus aisé qu'un autre. Il y a une fatigue si grande que le corps proteste, même dans le sommeil. Il y a des moments de frustration totale, de petites morts quotidiennes. J'ai besoin alors de tout le réconfort que j'ai accumulé par la pratique, la ténacité de la foi.

Il faut environ dix ans pour qu'un danseur parvienne à la maturité. La formation est double. Il y a d'abord l'apprentissage et l'exercice technique, pour renforcer la structure musculaire du corps. On forme le corps, on le discipline, on l'honore et, le temps venu, on lui fait confiance. Le mouvement devient net, précis, éloquent, véridique. Le mouvement ne ment jamais. C'est un baromètre qui révèle le climat de l'âme à qui sait le lire. On pourrait appeler cela la loi de la vie du danseur – la loi qui en régit les aspects extérieurs.

Ensuite vient l'éveil de la personnalité, par laquelle passe ce que l'on porte en soi. Cela ne se fait pas tout seul, il y faut beaucoup d'attention. L'essentiel, bien entendu, est de savoir que chacun est unique au monde, et si l'on n'en tient pas compte, quelque chose est perdu. L'ambition ne suffit pas, la nécessité est tout. C'est là que les légendes relatives au voyage de l'âme ont leur place avec leurs tragédies, leur amertume et leur douceur de vivre. C'est là que la vie dans sa plénitude se mêle à la simple personnalité de l'exécutant et c'est alors que, l'individualité se développant, la personnalité devient moins personnelle. Et puis il y a la grâce. Je veux dire cette grâce qui résulte de la foi… foi en la vie, l'amour, les gens, la danse. Tout cela est nécessaire si l'on veut accomplir quoi que ce soit de magnétique, de puissant, de significatif.

Chez un danseur, il y a de la révérence pour des choses aussi oubliées que le miracle de ravissants petits os et de leur force délicate. Chez un penseur, il y a de la révérence pour la beauté d'un esprit alerte, ordonné et lucide. Ceux d'entre nous qui se produisent en public ont conscience du sourire qui fait partie de l'attirail ou des dons du funambule. Comme lui, nous avons tous, un jour ou l'autre, marché en équilibre sur le fil des circonstances. Nous connaissons comme lui la force d'attraction de la pesanteur. Son sourire est là parce qu'il pratique l'art de vivre à l'instant du danger. Il choisit de ne pas tomber.

Parfois j'ai peur de marcher sur ce fil, peur de m'aventurer dans l'inconnu. Mais cela fait partie de la création et aussi de l'exécution. C'est ça, être danseur.

On m'a demandé pourquoi j'avais choisi de danser. Je n'ai pas choisi. J'ai été choisie pour danser, et avec cela, on vit toute sa vie. Quand une jeune élève m'interroge : “Me conseillez-vous de devenir danseuse ?” je dis toujours : “Si tu as besoin de le demander, la réponse est non.” On ne peut s'embarquer dans une telle carrière que si l'on y voit le seul moyen de vivre sa vie pour soi et pour les autres… Mais alors tu connaîtras les merveilles du corps humain, car rien n'est plus merveilleux. La prochaine fois que tu te regarderas dans un miroir, observe la façon dont les oreilles sont placées contre la tête ; celle dont poussent les cheveux à la limite du front ; pense aux innombrables petits os de ton poignet. C'est un miracle. Et la danse, c'est la célébration de ce miracle.

L'essence de la danse me paraît être d'exprimer l'homme, le paysage de son âme. Chaque danse que j'exécute révèle, je l'espère, quelque chose sur moi ou sur ce qu'un être peut avoir de merveilleux. C'est l'inconnu – que nos souvenirs proviennent des mythes, des légendes ou des rituels. C'est le pouls éternel de la vie, le désir extrême. Je sais que pendant les répétitions – et nous répétons tous les jours – il y a des danseurs, en particulier des hommes, qui ne peuvent tenir en place. L'un des danseurs de ma compagnie n'est pas bâti pour rester immobile. Il lui faut bouger. Je pense que parfois il ne sait pas ce qu'il fait, mais là n'est pas la question. Il a en lui l'essence d'une vie intérieure qui le pousse à danser. Il a ce désir. Chaque danse est une sorte de feuille de température, un cardiogramme. Le désir est une belle chose et c'est de lui, c'est du désir qu'est issue la danse.

Chaque jour de répétition pour un nouveau ballet, j'arrive un peu avant deux heures de l'après-midi et je reste assise seule dans mon studio, afin de jouir d'un instant de tranquillité avant l'arrivée des danseurs. Je me moque de moi-même en disant que je cultive ma nature de Bouddha ; mais la réalité c'est que je me sens si bien en ce lieu ; j'y suis en sécurité, tout est clair, j'ai un but. C'est cette hiérarchie qui a incité un écrivain à appeler la danse "la glorification du comportement". Assise dos tourné à nos immenses miroirs, je me trouve donc complètement en moi-même. Il règne un certain désordre dans la salle car nous partons bientôt en tournée. Des caisses d'emballage, qui sont alignées avec les éléments créés pour moi par Isamu Noguchi et qui voyageront avec nous, portent en lettres noires : *Appalachian Spring*, *Herodiade* ou *Night Journey*.

Avec son plancher usé et sa porte donnant sur le jardin, ce studio compte plus que tout à mes yeux. Quand Lila Acheson Wallace me l'a offert en 1952, il représentait la certitude de pouvoir travailler et me loger. Lila était un être merveilleux. Elle comprenait la turbulence divine qui agite tout artiste et avait le don d'aider sans jamais embarrasser ni exiger de reconnaissance.

Je n'oublierai jamais la première fois que je lui ai rendu visite chez elle, à High Winds. A la table de la salle à manger, Lila buvait dans une magnifique tasse en or que lui avait offerte le gouvernement égyptien et qui provenait, me dit-elle, du tombeau de Toutânkhamon. Le mari de Lila, DeWitt, me regarda et dit : "Ainsi, vous êtes danseuse." Il leva une main au-dessus de ma tête en demandant : "Pouvez-vous la toucher du pied ?" C'était une soirée habillée et je portais du Dior. Je répondis : "Je peux, mais pas avec cette robe." Les souvenirs de Lila lorsqu'elle venait me voir ici, avec son amitié lumineuse, me reviennent souvent dans ce studio ; et aussi à d'autres moments. On dit que l'énergie, une fois créée et lancée, ne peut être détruite ; elle ne fait que se transformer. Peut-être est-ce pour cela que je sens tant de présences dans cette pièce.

Devant la porte de mon studio, dans mon jardin, il y a un arbre qui m'a toujours paru symboliser l'affrontement avec la vie, en bien des sens c'est un danseur. Il était tout petit au début, quand j'ai emménagé ici, et malgré un grillage qui lui barrait le passage, il s'est obstiné à pousser vers la lumière ; maintenant, trente ans plus tard, c'est un arbre au tronc épais, dans lequel le grillage s'est incrusté. Tel un danseur, il est allé vers la lumière et porte les cicatrices de son voyage intérieur. On franchit, on œuvre, on ajuste. On incarne en soi cette curiosité, on utilise cette avidité à vivre, pour le meilleur ou pour le pire. Le corps est un vêtement sacré. C'est le premier et le dernier vêtement, celui avec lequel on pénètre dans la vie, avec lequel on la quitte ; il faut le traiter avec respect, avec joie, et aussi avec crainte. Mais toujours il faut lui rendre grâces.

On dit que les deux arts primaires furent la danse et l'architecture. Le mot *théâtre* fut un verbe avant d'être un nom, d'abord un acte puis un lieu. Cela signifie que pour communiquer avec autrui il faut le geste, l'effort, l'effort réel. Et aussi qu'on a besoin d'un arbre sous lequel s'abriter, selon les circonstances, de l'orage ou du soleil. Il y a toujours un arbre, cette force créatrice, et il y a toujours une maison, le théâtre.

Les arbres peuvent être la plus belle chose au monde, surtout lorsqu'ils sont défeuillés. Il y en a un, là où la route traverse Central Park d'est en ouest. A chacun de mes passages, il se montre, au fil des saisons, sous un aspect différent. Dépouillé de son feuillage, il devient très vieux et impressionnant, un peu comme mon masque nô préféré, celui d'une vieille femme qui fut un jour très belle. Chaque fois que je vois cet arbre, je le salue, pour sa puissance et son mystère.

La colonne vertébrale est dans le corps arbre de vie. Et c'est par là qu'un danseur communique ; son corps dit ce que les mots ne peuvent dire, et s'il est pur, s'il est ouvert, il peut faire de son corps un instrument tragique.

Cette tension, cette intensification d'un corps dans l'immobilité ou le mouvement, je les sens reflétées dans notre studio. Jadis, un ruisseau traversait ce lieu ; et je crois que le sol recèle encore un peu de cette eau cachée. Les Grecs pensaient que là où il y a une source, manifestation du courant de la vie, il y a aussi une déesse à qui l'on peut plaire ou déplaire. C'est une force étrange qui parfois semble à l'œuvre sous notre immeuble. Dans le studio même, nous avons eu une petite poussée de vie végétale, surgie du plancher juste à côté du piano. C'est un autre monde, et nous l'acceptons comme un cadeau.

Je suis absorbée dans la magie du mouvement et de la lumière. Le mouvement ne ment jamais. C'est la magie de ce que j'appelle l'espace extérieur de l'imagination. Il existe, me semble-t-il, un espace considérable, loin de nos vies quotidiennes, où notre imagination erre parfois. Elle peut y découvrir une planète ou ne rien découvrir, et ainsi fait un danseur.

Et puis il y a l'inspiration. D'où vient-elle ? Surtout de ce que la vie a de passionnant. Elle me vient des métamorphoses d'un arbre, d'une ride sur la mer, d'un peu de poésie, du spectacle d'un dauphin brisant l'eau calme pour venir vers moi... de tout ce qui surprend dans l'instant. Et que cela doive s'appeler inspiration ou nécessité, vraiment je n'en sais rien. C'est parfois des gens que je reçois cette inspiration ; j'apprécie beaucoup les gens et la plupart du temps je sens que c'est réciproque. Il se trouve simplement que j'aime les gens. Je ne les aime pas tous individuellement, mais j'aime l'idée des pulsations de la vie en eux ; sang et mouvement.

Chacun d'entre nous, mais surtout un danseur, à cause de l'intensité de sa vie et de son corps, possède une mémoire du sang qui peut lui parler. Chacun d'entre nous a reçu son sang de mère et père, et à travers eux de leurs parents, et des parents de leurs parents, depuis la nuit des temps. Nous sommes porteurs de milliers d'années de sang et de mémoire. Quelle autre explication donner à ces gestes instinctifs, à ces pensées qui nous viennent, impréparés, inattendus ? Nul doute qu'ils ne proviennent de souvenirs enfouis, d'un temps où le monde était chaos et où, comme dit la Bible, le mot n'était rien. Et alors, comme si on avait entrouvert une porte, la lumière fut. Elle révéla des choses merveilleuses. Elle en révéla de terrifiantes. Mais c'était la lumière.

William Goyen a écrit dans *la Maison d'haleine* : "Nous sommes tous porteurs de vies et de légendes. Sait-on jamais ce que peuvent être les fresques invisibles sur les parois secrètes du crâne ?" Très souvent, la danse vient d'un désir de retrouver ces fresques ensevelies.

En Birmanie, au cours de notre deuxième tournée en Asie dans les années soixante-dix, on m'a demandé de déposer des fleurs sur la tombe du Soldat inconnu birman. Je l'ai fait, en présence de notre ambassadeur et du ministre birman de la Culture. Quand j'eus fini, il y eut une grande agitation, une forte rumeur de conversations. Les Birmans voulaient savoir qui m'avait enseigné la façon correcte de déposer les fleurs, celle précisément qui eût été appropriée pour une Birmane de mon âge et dans ma situation. Personne ne me l'avait enseigné. De même qu'en Inde, nul n'avait appris à Ruth St Denis comment remonter de plusieurs générations dans la danse traditionnelle afin d'y découvrir pour ses solos la voie et l'esprit authentiques, oubliés même des Indiens à cette époque.

Mais pour cela, il faut maintenir son vaisseau propre : son esprit, son corps ; c'est ce que disent les maîtres zen à ceux de leurs disciples qui deviennent trop imbus d'eux-mêmes, de leurs théories et de trop de pensées. Ils leur demandent : Tout cela est bel et bon ; mais avez-vous lavé votre bol ? Car le disciple bouddhiste vit en mendiant sa nourriture ; et comment pourrait-il en recevoir dans un bol sale ? On lui demande s'il est prêt pour son prochain repas. Le conseil est clair : retour au fondamental. Il est si facile de s'encombrer.

Je pense que c'est ce que mon père voulait dire lorsqu'il m'a écrit au moment où je m'apprêtais à me lancer dans ma carrière : “Martha, il faut garder l'âme ouverte.”

C'est pareille ouverture, pareille conscience et cette sorte d'innocence que je m'efforce de cultiver chez mes danseurs. Bien que, comme l'indique le verbe latin *educare*, la question soit moins d'introduire une sensibilité que de l'aider à se manifester, pour autant qu'elle existe.

Dès le début de notre répétition, j'évoque cette sensibilité et cette ouverture. Les danseurs entrent avec les directeurs associés, Linda Hodes et Ron

Protas, que j'entraîne depuis des années à superviser mes travaux et à qui j'ai confié l'avenir de ma compagnie. Linda est arrivée chez moi tout enfant, je l'ai formée et elle a dansé avec moi sur scène. Ron est auprès de moi depuis vingt-cinq ans et je lui ai appris ma technique. Il a généralement l'intuition de ce que je veux avant même que j'y sois parvenue. Parmi les danseurs, il y a toujours un ou deux absents : l'un s'est fait mal, un autre est en thérapie, comme d'habitude. Aujourd'hui les danseurs sont capables de n'importe quoi ; la technique est phénoménale. La passion et le sens du mouvement, c'est autre chose.

Il m'arrive de taquiner mes danseurs, de leur dire qu'ils ne sont peut-être pas très en forme aujourd'hui, que de trop sauter leur a brouillé le cerveau. Et pourtant ils se meuvent avec grâce et une sorte d'évidence, certains avec plus de force que d'autres. Ce temps de la répétition est celui qui m'importe. C'est le présent absolu de ma vie.

Nous ne possédons rien que le présent. On part du présent, de ce que l'on connaît, et l'on va vers d'antiques et vieux présents que l'on ignorait mais que l'on découvre en chemin. Je pense qu'on ne trouve le passé qu'à partir de soi, à partir de son expérience présente, de ce qui pénètre dans notre existence au moment présent. Nous ne savons rien du passé, sauf lorsque nous le découvrons. Et nous le découvrons à partir du présent. Contempler le passé, c'est comme se balancer dans un rocking-chair. C'est une telle détente, on peut se balancer sans fin, sans jamais avancer. Cela n'est pas pour moi. On me parle parfois de retraite, et je réponds : Retraite ? Une retraite dans quoi ? Je ne crois pas à la retraite, car c'est alors qu'on meurt.

Rien n'est simple dans la vie d'un danseur. Elle est relativement courte. Je n'en suis pas un exemple, mais il y a certaines choses dont je ne suis plus capable, au-delà d'un certain point. Le grand âge est une plaie. Je ne voulais pas devenir vieille, je ne me rendais pas compte que je vieillissais. Je ressens cela comme un fardeau et une chose effrayante, qu'il faut bien supporter. Une chose qui n'est ni précieuse ni aimable. Dans le meilleur des cas, c'est une difficulté qu'il faut assumer.

Quand j'ai arrêté de danser, ce ne fut pas une décision délibérée. Je me suis aperçue que je n'avais plus la force ni la capacité de construire à l'intérieur, là où est l'âme de l'artiste. Avant de commencer à danser, je m'exerçais en exécutant quatre cents sauts en cinq minutes, montre en main. Aujourd'hui, il y a tant de choses que je ne peux plus faire. Ça me rend furieuse de ne pas y arriver. Je ne voulais pas arrêter de danser et je ne le veux toujours pas. J'ai toujours désiré une vie simple, directe, ouverte, nette et merveilleuse. J'ai eu mon temps.

Il y a toujours derrière moi, venus de loin, des pas qui me poussent, lorsque je crée une nouvelle danse, et des gestes qui me traversent le corps. Bons ou mauvais, ils sont ancestraux. On arrive à un point où le corps est autre chose et se charge d'un monde de cultures venues du passé. C'est une idée très difficile à exprimer par les mots. Je ne me répands jamais en paroles au moment de créer une danse. C'est un risque purement physique que l'on désire prendre, et qu'il faut prendre. Le ballet auquel je travaille en ce moment est un risque. C'est tout ce que je puis en dire, car il n'est pas encore abouti. Je ne permets à personne de regarder, sauf les danseurs avec qui je travaille. Quand ils s'en vont, je reste seule avec les pas ancestraux.

Je me rappelle avoir entendu raconter quelque part, il y a très longtemps, que dans l'atelier du Greco, après sa mort, on avait trouvé une toile vierge sur laquelle il n'avait tracé que ces mots : “Rien ne me satisfait.” Voilà une chose que je peux comprendre.

Par moments, je me dis qu'il est temps de m'arrêter. Je pense à l'image du cygne chez Mallarmé, le beau cygne qui est resté trop longtemps dans l'eau hivernale, jusqu'à ce que la glace se referme autour de ses pieds et qu'il soit pris. Je me demande, parfois, si je suis restée trop longtemps. Peut-être ai-je tout bonnement peur.

Les Indiens d'Amérique pensaient que la vie se déroule en cycles récurrents de mort et de renouveau. Maintenant je me demande si je suis sur le point de commencer un nouveau cycle, ou si je souffre simplement de cette dépression inséparable de l'action. Cela fait partie de la gloire et de l'inévitable, part inconsciente comprise.

Je fais répéter et j'enseigne. Je voyage avec ma compagnie chaque fois que je le peux, et je m'installe en coulisses, généralement avec Ron à qui je confie mes corrections, qu'il note sur son carnet jaune. Dans le public, Linda et un autre répétiteur en font autant. Et ensuite les danseurs reçoivent leurs observations.

Parfois les danseurs sont bons, et je le dis. Mais parfois ils ne le sont pas. Ils font tort à la forme de l'œuvre. Des départs se produisent, des libertés sont prises, et il me faut dire non. Je dirige les répétitions, je montre, et j'enseigne. Tout se résume à ceci : quand on met son nom sur quelque chose, il faut y être présent.

Il y a aussi la question vitale du financement. C'est tout à fait nécessaire. Dans le monde d'aujourd'hui, on ne peut rien concevoir sans argent. On peut rêver. On peut avoir une vision. On peut la porter en son âme, mais on ne peut la réaliser sans moyens. Je suis toujours inquiète de savoir si mes œuvres seront filmées et préservées et si nous pourrons rembourser l'hypothèque sur notre immeuble. Il n'y a plus de Halston maintenant, plus de Lila pour se tenir à mes côtés et m'aider. Et pourtant Madonna, une de mes anciennes élèves, est entrée dans nos vies et m'a parlé, m'assurant que nous trouverions une solution.

Certains jours, quand je rentre chez moi, non loin de mon école, après avoir enseigné à une classe particulièrement difficile, il m'arrive de me demander ce que sont devenues toute cette beauté, toute cette conscience de la magie du corps. Je pense aux nombreuses fois où j'ai fait l'expérience d'aventures étranges. Certaines m'ont été racontées par mes parents, il en est d'autres dont je me souviens. Il me semble avoir toujours montré une grande curiosité pour la vie, les actes des autres, les êtres. Un peu ce dont parle Empédocle quand il affirme avoir été, successivement, un garçon et une fille, un buisson, un oiseau et un poisson muet. En d'autres termes, quelques gouttes de ces souvenirs d'identifications passées s'écoulent sur moi – ni réincarnation ni métamorphose, rien d'analogue. Je fais référence à la divinité de la mémoire, aux fragments d'une mémoire, et à ces choses de valeur que nous oublions, et dont le corps et l'esprit choisissent de se souvenir... Comme l'a dit Emily Dickinson, "l'intuition récupère la clef que la mémoire a égarée".

Ce qui parfois me manque dans une classe de danse, ce n'est pas la perfection, car certains de mes élèves ne connaîtront jamais l'instant de la technique aboutie. Je n'exige, au début, aucune trace de perfection. Ce que je réclame, c'est l'enthousiasme à l'endroit de la vie, la curiosité, l'émerveillement ressenti quand on sait vraiment se mouvoir – le travail qui permet de réussir une première ou une cinquième position impeccables. C'est l'excitation qui en naît, l'avidité, l'oubli de tous ceux qui vous entourent. On est tout à cet instrument vibrant de vie. Le grand poète français Saint-John Perse m'a dit : "On a si peu de temps pour naître à l'instant." Voilà ce qui me manque le plus dans une classe. La force animale me manque, la beauté du talon quand il sert à s'élancer dans la vie. C'est ça, je crois, plus que toute autre chose, le secret de ma solitude.

Je ne me sens pas du tout unique, mais je sais que je suis d'accord avec Varèse, et je vais utiliser un mot que je n'utilise jamais, ni pour moi ni pour quiconque. C'est le mot génie. Edgar Varèse – ce merveilleux compositeur français, qui a écrit de la musique pour moi et qui, par l'usage qu'il a fait des percussions, a ouvert de nouveaux champs de force musicale dont je n'avais jamais eu connaissance – me disait : "Martha, tout le monde naît avec du génie, mais la plupart des gens ne le conservent que quelques secondes."

Il appelait génie cette curiosité qui incite à rechercher le secret de la vie. C'est cela qui m'épuise quand j'enseigne et me retrouve seule. On voit parfois sur scène quelqu'un qui manifeste une telle unité intérieure – si éclatante qu'on en reste figé. C'est un don commun à tous, mais la plupart des gens ne le conservent que quelques instants.

Je n'oublierai jamais ce soir où le téléphone a sonné alors que je m'étais attardée à l'école. Etant seule, je décrochai, et j'entendis une mère qui voulait des leçons pour sa fille. "Elle a du génie, de l'intuition. C'est exceptionnel. Cela doit être mis en valeur tout de suite." "Vraiment ? répondis-je. Et quel âge a-t-elle ?" "Deux ans", répondit la mère. Je lui expliquai que nous n'acceptions les enfants qu'à partir de neuf ans (beaucoup plus jeunes aujourd'hui, grâce aux vitamines, aux ordinateurs et à l'entraînement à domicile). "Neuf ans ! s'écria-t-elle. Mais à neuf ans elle aura perdu tout son génie." "Madame, dis-je, si elle doit le perdre, il vaut mieux qu'elle le perde jeune."

Je ne me suis jamais considérée comme ce qu'on appelle un génie. Je ne sais pas ce qu'est un génie. Je pense que l'image d'un chien de chasse convient bien mieux, un fort et beau golden retriever qui rapporte des objets du passé, ou de notre commune mémoire du sang. Je pense que chacune de nos actions est révélatrice – qu'il s'agisse de religion, de politique ou de sexe. Voilà, me semble-t-il, une des merveilles de la vie. C'est ce que j'ai toujours souhaité : montrer le rire, le plaisir, l'appétit, tout cela à travers la danse.

Pour travailler, pour être en éveil, ne fût-ce que pour exister, on doit renaître à chaque instant. Il faut accepter de sentir, accepter d'être vulnérable. Que l'on aime ou non ce qu'on voit, c'est sans importance. Il ne faut pas toujours juger. Mais on doit se laisser attaquer, se laisser émouvoir, et le corps doit être vivant. Quant à la façon d'animer ce corps, elle dépend de chacun. Je me souviens de la grande Volkova, qui avait fui la révolution russe et enseignait l'art du ballet au Danemark. Curieusement, elle n'avait jamais appris le danois, seulement l'anglais. Un jeune homme avait accompli une extraordinaire série de sauts d'un bout à l'autre de la salle. Quêtant la louange qu'il avait conscience de mériter, il se tourna vers Volkova ; elle dit : "C'était très bien. Mais trop d'effets."

Quand un danseur est au sommet de sa force, il possède deux qualités fragiles et périssables. L'une est la spontanéité à laquelle on parvient après des années d'entraînement. L'autre est la simplicité, mais une simplicité particulière. Cet état de simplicité absolue évoqué par T. S. Eliot, dont le prix n'est rien de moins qu'un renoncement total.

Combien de sauts Nijinski a-t-il exécutés avant de réussir celui qui a étonné le monde ? Des milliers et des milliers, et c'est sa légende qui nous donne le courage, l'énergie et l'arrogance de revenir au studio en sachant que, si bref soit l'instant de naître, on retournera travailler parmi les autres afin de pouvoir une fois encore naître unique. C'est ça, l'univers d'un danseur.

Dans ma vie de danseuse, j'ai connu tant de théâtres, tant d'instants. Mais toujours j'ai résisté à la tentation de regarder en arrière ; à présent je commence à sentir en moi, comme un trait parcourant ma vie, une nécessité permanente. Les mythes grecs racontent que le fuseau de l'existence repose sur les genoux de la Nécessité, la plus importante des Parques dans l'univers platonicien. La deuxième Parque file, et la troisième coupe. Nécessité de créer ? Non. Mais, d'une certaine manière, de transcender, de vaincre la peur, de trouver le moyen de poursuivre.

Comment tout cela commence-t-il ? Cela ne commence jamais, j'imagine, cela ne fait que continuer.

Voici quelques années, les journaux ont publié une liste, longue de plusieurs centaines de noms, de propriétaires de biens déposés en banque et non réclamés. Cette liste mentionnait un coffre-fort que j'avais loué plus de vingt-cinq ans auparavant. La banque exigeait deux cents dollars faute desquels le contenu du coffre serait mis en vente. Mon assistante s'est rendue à Brooklyn pour le récupérer. Il n'y avait là-dedans ni argent ni bijoux, mais des polices d'assurance et des papiers personnels, un formulaire de candidature pour une bourse Guggenheim que j'avais obtenue ultérieurement. Il y avait aussi un document qui remontait les générations de ma famille jusqu'à Miles Standish et Plymouth Rock : mon arbre généalogique.

En 1894, Grover Cleveland accomplissait son deuxième mandat présidentiel. En France, Alfred Dreyfus était condamné pour trahison, et Claude Debussy composait *l'Après-midi d'un faune*. Victoria était encore reine. Au cours de la deuxième semaine de mai, ma mère commença d'accoucher et je naquis le 11.

Mes années d'enfance furent ballottées du clair au sombre. Allegheny, en Pennsylvanie, était une ville totalement morne, dépourvue de vie, de charme et de beauté discernable. L'industrie du charbon dominait tout et on avait beau faire, on finissait toujours par être couvert de suie. De la suie partout : sur les appuis de fenêtre, sur les portes, sur les arbres. Sortir avec une robe blanche fraîchement lavée, ça signifiait rentrer noirci. A la maison, on était sans cesse en train de laver. En ville, les femmes et les jeunes filles portaient des voiles. C'était nécessaire à cause du charbon. Et des gants, à cause de la suie et parce que cela se faisait.

Je me revois marchant dans la Grand-rue, quand j'étais petite, les yeux, le nez et la bouche dissimulés sous un voile. Ma vision du monde était embellie par la transparence du tissu, le mystère même du tulle. Des inconnus rencontrés dans la rue soulevaient le voile pour m'embrasser sur la joue. C'est ainsi que les adultes saluaient les enfants. Bien entendu, je ne les laissais pas faire. Mon père s'y opposait, il m'avait dit de ne me laisser embrasser par personne. Il y avait de nombreuses maladies à cause de notre environnement industriel. Il m'avait recommandé de dire : “Mon père, le docteur Graham, ne permet pas qu'on m'embrasse le visage, mais vous pouvez me donner un baiser sur la main.”

L'âge venant, j'ai adopté les gants comme un moyen de dissimuler quelque chose. Je ne les aime toujours pas, mais j'en porte. Mes mains ne sont plus belles, l'arthrite les a brisées et déformées. J'essaie de leur conserver le genre d'allure que confèrent les gants. Les enfants en particulier n'aiment pas que j'en porte. Ils n'ont pas envie de me toucher. Et ils ne veulent pas que je les touche. Je les comprends, car ils n'ont pas de réel contact avec moi. Je leur cache quelque chose. Je porte des gants lorsque je rencontre des gens et j'en porte pour sortir.

Quand mon père n'était pas en consultation avec un client, je venais dans son bureau, en prenant garde à ne pas le distraire de son travail. Ce bureau tapissé de livres qui excitaient ma curiosité était un endroit très sérieux dont, enfant, je m'émerveillais. Cette pièce me paraissait différente de toutes celles que je connaissais. Je me revois, perchée sur une grande pile de livres afin d'être à hauteur du bureau de mon père. Celui-ci me montre une lame de verre sur laquelle il a placé une goutte d'eau. Tenant la lame entre le pouce et l'index, il m'interroge : "Que vois-tu, Martha ?" Je réplique, naturellement : "De l'eau." "De l'eau pure ?" demande-t-il. Je réponds : "Je crois que oui, de l'eau pure." Je trouve un peu bizarre le comportement de mon père, je ne comprends pas où il veut en venir. D'une des hautes étagères surplombant son bureau, il descend alors un microscope qu'il pose devant moi. Il ajuste le store devant la fenêtre pour doser la lumière, et installe sur le microscope la lame portant la goutte d'eau. Fermant un œil, j'applique l'autre à la grosse lentille noire. Je distingue alors ce qu'il y a dans l'eau et je m'exclame, horrifiée : "Mais ça remue !" "Oui, me dit-il, elle est impure. Souviens-toi de ceci toute ta vie, Martha. Il faut toujours rechercher la vérité." Rechercher la vérité – quelle que puisse être cette vérité, bonne, mauvaise ou dérangeante.

Je n'ai jamais oublié cet instant, qui a dominé toute ma vie à la façon d'une étoile. D'une certaine manière, ce fut ma première leçon de danse – un geste en direction de la vérité.

Quand il était occupé avec un client et que d'autres attendaient, je m'installais près d'eux pour observer leurs attitudes ; parfois je leur racontais des histoires. Je pense qu'ils n'étaient pas spécialement heureux de ma présence ni de mes inventions. Une patiente en particulier, une jeune femme de dix-sept ans, fut invitée à dîner avec nous. Lorsque nous fûmes tous assis autour de la table de la salle à manger, nous inclinâmes la tête et ma grand-mère dit le bénédicité.

A mon étonnement, la patiente de mon père ne parlait guère, je me souviens qu'elle levait à peine les yeux de son assiette et se tenait les épaules arrondies, penchée sur son embarras, comme repliée sur son propre corps, cette difficile habitude de soi. Je ne me rappelle pas la conversation au cours de ce repas, seulement l'attitude étrange de cette jeune femme. Elle paraissait agitée, un peu inquiète. J'interrogeais mon père des yeux, mais son regard plein de bonté ne me donnait aucune explication. Plus tard, après qu'il l'eut raccompagnée chez elle, je demandai à mon père pourquoi elle se comportait ainsi, et il me répondit qu'elle n'était pas bien et que son corps nous le signalait. Chacun d'entre nous raconte sa propre histoire, même sans parler. Le mouvement ne ment jamais, ajouta-t-il, comme je l'interrogeais encore.

Mon père, George Greenfield Graham, soignait les maladies nerveuses – il était ce qu'à l'époque on appelait un médecin aliéniste ; aujourd'hui, je pense qu'on dirait plutôt un psychiatre. Son père à lui était banquier, il avait été le premier président de la Bank of Pittsburgh, et dès la naissance de mon père il lui avait ouvert un portefeuille, ce qui lui a permis d'aller au collège et d'étudier la médecine. Moi aussi, j'ai été élevée grâce à cet argent. Et c'est à cause de ces usines et de la profession de mon père que Lizzie est entrée dans notre famille.

Lizzie a été une institution dans nos vies à tous. Apparemment, elle avait été amenée d'Irlande par une famille riche quand elle était encore très jeune. Un jour, elle fut attaquée par une bande de chiens sauvages et cruellement mordue. On l'amena à l'hôpital le plus proche, où mon père la soigna. Elle était à l'article de la mort tant ses blessures étaient graves, mais mon père la sauva et elle en éprouva pour lui une reconnaissance éternelle ; elle l'assura que lorsqu'il aurait femme et enfants, elle reviendrait pour s'occuper d'eux. Le temps passa, plusieurs années, et on l'oublia.

Un jour, ma mère me tenait dans ses bras et s'efforçait de me calmer. Elle devait se sentir angoissée car j'étais une enfant difficile. Ma mère était très jeune, très jolie et n'avait pas la moindre expérience de ce que représentaient une maison, un mari ou un enfant à élever. Appelé par ses visites et ses tournées, mon père s'absentait beaucoup, et elle était sans doute bien souvent seule. Le heurtoir de bronze retentit et ma mère ouvrit la porte, avec moi dans les bras. Sur le seuil se tenait une jeune femme, une fraîche fille d'Irlande. Elle dit : "Je suis Lizzie, je viens m'occuper du docteur et de sa famille." Ma mère nous regarda bien toutes les deux puis me tendit à elle en disant : "Voilà, prenez-la."

Ainsi débuta le règne de Lizzie dans notre maison. Elle s'installa et demeura chez nous comme un membre de la famille, jusqu'à sa mort, des années plus tard, quand je faisais partie des *Greenwich Village Follies*. Son autorité était absolue. Elle n'avait pas d'instruction. Elle était sage et totalement dévouée – surtout à mon père, qui lui avait sauvé la vie.

Et me voilà donc avec Lizzie, une merveilleuse ancienne catholique qui n'a jamais compris pourquoi elle aurait dû se confesser. "Qu'est-ce que j'ai à confesser ?" demandait-elle. Lizzie, vers qui je pouvais courir, quand mon bras se déboîtait, en disant : "Tire, Lizzie, tire !" Et elle tirait, et tout s'arrangeait. Lizzie, qui, venue dans mon lycée assister à la représentation de la pièce où je jouais Didon, se dressa horrifiée au moment dramatique où je portais le poignard à mon côté, en criant : "Martha, pose ce couteau, tu vas te faire mal !"

Au moment de la naissance de ma sœur Mary, un silence étrange m'avait paru envahir notre maison. Je ne sais plus combien de jours cette impression avait duré. Ma mère se tenait en haut, dans sa chambre, et mon père et ma grand-mère étaient sans cesse attentifs, aux petits soins pour elle. Je revois mon père, montant avec une carafe d'eau fraîche, ma grand-mère redescendant chargée d'un plateau de nourriture presque intacte ou d'un panier d'osier plein de linges humides. Moi, je restais en bas, dans la pièce principale. Je sentais dans la maison quelque chose en train de naître, une autre présence à l'étage, et j'avais un peu peur. Soudain, ma grand-mère saisit dans la cheminée un grand tisonnier de métal et se mit à en frapper les chenets. Je n'y comprenais rien – c'est le premier bruit dont je me souvienne.

Quand ma grand-mère s'arrêta, tout était calme en haut de la maison, et mon père descendait lentement l'escalier ; il vint à moi et me dit : "Martha, tu as une petite sœur. Nous l'avons appelée Mary. Veux-tu la voir ?" Je ne sais plus si j'ai tout de suite répondu oui, je devenais très entêtée et volontaire à cette époque, mais j'ai pris sa main et je suis montée avec lui. Ça se passait deux ans après ma naissance. Mon autre sœur, Georgia, est née deux ans après Mary. Mon père pensait qu'il fallait au moins deux ans à ma mère pour retrouver la force de porter et de mettre au monde un nouvel enfant. Bien qu'il fût médecin, il ne se chargeait pas lui-même des accouchements. Il se considérait comme trop émotif et craignait de ne pas pouvoir le faire comme il fallait, et il demanda à un de ses amis et confrères médecins d'assister ma mère et de l'accoucher.

Ma mère pesait moins de cinquante kilos, et mon père avait l'habitude de la porter dans ses bras dans la maison et dans l'escalier, sa chevelure bouclée lui tombant en cascade sur les bras. C'était une femme très délicate. Elle réagissait très bien à l'adoration de son mari. Je crois qu'ils s'aimaient et se respectaient beaucoup l'un et l'autre. Les rapports de maman avec notre père était presque ceux d'un enfant. Il la cajolait car elle était si petite, si jeune et si belle. Ils avaient des relations chaleureuses et fortes, rien à voir avec le mouvement de libération de la femme, qu'elle ne comprenait pas. Elle voulait être la femme de son mari.

Dès le début, l'amour de mes parents l'un pour l'autre fut profond et tendre. Deux des lettres qu'il lui adressa à Allegheny en 1891, avant leur mariage, me font presque pleurer quand je les lis, et je n'ai pas la larme facile. Il commence l'une par : "Ma chère petite Jean" et une autre par : "Ma Jeannie bien-aimée…" Oh, la chaleur de ces lettres ! Il écrit :

"Je suis terriblement triste de ne pouvoir venir te voir comme j'en avais l'intention, mais accepte cette offrande florale et aime-moi jusqu'à samedi, au moins, quand j'espère te voir. Ecris-moi, s'il te plaît, ne fût-ce qu'un mot d'amour. Nul ne peut dire à quel point je languis de voir ton cher visage…

"J'attendrai jusque-là. Baisers. George."

Ils se sont mariés le 23 avril 1893.

Mon arrière-grand-mère s'efforçait de faire de nous des demoiselles bien élevées, ce qui ne m'a jamais intéressé. Elle s'installait dans un grand fauteuil sur le balcon latéral de la maison, et quand j'étais petite je trouvais stupéfiant qu'il puisse exister quelqu'un d'aussi vieux. Pour lui complaire, je devais lui montrer que j'étais capable de bien repasser un mouchoir. C'était ma responsabilité, la tâche qu'elle m'avait assignée, plutôt qu'à Geordie* ou à Mary. J'étais l'aînée, et cette tâche était la mienne. Je devais laver puis repasser chaque mouchoir, à l'aide d'un instrument de fer forgé qu'il fallait chauffer sur le feu et réchauffer sans cesse pour pouvoir défroisser la toile de coton. Je m'acquittais de cette corvée puis présentais à ma grand-mère une pile de mouchoirs tièdes que je croyais parfaitement repassés. Si elle n'était pas satisfaite, si un mouchoir n'était pas impeccable, elle le dépliait et le plongeait dans un verre d'eau, et il me fallait recommencer. Elle essayait de faire de moi une jeune fille accomplie, et cette idée m'ennuyait profondément. Mais, par respect, je me conformais à ses instructions. Je me souviens qu'elle proclamait : "Je préfère encore un homme sans moralité à un homme sans manières."

Notre éducation avait pour but de faire de nous des demoiselles, destinées à devenir un jour des épouses. Que pouvions-nous devenir d'autre ? On était supposé se marier, avoir des enfants, et ainsi de suite. C'est ainsi qu'on nous élevait, et c'est ce comportement qu'on attendait de nous.

Je n'ai pas connu ma grand-mère paternelle. Elle avait fréquenté Vassar, où mon père a toujours espéré que je ferais des études. Nous avions à la maison – je le possède encore – un portrait de grand-mère, avec mon père debout à ses côtés. Elle portait des lunettes, et lui était vêtu d'un petit pantalon

* Diminutif de Georgia. *(N.d.T.)*

bleu et d'une petite chemise bleue. Je trouvais cette tenue très élégante, mais mon père me semblait considérer tout cela comme une épreuve stupide ; il faisait la moue. J'imaginais un artiste itinérant, allant de maison en maison pour peindre le portrait des dames et de leurs enfants.

Mon attitude envers ma mère était faite d'adoration et d'attention, sans aucune exigence. Je n'essayais jamais de rien obtenir d'elle. Jamais. Nous n'étions pas censées toucher à ses affaires. Sa table de toilette était sacro-sainte. On ne touchait à rien sur cette table… pas même à un bonbon, à rien.

Quand je cessai d'habiter chez mes parents, pour vivre ma vie en dehors de l'aura de ma mère, je lui envoyai chaque fois que je le pouvais un télégramme ou un message quelconque le jour de mon anniversaire. Je lui disais chaque fois : "A l'occasion de mon anniversaire, merci de m'avoir donné la vie."

Des années plus tard, des féministes m'ont revendiquée comme l'une des leurs. Mais je ne me considère pas comme telle. Je ne me suis jamais posé la question, car je n'avais pas l'impression de me trouver en compétition. J'ai été élevée d'une façon très bizarre. Toute ma vie, j'ai été entourée d'hommes, et ce mouvement ne me concernait pas réellement. Je ne me suis jamais sentie inférieure. Et quand tout cela a commencé, il y a une vingtaine d'années environ, j'ai été déroutée. Je ne m'y suis pas associée, et j'ai toujours obtenu des hommes ce que je voulais sans rien leur demander.

Mon père est pour beaucoup dans cette attitude. Il m'a enseigné la nécessité d'être moi-même. Un jour, après une représentation, une femme m'a interrogée sur mon rôle dans le féminisme. Je l'ai regardée et je lui ai dit : "Mon père m'a élevée de façon à faire de moi une femme."

Il y en eut une autre, en Autriche, pour affirmer qu'avec une personnalité féminine aussi forte, je devais avoir eu des petites amies. Je répondis : "C'est impossible. Les femmes ne m'intéressent pas. J'aime les hommes." Si j'avais voulu vivre avec une femme, je l'aurais fait. Je n'en avais pas envie. Je voulais des hommes dans ma vie et c'est ce que j'ai choisi.

Tout ce que je fais existe en chaque femme. Chaque femme est Médée. Chaque femme est Jocaste. Il arrive un moment où chaque femme devient une mère pour son mari. Quand elle tue, Clytemnestre est n'importe quelle femme. Dans la plupart des ballets que j'ai créés, le triomphe de la femme est absolu, total. Je ne sais pas vraiment pourquoi il en est ainsi, sinon parce que je suis une femme. Je sais que chez la femme, comme chez la lionne, il y a un violent désir de tuer si elle ne peut avoir ce qu'elle veut. Beaucoup plus que chez un homme. La femme tue, elle veut tuer. Elle est plus impitoyable que n'importe quel homme.

On fait ce qu'on doit faire, je suppose. On fait ce qu'on trouve attirant et merveilleux au moment même. C'est pour ça que j'ai interprété des femmes comme Clytemnestre. Ça vient de ce profond désir de création. Une jeune fille est venue me dire : “Mais je ne suis pas Clytemnestre. Jamais je ne tuerais.”

“Au contraire, lui ai-je répondu, je t’ai déjà vue regarder un homme de telle façon que tu l’as tué raide, sur place. Si ce n’est pas un meurtre, ça, alors je n’y comprends rien.”

Après un instant de silence, elle m’a regardée en disant : “Je crois que vous avez raison.”

J’ai essayé de montrer ces trois aspects de la femme dans *El Penitente*, mon ballet de 1940. Toute femme de quelque valeur porte en elle un peu de tout ça : la vierge, la catin-tentatrice, la mère. C’est ça, à mon sens, la réalité commune à toutes les femmes. Pas la politique.

Ma mère a donné le jour à quatre enfants : trois filles et un garçon qui est mort très jeune. C’était encore un bébé. Je me souviens du jour où il a été baptisé dans une des chambres à l’étage de notre maison. Mon père était fou de joie, il avait toujours voulu un fils. Dix-huit mois après sa naissance, ce petit garçon, William Henry Graham, est mort d’une méningite. William Henry a été baptisé dans un bol de cristal taillé qui appartenait à ma grand-mère et se trouve maintenant dans la vitrine de mon salon.

Je me souviens que mon père nous racontait des histoires de la mythologie grecque. Mes journées étaient pleines de ces contes, de ces peintures verbales, et parfois, au coucher, il peuplait mon imagination en évoquant ces gens qui n’existent que dans la légende. Il y avait l'histoire d'Achille, plongé dans l'eau par sa mère, comme pour un baptême. Après tout, c'était peut-être pour lui un baptême, une sorte de bouclier vital. Je me souviens que j'étais obsédée par l'erreur à propos du pied, par l'idée que son talon, une si petite partie du corps, allait être cause de sa chute. J'aurais voulu le replonger dans l'eau pour le protéger.

J'étais encore très jeune quand les animaux sont entrés dans ma vie, et selon mes souvenirs et les récits de mes parents, ils sont entrés de façon plutôt grandiose. Je portais encore des langes quand mes parents m'ont emmenée au cirque pour la première fois. J'étais complètement abasourdie par toute cette activité, toutes ces vies au-dessus et autour de moi, tous ces numéros incroyables – le présentateur, les acrobates, les clowns. Mais je fus vraiment stupéfaite quand le moment arriva d'aller voir les animaux. Il y avait surtout un éléphant, enchaîné, debout avec son gardien dans un enclos délimité par des cordes. Dans le tumulte et l'excitation, je réussis à échapper à mon père et à ma mère. Chacun pensait que l'autre me tenait fermement, mais je me tortillai pour me libérer, rampai sur ce qui ressemblait à de la terre et de la sciure de bois, me glissai sous les cordes et me dirigeai droit vers l'éléphant. Je n'avais jamais rien vu d'aussi étrange ni d'aussi fascinant. Ses grands yeux calmes et humides s'abaissèrent vers l'endroit où je me trouvais

– son clin d'œil évoquait la chute lente d'un rideau. Sa grande trompe commençait à se balancer quand tout à coup, se rendant compte de ce qui se passait, mon père terrifié se pencha pour me rattraper par le fond de ma culotte et me ramener vers lui. Le gardien de l'éléphant s'en aperçut et se précipita vers mon père en lui disant d'une voix angoissée : "Vous n'auriez pas dû faire ça. L'animal n'aurait jamais fait de mal à l'enfant, mais vous, il aurait pu vous tuer."

Après ça, mes parents ne m'ont sans doute plus emmenée au cirque, et moins encore perdue de vue. Mais en ce court instant je suis entrée en contact avec quelque chose de vivant qui n'était pas humain. Quelque chose qui, à sa manière, paraissait mystérieux et sage. Les animaux devinrent pour moi très importants. Plus tard dans ma vie, je devais me retrouver face à face avec un éléphant.

Ça s'est passé à Ceylan, où ma compagnie et moi étions allées voir les danseurs de Kandy avec notre guide, l'impresario Donovan Andre. Nous étions tous très fatigués à cause de la chaleur, et la compagnie s'ennuyait. Nous sommes arrivés à un théâtre de plein air : un lieu tout imprégné de mystère, où se trouvaient de vastes gravures rupestres. Il y avait une rizière, à sec en cette saison, et de l'autre côté, bien caché, un petit temple. Il n'avait plus de toit, mais on y voyait quelques sculptures sur bois très belles et très étranges, en particulier une femme ressemblant à une sculpture que j'ai chez moi maintenant. Elle a été si longtemps exposée à la pluie qu'elle s'est toute desséchée, on dirait un symbole de l'existence.

Les danseurs se promenaient d'un autre côté, j'étais restée seule. Soudain j'ai entendu des pas ; il ne pouvait s'agir de pas humains, et je me suis retournée très doucement. Lent, pesant, un grand éléphant s'approchait. J'étais seule. Il était seul. J'étais incapable de bouger. Je n'avais aucun contrôle de la situation. Il s'est approché et m'a regardée de ses yeux lourds et puissants. J'ai levé les yeux vers lui en pensant : "Si c'est la fin, c'est la fin. Je ne peux fuir nulle part."

Très lentement, l'éléphant est arrivé près de moi, il s'est arrêté au-dessus de moi, il n'avait pas les jambes au-dessus de moi, mais la tête – cette énorme tête penchée vers moi et ces merveilleux petits yeux qui me regardaient dans les miens. J'ai eu l'impression que nous restions comme ça, les yeux dans les yeux, pendant un morceau d'éternité. Puis il s'est retourné, il est reparti, il s'est enfoncé dans la jungle en balançant la queue. Il ne m'avait pas touchée. C'était un peu comme si j'avais rencontré une personne, un ami, quelqu'un venu de mon passé, une expérience très impressionnante et mémorable. La démarche de cet éléphant, son arrière-train, sa fine queue qui se balançait, ses grandes oreilles battantes : c'était une créature d'un autre monde, comme toutes les créatures de notre imaginaire.

Les éléphants ont toujours représenté pour moi quelque chose de très spécial, et je me sens liée à eux. Aujourd'hui, je suis engagée dans la protection des éléphants, menacés d'extinction par les gens qui veulent les tuer à cause de la beauté de leurs défenses, qui veulent transformer cet ivoire vivant en ornements ou en trophées. C'est une des raisons pour lesquelles je suis devenue végétarienne. Quand j'étais enfant, j'appréciais la viande, les pommes de terre et tous les légumes. Mais à présent ni viande ni poisson, rien de ce genre. Les animaux existent, ils sont en eux-mêmes un pouvoir, une entité. Les animaux ont le droit de vivre. Ils sont très, très beaux. Le droit de vivre est une chose assez terrible. Un animal exprime presque constamment son désir de vivre.

Le corps d'un animal n'est jamais laid tant qu'il n'est pas domestiqué. C'est pareil pour le corps humain. La civilisation nous a rendu impossible et même indésirable la vie rude que menaient nos ancêtres, mais au lieu de l'aventure physique qui les maintenait en état d'éveil, alertes jusqu'au bout des doigts, nous avons des aventures mentales cent fois plus nombreuses, qui jouent le même rôle : elles accélèrent notre pouls et vivifient notre énergie. Pour ceux qui peuvent devenir aussi ouverts en esprit que des enfants, la danse a un pouvoir énorme. C'est une pierre de touche spirituelle.

Certains après-midi, Lizzie m'emmenait au parc, mais même en plein jour, Pittsburgh était obscure, comme si la ville avait été entièrement tissée de crépuscule et de fil sombre. Un jour, nous vîmes des cygnes dans l'étang. Il y en avait un noir que je trouvai très beau. Nous nous tenions au bord de l'eau et, au grand désarroi de Lizzie, j'agitai mon mouchoir vers le cygne jusqu'à ce qu'il vînt assez près pour me l'arracher des doigts. Je m'émerveillais de cet animal à la gorge et aux plumes étincelantes mais aussi, comme je l'appris bientôt, à la morsure terrible. Lizzie s'interposa entre moi et le cygne noir. "Laisse ces cygnes tranquilles, me dit-elle, ils sont méchants."

Je suis toujours restée fascinée par le côté inaccessible du cygne noir. Il est capable de vous hypnotiser... peut-être à cause de son cou qui ressemble à un serpent, avec son balancement de cobra. La beauté de ce cou aux mouvements fluides, telle une arme mortelle. Je pense que Petipa a dû étudier ces oiseaux pour son *Lac des cygnes*. Si l'on observe un cygne qui tourne sur lui-même dans l'eau, on comprend les fouettés qu'il a créés pour le Cygne noir. Et dans la nature, c'est le cygne noir qui est le plus dangereux. Si la réincarnation existe, je voudrais revenir danser le Cygne noir. La seule modification que j'aimerais dans la mise en scène concerne le personnage de Rotbart, le magicien qui règne sur les cygnes. Je ne le vois pas en créature monstrueuse, ainsi qu'il est souvent représenté, mais comme un homme beau, superbe, parfaitement habillé. Il aurait le pouvoir de séduire toutes les femmes, tous les cygnes qui l'approcheraient. La sexualité est le plus puissant des appâts et des moyens de pression.

Pendant ma petite enfance à Pittsburgh, mon père et ma mère faisaient des voyages en Californie en quête d'un lieu où nous installer un jour. Ils nous confiaient à Lizzie, et ce que disait Lizzie faisait loi. Dans notre grande chambre à jouer, mes sœurs et moi bâtissions des villes avec des blocs de bois – de vraies maisons avec des fenêtres, des portes, et tout. Il me semble que ces jeux de construction, ces créations de paysages inventés, qui nous paraissaient habitables, ont largement contribué à ce qu'on appelle aujourd'hui la chorégraphie. Je n'ai jamais vu un spectacle de danse à Pittsburgh. La danse, il n'en était pas question. Et ce n'est pas de danse que je parle maintenant. C'est un tout autre aspect de l'art de la danse. Je ne parle pas de la technique. Je parle de la mise en scène et de la représentation d'une histoire, d'une idée ou d'une émotion en termes visuels, de même qu'on se sert des mots d'un langage pour formuler un poème, une lettre ou n'importe quelle pensée qui passe par la tête. Lizzie dominait la maison en ce temps-là. Elle s'asseyait par terre avec nous. Elle avait une belle voix douce et elle nous chantait des chansons, les airs en vogue à l'époque. Elle était passionnée de théâtre.

Je n'étais qu'une enfant et n'étais jamais allée au théâtre, mais Lizzie y était allée et alimentait mon imagination par ses descriptions de la scène et des chansons qu'on y entendait. La chambre à jouer fut notre premier théâtre, nous y élaborions des histoires compliquées en construisant des villes avec nos blocs de bois. Lizzie était chargée de nous protéger,

Mary, Geordie et moi, en dressant une barrière entre nous et le monde. Mais en même temps, elle nous offrait une merveilleuse libération. Je me souviens d'une de ses chansons, extraite d'une comédie musicale du moment : "Je ne suis qu'un oiseau dans une cage dorée, un bel objet à regarder." Dans une autre, qui a laissé dans ma mémoire de petites traces oubliées jusqu'à cet instant, elle chantait :

Waltz me around again, Willie
'Round, 'round, 'round.
Music so dreamy
It's peaches and creamy
*And don't let my feet touch the ground**.

La musique jouait donc un rôle important dans notre petit théâtre. Un jour je fis à Mary, Geordie et Lizzie la surprise de les inviter dans ma chambre à une heure précise, pour assister à un spectacle que j'avais créé. J'avais fait un rideau d'un drap de lit tendu d'un bout à l'autre de la chambre. Quand ce rideau se leva, j'apparus, seule, en train de chanter la chanson que voici. C'était mon grand numéro :

Idaho, oh whoa, don't go so fast dear,
My horse won't last dear,
*So won't you please go slow***.

* Fais-moi valser encore, Willie / Tournons, tournons, tournons. / Musique de rêve / Douce et crémeuse / Et que mes pieds ne touchent pas le sol. *(N.d.T.)*
** Idaho, holà, oh ! ne va pas si vite, mon cher, / Mon cheval ne tiendra pas, mon cher, / Alors, s'il te plaît, ralentis. *(N.d.T.)*

Ma mère, qui était une femme extraordinaire, avait remarqué notre goût pour le théâtre, où nous n'étions pourtant jamais allées. Elle nous cousait de petites robes à traînes et nous avions pour nous amuser tous les bijoux de pacotille que nous voulions. Mes sœurs et moi jouions tout le temps à nous déguiser. Nous utilisions des voiles, des écharpes, tout ce qui nous paraissait théâtral.

Depuis le jour de ma naissance, j'ai toujours adoré avoir un public. Ma mère et mon père ont été mon premier public, en un sens. Mon comportement correspondait à l'idée que je voulais leur donner de moi – mais ce n'était pas mon comportement réel. J'avais ma volonté et mes opinions bien à moi.

Quand je me retourne vers le paysage de mon enfance, je me dis que j'étais une enfant bizarre. A l'époque, cette bizarrerie n'était pas évidente. Mes intérêts étaient différents de ceux de mes sœurs. Elles étaient plus faciles à vivre que moi, j'étais plus maniérée. Je me rends compte que mon statut de fille aînée me valait certains privilèges de la part de mes parents, de mon père surtout.

Geordie et Mary auraient pu commettre impunément n'importe quoi, car s'il y avait du désordre dans la maison c'était généralement ma faute. J'étais toujours l'instigatrice de nos idées saugrenues. De plus, on me considérait comme responsable parce que, avec mon côté sombre et mystérieux, j'avais l'air plus coupable que les autres.

Dans notre chambre à jouer, nous avions une maison de poupée, et un beau jour j'ai décidé que ce serait la maison du Petit Chaperon Rouge. Nous avons donc créé un village, une forêt, un sentier dans la forêt et un autre par où le Petit Chaperon Rouge reviendrait de la forêt vers l'abri de sa maison. Mais il me semblait que quelque chose manquait. Je me suis dit que le foyer miniature paraîtrait beaucoup plus vivant s'il y avait un vrai feu, et j'y ai mis une allumette. La fumée et les flammes ont jailli aussitôt et Lizzie, arrivée en courant, a jeté un verre d'eau dessus en disant : "Je sais que ce n'est pas ma Geordie qui a fait ça, ce petit ange." C'était toujours Martha. Geordie pouvait tout se permettre. Quand elle récitait ses prières, ou quand elle était censée les réciter, Lizzie lui soufflait : "Au moment de m'endormir…" et, au lieu de répéter, Geordie disait : "D'accord." En d'autres termes, dites-le, vous ; et c'est ce que nous faisions, Lizzie et moi. Geordie a eu la belle vie, jusqu'à un certain point ; ensuite c'est devenu difficile pour elle. Elle se débrouillait si mal toute seule.

C'est peut-être cet incident avec le Petit Chaperon Rouge qui a persuadé mes parents de m'emmener au théâtre – loin de notre chambre à jouer, et en tout cas, loin de la maison. Nous étions en vacances. Nous étions venus en famille à Atlantic City dans une voiture tirée par un cheval et nous étions installés dans un hôtel. Les enfants mangeaient d'un côté, les adultes de l'autre. Mon père venait toujours nous voir dans la salle à manger des enfants pour s'assurer qu'on nous servait exactement ce qu'il avait commandé pour nous, et que nous obéissions à la nurse qui s'occupait de nous. Je trouvais que cet hôtel – cette maison où nous nous trouvions séparées de nos parents – était une chose très bizarre.

Je nous revois, quelques enfants assis dans l'ombre fraîche sous le plancher de bois de la promenade. Nous entendions marcher au-dessus de nous, et des rayons de soleil jouaient entre les planches. Nous avons vu passer notre nurse qui descendait à l'eau en costume de bain, et nous avons été choqués. Les adultes nous paraissaient toujours très choquants quand ils n'étaient pas habillés.

A Atlantic City, mon père achetait des porcelaines orientales. Il était fou de ces petits objets chinois. Pas seulement des figurines ou des bibelots délicats, mais des objets pratiques comme une soupière et toutes sortes de plateaux et de bols dont nous nous servions à la maison. Il était de plus en plus enthousiasmé par la Chine et très intéressé par l'Orient. Mon père fut à l'origine de mes premières découvertes, de mon premier amour de l'Orient.

Un jour, après le déjeuner, il nous a emmenées, Mary, Geordie et moi, sur la promenade d'Atlantic City qui était, à mes yeux, un lieu de plaisirs et d'émerveillements. Il nous a acheté à chacune un grand cornet de crème glacée. Nous avons marché jusqu'à un théâtre. J'avais environ six ans et ce théâtre était un guignol. On m'a installée sur un pouf de velours vert, une de ces chaises longues démodées dans lesquelles je pouvais m'allonger confortablement avec les jambes étendues devant moi. Les autres enfants et moi, nous étions assis en demi-cercle, et nos parents étaient soit debout derrière nous, soit sur des chaises hautes. Quand le rideau s'est levé, quelle révélation ! Un monde nouveau, tout un univers à explorer, à fouiller, à m'approprier. Un monde inventé à partir de rien, à la fois proche et très différent de celui que Lizzie nous décrivait. Je me disais : "Ah, voilà un monde, voilà un monde. Je le découvrirai !"

C'était pour moi un territoire vierge où je pouvais pénétrer complètement, moins vaste que les contrées qui s'étendaient à l'ouest de chez nous ou que celles qu'on explorerait un jour dans les cieux, mais un territoire de l'imagination – un des plus illimités, sans doute. J'étais muette de ravissement.

Je possédais un monde à moi. Et ce monde était fait de *The Lady of Shalott* *, de mes lectures, des livres et des images qu'ils suscitaient. Dans ma chambre, j'avais un petit fauteuil de bois sur le dossier duquel étaient peints des chatons. J'y étais si attachée que je l'ai conservé pendant des années après qu'il fut devenu trop petit pour moi. Lorsque j'entendais mes parents ou Lizzie se servir d'un mot nouveau, je revenais à mon fauteuil et je répétais ce mot obstinément jusqu'à ce que je le possède bien. Je ne voulais pas risquer de me couvrir de ridicule ni de faire honte à mon père en le prononçant de travers. C'est ainsi que je pense avoir

* Poème d'Alfred Tennyson. *(N.d.T.)*

découvert mon grand appétit de vivre : peu à peu, mot à mot.

Un dimanche où mes parents se trouvaient sur la côte ouest, ou du moins quelque part entre Pittsburgh et la Californie, Lizzie nous a emmenées dans un bâtiment qui, sans être un théâtre, n'en était pas moins un lieu de cérémonie, de mystère et de bénédiction : l'église catholique romaine. Ensemble, nous sommes entrées là comme nous aurions pénétré dans un grand silence, comme si nous accédions à un secret important. J'ai été séduite par la splendeur royale des costumes, par le formalisme, le rituel et la discipline, et par le message presque incompréhensible qui paraissait imprégner l'atmosphère.

Mon père avait été élevé dans la religion catholique jusqu'à l'âge de neuf ou dix ans, à l'époque de la guerre de Sécession. D'Hannibal, dans le Missouri, où ils habitaient, ses parents et lui étaient alors partis vers le Nord, parce que mon grand-père combattait dans l'armée fédérale. Donc – c'est une chose que je n'ai encore jamais racontée – nous avions des esclaves. Jamais on ne les vendait, et ils étaient traités comme des membres de la famille. Je ne suis pas fière du fait que nous ayons eu des esclaves, mais dans le Sud, au début du XIXe siècle, c'était ainsi que ça se passait.

Un jour, pendant la guerre de Sécession, des membres de l'armée confédérée vinrent chercher mon grand-père, qui avait pris parti pour l'autre camp. Ils étaient très décidés, mais ma grand-mère les attendait sur le seuil, entourée de ses enfants et de ses esclaves et armée de son fusil de chasse. “Entrez, messieurs, leur dit-elle, mais le premier qui avance est un homme mort.”

Elle était bonne tireuse et aurait tué pour sa famille. A cette époque, une femme du Sud devait apprendre à manipuler une arme car la violence était partout et elle craignait sans cesse pour les siens. J'aime à penser qu'un peu de son sang coule encore dans mes veines, même si je n'ai jamais eu besoin de me servir d'un fusil.

C'est, je crois, au cours d'une des dernières années du XIXe siècle que nous sommes allés en vacances à Hot Springs, dans l'Arkansas, chez des membres de la famille de mon père. Oncle William, le frère de mon père, habitait là, dans une vaste et vieille demeure. L'événement le plus important de ce voyage fut la présentation à la grande dame de la cuisine, une ancienne esclave. Elle était très aimée dans la famille de mon père et celui-ci, terrifié à l'idée que je me conduise mal, m'avait préparée avec soin à ce qu'il faudrait faire et dire. La main dans celle de mon père, je fus introduite dans la cuisine. Je vis une femme énorme, entièrement vêtue de blanc, assise dans un fauteuil à bascule au milieu de la pièce. Tandis que je m'avançais pour la saluer, le soleil de l'après-midi semblait concentrer sa lumière sur ses genoux. Elle tenait là sa cour, et tout le monde la révérait.

Des années plus tard, mais bien avant le *Civil Rights Movement*, j'ai fait une tournée dans le Sud avec ma compagnie. Nous donnions une représentation au Spelman College. Comme je demandais à des jeunes femmes du collège noir si je les verrais le soir, au spectacle, elles se sont récriées : "Oh non, nous ne pouvons pas aller au théâtre. C'est réservé aux Blancs." Je suis allée tout droit chez l'impresario. Pour la première fois, il avait tout vendu, et je lui ai dit : "Il paraît que vous êtes complet ?" "Oui, a-t-il répondu, c'est la première fois." J'ai répliqué : "C'est tout simplement merveilleux. Je voudrais vingt places pour ce soir." Il m'a demandé pourquoi. "Pour les étudiantes de Spelman College, ai-je dit. Sinon il n'y aura pas de représentation." "Impossible", s'est-il écrié. Là-dessus j'ai ordonné à mon équipe et à mes danseurs de remballer leurs affaires. Nous ne danserions pas ce soir-là. L'impresario, pris de panique, a changé d'avis, et quelques minutes plus tard je disposais de vingt places pour les jeunes femmes de Spelman College.

J'ai le sentiment que mon père ne s'est jamais complètement dégagé des enseignements de l'Eglise catholique. Si vous teignez votre laine en pourpre, plus jamais vous ne pourrez la blanchir. Je me souviens d'un jour où je n'avais pas envie d'aller à l'école du dimanche, qui commençait à m'ennuyer. Mon père est entré dans ma chambre, s'est planté sur le tapis d'Orient rose qu'il avait acheté à Atlantic City et m'a dit : "Tu dois aller à l'école du dimanche." "La religion ne m'intéresse pas", ai-je répondu. "Ta religion ne m'intéresse pas, a-t-il répliqué. Tu choisiras la religion que tu voudras quand tu seras grande. Mais je tiens beaucoup à ce que tu deviennes une femme avertie, capable de ses propres choix."

C'est sans doute pour cela que je ne me suis pas laissé prendre. A ce jour, je n'ai jamais posé de questions aux gens à propos de leur religion, qu'il s'agisse de politique – c'est une religion – ou de sexe – c'en est une aussi. Mais, ce jour-là, j'ai accompagné ma famille à l'église et suis allée avec mes sœurs dans la petite pièce où se tenait l'école du dimanche.

A Pittsburgh, l'église presbytérienne faisait autorité sur nos vies, car c'était celle de ma mère et de ma grand-mère – la *Second United Presbyterian Church* d'Allegheny. Elle me faisait l'effet d'un endroit sombre et plutôt sinistre, avec un seul petit bouquet de fleurs sur la chaire. Il me semble maintenant que le même vieux bouquet sans parfum doit s'être trouvé sur cette chaire pendant la plus grande partie de mon enfance. Il y avait un pasteur qui faisait, chaque dimanche, un très long sermon, pendant lequel je m'agitais sur mon siège. Un dimanche, il se mit à évoquer dans son sermon les petits enfants en enfer – feu, soufre, tortures –, les petits enfants qui, d'une manière ou d'une autre, étaient tombés au pouvoir du démon. Cela fâcha beaucoup mon père, qui était très pratiquant. Nous étions tous présents, à l'occasion d'une réunion de famille, et quand le prêtre se mit à décrire le sort affreux qui attendait ces bébés damnés, mon père se dressa, l'index pointé vers le pasteur, et lui dit : "Monsieur, vous êtes un menteur." Il fit sortir toute sa famille du banc et nous ramena dans la rue.

Je fus confirmée dans la religion presbytérienne et devins membre de cette Eglise, mais c'était dans l'Eglise catholique qu'existaient la splendeur, la gloire, la pompe et la majesté dont parle saint Augustin, pas dans la presbytérienne, si intellectuelle, si coupée de la vitalité du corps et de l'enfance que j'en éprouvais une sorte de terreur. Une seule lumière brillait, c'était Mrs. Bellman lorsque, pendant les offices, elle quittait son banc proche de celui de ma famille pour se tourner vers l'assemblée et entonner un cantique :

There were ninety and nine that lay safely
in the shelter of the fold.
But one was out on the hills
far away from the gates of gold.*

J'aimais m'asseoir très près de l'endroit où elle se tenait pour chanter. La beauté de sa voix imprégnée de divine charité me rendait le service supportable. Je me rappelle encore le petit chant qu'entonnaient tous les enfants présents dans l'église au moment de la quête :

Dropping, dropping pennies
From the sky above.

* Quatre-vingt-dix et neuf se trouvaient en sécurité / à l'abri dans la bergerie. / Mais il y en avait un sur la montagne / très loin des portes d'or. *(N.d.T.)*

They are all for Jesus
*He will have them all**.

C'est dans cette église que je me suis donnée en spectacle pour la première fois, plutôt inattendue, je dois dire, surtout pour mes parents et mes grands-parents. En entendant la musique d'une chanson que mon père avait l'habitude de jouer (il jouait et chantait souvent Gilbert et Sullivan pour se détendre), je me mis à me balancer sur les genoux de ma mère. Relevée depuis peu de la naissance de ma sœur Mary, celle-ci dut trouver mon agitation subite assez désagréable. Elle me déposa à côté d'elle sur le banc et je m'en échappai aussitôt pour me mettre à danser dans l'allée, avec ma robe blanche. Je pense que personne n'avait encore jamais dansé dans cette église. L'assemblée demeura muette, seule ma mère eut un hoquet de surprise. Elle était scandalisée.

A cette époque, je n'étais pas une enfant sage. J'étais entêtée, et la seule façon pour mes parents de me faire aller au lit quand il faisait encore jour était de m'inviter en haut, à la fête de Lillywhite**. Au moment de céder au sommeil dans la blancheur des draps et de l'oreiller, je me rendais compte que je venais de me faire avoir.

Pendant ma petite enfance, à Pittsburgh, j'écoutais ce que me disait mon père, mais je l'oubliais

* Tombent, tombent les piécettes / Du haut du ciel. / Elles sont toutes pour Jésus / Il les recevra toutes. *(N.d.T.)*
** Blancheur de lis. *(N.d.T.)*

complètement à mon gré. Bien qu'il fût partisan d'une certaine discipline pour ses enfants, il n'élevait pas la voix lorsque j'étais méchante. Il ne me frappait pas. Il disait simplement : “Oh, Martha, comme tu me déçois !” Eh bien, en un sens, c'était pis, et ces quelques mots étaient presque trop pour moi.

Une veille de Noël, alors que mes sœurs et moi étions en principe endormies au fond de nos lits, je me levai au petit matin et me glissai dans la chambre à jouer afin de découvrir tous les merveilleux cadeaux emballés de beaux papiers, avec des nœuds de soie multicolore. Chaque année, nous allions en famille dans la forêt choisir un sapin, que mon père coupait dès que nous nous étions mis d'accord ; ensuite, à la maison, il l'illuminait de bougies. Ce matin-là, il m'entendit, descendit, et me surprit là où je n'étais pas censée me trouver. Il me demanda ce que je faisais. Comme si l'arbre et les cadeaux ne comptaient pas, je me précipitai vers la fenêtre en disant : “Oh, j'ai le cœur plein de joie à la vue de la belle neige qui tombe !”

Entre les flocons, j'apercevais dans la vitre le reflet du visage sceptique de mon père et de ses bras croisés ; il dit simplement : “Oh, Martha…”

Tout au long de ces premières années à Pittsburgh, je continuai à n'en faire qu'à ma tête. Je n'étais pas sage. Je me mis à répliquer à mon père. Il aimait ça, en vérité. Je crois qu'il encourageait cette attitude, qu'il aurait attendue d'un fils. Mon père me disait : “Si tu fais du scandale, Martha, fais-en beaucoup.”

Mon père commençait à me traiter comme si j'avais été plus âgée que je ne l'étais. Voyez-vous, il aimait la science et la médecine. Il aimait les jolies femmes et aussi les chevaux de course. Il était si beau avec ses cheveux blonds qu'on l'appelait Goldie Graham. Tout enfant, j'ai joué aux courses. J'étais trop jeune pour comprendre ce qu'était un cheval de course ou un hippodrome. Il misait un dollar sur un cheval – un trotteur, je crois – et nous nous installions au bord de la piste pour le voir gagner. Nous regardions les chevaux par tous les temps – dans le sable sec ou dans les éclaboussures de boue. J'aimais cette impression de plénitude, de cercle, la minceur athlétique de ces animaux qui me semblait faire d'eux l'essence même du cheval. J'aimais cette possibilité qui nous était donnée de tenter notre chance. C'était encore un territoire à explorer, une audace d'un genre nouveau. J'ai appris à prendre des risques.

Je crois que j'étais la préférée de mon père. Il aurait voulu un garçon, et je lui en tenais lieu. Il y a quelques années, j'ai assisté à une réception où se trouvait Charles Addams, le dessinateur humoristique. Il m'a fait des compliments sur mon œuvre, et je lui en ai fait sur la sienne. Alors il m'a dit : "Oh, Martha, je ne suis qu'un gamin américain au sang rouge, juste comme vous !"

J'avais quatorze ans quand mes parents sont rentrés d'un de leurs voyages dans l'Ouest en annonçant qu'ils nous avaient trouvé une maison en Californie et que nous allions partir habiter la ville de Santa Barbara. Quel nom étrange et exotique, comparé à Pittsburgh ! Là, il n'y aurait plus ni charbon ni après-midi obscurs, plus besoin de se protéger le visage, plus de voile de suie sur les maisons. Mes parents s'étaient épris de l'Ouest, surtout mon père, et moi, j'essayais d'imaginer une existence différente de celle que je connaissais – loin de ma chambre, de mon quartier, de l'étang avec le cygne noir, loin des plaisirs et de la diversité d'Atlantic City.

Nous avons fait nos bagages. Lizzie nous aidait à rassembler nos affaires et à les ranger dans de grandes malles de façon que rien ne se perde, que rien ne casse. Grand-mère venait avec nous, bien entendu. Chose étrange, mon père n'a pas abandonné sa clientèle de Pittsburgh. Autant que je m'en souviens, il a continué d'aller et venir entre la Californie et la Pennsylvanie. Je ne sais pas combien de fois il a pu faire ce voyage.

Il n'y avait qu'un train de Pittsburgh à la Californie. Nous sommes arrivés à la gare, nos tickets à la main, pour entamer notre voyage vers l'Ouest. La traversée du pays durait neuf jours ; il faisait très chaud. C'était splendide : la vue que nous avions par les fenêtres changeait sans cesse, selon le climat et les paysages. Et quels ciels !

Grand-mère, très attachée aux convenances, était beaucoup trop vêtue pour de tels climats. Un jour, dans l'un des Etats du Midwest, le train s'arrêta et nous fûmes autorisés à descendre pour faire quelques pas. Grand-mère qui, à la maison, se tenait toujours bien droite sur une haute chaise en bois, les mains serrées sur ses genoux, s'assit cette fois dans l'herbe en étalant sa jupe autour d'elle ; la chaleur l'accablait, son col montant était humide de transpiration. Je trouvai affreux qu'elle s'assoie par terre et se conduise ainsi. Tout changeait, semblait-il.

Je suis tombée malade. Il y avait un contrôleur qui m'aimait bien, qui me promenait d'un bout à l'autre du train. J'ai été malade durant presque tout le voyage, et cet homme merveilleux m'a promenée dans ses bras pendant une bonne partie des neuf jours.

Plus loin vers l'ouest, après avoir traversé des contrées aux paysages illimités, nous avons fait halte dans une ville quasi déserte. L'après-midi s'achevait, le ciel flamboyait de couleurs éclatantes, encore inconnues pour moi. Dans cette ville, nous nous sommes promenés en famille parmi des traces d'animaux préhistoriques fossilisées dans le goudron. Je me rappelle ces traces immenses dans le sol, mon petit pied légèrement posé sur l'empreinte ancestrale d'un homme, d'un animal en train de se dresser, d'accéder à la station verticale et d'échapper ainsi à son passé. Les mains, dernière partie du corps humain à évoluer, étaient encore inconnues. Nous paraissions bien petits, ce jour-là.

Dans le train, je circulais d'une voiture à l'autre, parfois dans les bras du contrôleur, parfois toute seule. Quand je me tenais à l'extrémité de la dernière voiture, je regardais vers l'est le pays que je quittais, même si des centaines, voire des milliers de kilomètres me séparaient désormais de chez moi. Et puis je courais jusqu'à la première voiture, où je voyais l'Ouest se dérouler devant moi. C'était vraiment la nouvelle frontière.

Je ne sais pas comment nous avons fait pour supporter tant de chaleur et de poussière. Mais nous l'avons fait. A un moment donné, comme nous nous étions arrêtés quelque part au Nouveau-Mexique, des Indiens sont venus près du train pour faire du commerce, ou simplement pour nous regarder. Je suis descendue pour me dégourdir les jambes ; une petite fille, pas plus âgée que moi, me regardait fixement, et je me suis rendu compte que ce qu'elle regardait, c'était la grappe de raisin que j'étais en train de manger. J'ai pensé qu'elle n'avait peut-être jamais vu de raisin, ou qu'elle n'en avait jamais goûté. Instinctivement, je lui ai tendu la grappe. Je n'ai jamais pu oublier l'image de cette petite fille en train de goûter ces raisins, ses premiers, j'en suis sûre, avec lenteur et concentration. Je pense que je n'existais plus pour elle.

Le train nous éloignait de notre passé, dans le véhicule du présent, vers notre avenir. Devant moi, les rails étincelaient, que nous roulions droit devant nous ou traversions des montagnes récemment excavées. Ces rails embrassaient le pays, ils sont devenus un élément vivant de ma mémoire. Ces lignes parallèles dont le sens paraissait inépuisable, dont la destination était l'infini. Telle fut, pour moi, l'origine de mon ballet *Frontier*.

En arrivant à Santa Barbara, nous nous rendîmes aussitôt dans notre nouvelle maison, que mes parents avaient louée à une certaine Mrs. Alexandre. C'était une maison jaune, absolument charmante. J'étais si excitée, je m'en souviens, que je suis allée ouvrir tous les tiroirs de l'armoire de la salle à manger afin de voir ce que Mrs. Alexandre avait laissé à notre disposition. J'ai compté un à un tous les objets domestiques : fourchettes, couteaux et cuillers.

Maman ouvrit les fenêtres et la brise marine entra soudain, faisant voler les clairs rideaux arachnéens, vivants dans la lumière du soleil. J'aurais voulu absorber la plénitude de cet instant.

En Californie, il y avait des fleurs, des gens d'origine extrême-orientale, des gens d'origine espagnole. La vie était complètement différente de celle que nous avions connue à Pittsburgh. Ce fut une période de lumière, de liberté et de curiosité. Je trouvais cela passionnant.

Mon intérêt pour l'Orient n'est pas dû seulement à la beauté des objets chinois que nous avions chez nous, mais aussi au fait que nous nous trouvions entourés de Chinois. Ils étaient très beaux. Ils nous donnaient des cadeaux. Ils nous apportaient du poisson. Assez curieusement, je me suis toujours sentie plus proche de l'Asie que de l'Amérique.

Les Chinois ont un dicton que je crois plein de sagesse : “Si vous êtes triste, fâché ou déprimé, ne sortez pas dans la rue : les émotions sont une maladie contagieuse.” On risque de contaminer quelqu'un.

Les communautés espagnole et américaine ne se sont jamais vraiment mêlées, à Santa Barbara. Beaucoup d'Espagnols se flattaient de ce qu'aucun non-Espagnol n'ait jamais mis le pied chez eux. Une telle absence de communication fut cause d'un incident comique. Au moment de nommer le nouvel hôpital de la ville, l'un des conseillers municipaux, à la grande hilarité de la communauté espagnole, choisit dans une liste un nom qui lui paraissait sonner "merveilleusement bien", sans même chercher à en connaître la signification – après tout, pour lui, ce n'était que de l'espagnol. Ce nom, c'était *Sale si puedes*, "Sors-toi de là si tu peux"…

Au cours de notre première promenade sur une falaise, à Santa Barbara, nous sommes arrivés sur une hauteur qui surplombait le Pacifique. Nous nous trouvions à la limite du pays, devant ce qui nous paraissait le bout du monde. Enivrée par la lumière et le bleu de l'océan, je me suis mise à courir, les bras grands ouverts. Je suis tombée, mais peu m'importait de perdre l'équilibre. Je courais, tombais, me ramassais, et je répétais : "C'est merveilleux, ici !" Le soleil était si généreux, le paysage si clair, j'en absorbais tout ce que mon corps était capable de saisir.

Il m'arrive encore, aujourd'hui, dans le studio, de penser à cet instant de mouvement ; à ce que les danseurs sont en train de faire, à ce que je faisais alors. Je vois ce que fait le corps lorsqu'il respire.

Quand il inspire, c'est un *release* * et quand il expire, une *contraction*. On inspire, et on expire. C'est l'usage physique du corps en action.

Ma technique repose sur la respiration. J'ai fondé tout ce que j'ai fait sur la pulsation de la vie qui est, à mes yeux, celle de la respiration. Chaque fois qu'on inspire la vie ou qu'on expire, c'est un *release* ou une *contraction*. C'est aussi essentiel que ça pour le corps. Ce sont deux mouvements avec lesquels on naît et qu'on conserve jusqu'à la mort. Mais il faut apprendre à s'en servir consciemment de manière à enrichir la danse. Il faut animer cette énergie en soi-même. L'énergie est ce qui supporte l'univers et tout ce qu'il contient. J'ai reconnu très tôt dans ma vie l'existence de cette sorte d'énergie, l'étincelle créatrice, ou quel que soit le nom qu'on lui donne. Ce peut être Bouddha, ce peut être tout ou n'importe quoi. Cela commence avec la respiration. Je suis sûre que la lévitation est possible. Je ne parle pas d'un point de vue mystique, mais d'un point de vue pratique. Je suis sûre que je pourrais marcher dans les airs, sauf que mon cœur n'est pas entraîné à supporter la tension d'un tel vol, d'un tel mouvement surgi du cœur et reposant sur lui.

* Ce mot est l'un des termes de danse propres à Martha Graham qui sont utilisés tels quels par les danseurs et chorégraphes à travers le monde ; on trouvera p. 301-302 une brève explication de ceux qui apparaissent dans ce livre. *(N.d.T.)*

De la falaise, nous apercevions l'océan et les dauphins qui étaient chez eux dans ce secteur. Aucun brise-lames n'entravait leur liberté. Oh, mon premier dauphin ! Une créature vivante surgissant de la mer vivante. Je m'émerveillais de cet arc gris, de cette courbe, de cette grâce du corps animal, de cette façon de sauter en l'air et de retomber. Il était possible d'approcher les dauphins, de nager avec eux. Je ne le fis pas, car ils étaient trop loin de l'endroit d'où je les observais. Ils me remplirent d'une émotion particulière. Je les aimais.

Pour aller dans l'eau, à la plage, dans la chaleur de l'été, je portais un costume de bain – bien différent de ce qu'on voit aujourd'hui sur les plages. J'étais entièrement vêtue. J'avais un pantalon, une sorte de culotte bouffante, avec un corsage assorti dans le même tissu sombre. Oui, on apercevait de la peau, mais rien d'extravagant. On s'habillait de façon à demeurer respectable pendant qu'on se baignait, et jamais, au grand jamais, on n'aurait porté ce costume en d'autres circonstances.

Une des premières familles avec qui nous eûmes des relations de voisinage, qui évoluèrent bientôt en amitié, fut la famille Alfred Dreyfus. M. Dreyfus s'était éloigné autant qu'il le pouvait de France, où il avait été condamné pour trahison. Il s'était installé avec tous les siens à Santa Barbara et s'occupait d'affaires immobilières. Mes sœurs et moi jouions avec ses enfants. Quand Mme Dreyfus et ma mère recevaient pour le thé, les enfants participaient tous ensemble à leur propre cérémonie du thé. Cette famille nous devint très chère.

Mon amie Inez Hammer venait à la maison et nous nous déguisions. Nous devions inventer nos propres spectacles, car les seuls qui avaient lieu chez nous étaient les fiestas, avec de grandes herbes de la pampa tressées dans les crinières des chevaux à la parade. Inez et moi passions des heures à jouer les dames du monde.

Peu après notre arrivée à Santa Barbara, nous devînmes membres d'une église presbytérienne, et lorsque je fus un peu plus grande je commençai à enseigner à l'école du dimanche. Les parents m'amenaient leurs enfants au rez-de chaussée de l'église pendant qu'ils assistaient à l'office, à l'étage. Je jouais un peu de piano et je chantais. Je ne parlais pas beaucoup de religion parce que, franchement, ça ne m'intéressait guère. En haut, ça les intéressait énormément. Ils voulaient être de bons petits presbytériens. Et, bien sûr, les bons petits presbytériens m'ennuyaient à mourir.

Je demandai à un petit garçon à qui j'enseignais l'Ancien Testament : "Où a-t-on mis Joseph ?" C'était un petit rebelle, lui aussi, et il me répondit : "Oh, on l'a mis en boîte." Cela n'avait rien à voir avec Joseph, ni avec le Pharaon, ni avec ce qui se passait à l'étage. Je me souviendrai toujours de cette réponse inattendue, parce qu'il m'avait dit ce qui lui passait par la tête.

Un jour, à la fin de la classe, un délicieux gamin de six ans m'interpella : "S'il vous plaît, miss, la semaine prochaine, on peut avoir une histoire avec des damoiselles ?" "Damoiselles", dans notre langage, cela évoquait des choses rares et belles, de longues chevelures d'or dénouées. Qui sait ce qu'est une damoiselle ? On y croit, dans un sens, et en même temps on sait bien qu'elles ne sont que fiction. Jusqu'à la fin de l'office, en haut, j'amusais de mon mieux les quatre ou cinq enfants qui m'étaient confiés, puis ils rejoignaient leurs parents.

A la maison, je commençai des leçons de piano. J'en eus beaucoup de plaisir. Un jeune homme de la ville venait régulièrement passer une heure avec moi. Nous prenions toutes des leçons avec des jeunes gens qui venaient nous enseigner le clavier. Je m'appliquais avec une grande concentration et, à la différence de bien des gens que je connais, je ne considérais pas les exercices comme une corvée. Je prenais une partition, l'étalais sur le piano puis, les mains en place, je me mettais à jouer. Quand il faisait beau, j'ouvrais la porte du jardin. A l'époque de mes premières leçons, mes pieds touchaient à peine le sol.

Il y avait un joli bosquet de chênes où nos familles avaient pris l'habitude de se retrouver. Un dimanche après-midi, nous étions là, réunis autour d'un pique-nique, et soudain, sans autre raison que ce que j'éprouvais dans mon corps, je montai sur la table et me mis à danser. Il n'y avait pas de musique, mais je sentais le mouvement. Ma mère, qui était en conversation avec ma tante, fut gênée lorsqu'elle vit cela et me fit cesser.

J'ai rencontré Lotte Lehman, qui n'était pas beaucoup plus âgée que moi. Elle avait une voix merveilleuse. Je me souviens d'une vaste pelouse où Lotte chantait, debout devant un public d'étudiants et d'amis, habillée comme une fée, dans la caresse du vent. Elle mettait un petit morceau de nourriture entre ses lèvres et les oiseaux descendaient en vol plané le picorer. Aucun oiseau n'a jamais touché à sa gorge, qui détenait le don de sa voix. Ils venaient pour la nourriture. Nous venions pour regarder. Je sais que ça paraît extraordinaire, mais c'était ainsi, c'est exactement ainsi que ça se passait.

Je considère les oiseaux comme une des plus belles manifestations de la vie animale. Ils ne sont pas agressifs si on ne l'est pas envers eux. Dans mes ballets, les oiseaux symbolisent le mal – ils sont si beaux, si chargés de présages. Dans *Night Journey*, ils composent le chœur – nul autre animal ne peut vous hanter comme un oiseau. Il y a des moments dont on aimerait ne pas se souvenir, mais on se souvient, et c'est le "Voyage nocturne" *(Night Journey)*. Quand la mémoire vous fait revivre votre vie – dans le grand âge, pas durant la jeunesse –, ces choses qu'on a faites et qu'on préférerait n'avoir pas faites.

Emily Dickinson a dit : "L'espoir est la chose empennée qui va percher dans l'âme*." Ce peut être un vautour. Il y a les bons jours, les jours avec, et

* *Hope is the thing with feathers / That perches in the soul.* Traductions de Guy Jean Forgue, Aubier-Flammarion, 1970. *(N.d.T.)*

puis les mauvais, les jours sans. Trop de souvenirs, c'est douloureux.

Lizzie se mit à nous emmener, mes sœurs et moi, à la mission de Santa Barbara, que l'on appelait la Reine des Missions. Fondée par les franciscains, c'était la plus belle de la Californie méridionale. Je me souviens des clarisses, fidèles disciples de saint François, prosternées en prière devant l'autel. On ne pouvait faire aucun bruit à ces moments-là, mais là le silence était très différent de celui de l'église que j'avais fréquentée à Pittsburgh ou de l'église presbytérienne de Santa Barbara. Quelque chose, dans la lumière du soleil et la couleur de la pierre, imprégnait la liturgie et la rendait vivante.

Tout le temps des vacances était joie, en cette époque où nous vivions dans une communauté catholique, avec les jésuites. On célébrait les fêtes avec des illuminations, on donnait et on recevait de beaux cadeaux. Il y avait un père jésuite qui venait nous voir chaque semaine. Il ne mangeait jamais rien et n'essayait jamais de nous convertir. Il venait en visite. Je m'en réjouissais d'avance, car je le trouvais tellement correct et joyeux. Si je le rencontrais en ville, il s'arrêtait de marcher, je m'arrêtais aussi, il faisait le signe de la croix puis nous repartions l'un et l'autre.

Un jour, nous avons accompagné Lizzie à la messe en basse Californie. Un prêtre la célébrait, assisté par deux femmes. A la fin de l'office, les portes à double battant furent ouvertes et nous découvrîmes, devant l'église, des Indiens à cheval qui tiraient des coups de feu en l'air. Cela signifiait que nous n'avions pas le droit de pénétrer sur leur territoire. Je me souviens encore de l'église obscure pendant la cérémonie puis, au moment où la porte fut ouverte, de l'irruption soudaine de la lumière. Sous une tonnelle, des femmes en costume regardaient les hommes danser en ligne.

Juste à côté de l'église, il y avait un bûcher calciné que l'on me déconseilla d'approcher ; j'appris bientôt qu'il était chargé d'histoire, une histoire de rites et de meurtres. On racontait qu'une Américaine était venue jadis dans cette région pour enseigner. Le gouvernement lui avait donné de l'argent dans le but d'éduquer les Indiens, mais quand elle eut tout dépensé et qu'il ne lui resta rien à donner, elle fut brûlée par les Indiens. Cela, je ne l'ai pas vu, mais je garde un souvenir très vif de ce bûcher calciné.

Une autre fois, nous sommes arrivées là alors que quelqu'un venait de mourir dans un pueblo des environs. Ma sœur Mary marchait la main dans la main du prêtre catholique. Des villageois appuyèrent le cercueil contre la porte de l'église, et une vieille femme entièrement vêtue de noir se lamentait en chantant : “Saint, saint est le Seigneur.”

J'étais toujours aussi obstinée, à Santa Barbara, et en ma qualité d'aînée j'étais chargée de certaines tâches destinées à me mettre au pas, tout comme à Pittsburgh. L'une d'elles consistait à parcourir le jardin avec un seau et à débarrasser les arums des escargots qui les envahissaient.

Nous avions, dans le jardin derrière la maison, un cactus cierge dont les fleurs parfumées comme du jasmin ne s'ouvraient qu'au clair de lune ; elles faisaient les délices de ma mère. Mary, Geordie et moi sortions la nuit pour les voir. Pieds nus, en chemise de nuit, nous tenions des bougies dissimulées derrière nos mains : les fleurs se seraient refermées sous une lumière plus forte.

J'inspirais l'air du jardin et admirais les visages de mes deux sœurs penchées sur les fleurs, leur ossature, leurs yeux. Mary était la plus belle. Elle avait les cheveux blonds et les yeux bleus et, depuis sa plus petite enfance, de très longues jambes. Quand elle fut plus grande, mes parents étaient terrifiés, lorsqu'elle allait à Chinatown, à San Francisco, à l'idée qu'elle se fasse enlever par des gens qui pratiquaient la traite des blanches. C'est une chose qui arrivait parfois et, jolie comme elle était, les craintes de mes parents n'étaient pas déraisonnables. Un jour où Mary avait pris le train, vêtue de son beau manteau vert, un homme la suivit jusqu'à Santa Barbara : il se cherchait une femme, et Mary lui convenait.

Geordie aussi était jolie, avec ses boucles brunes et ses grands yeux marron. Moi, j'étais mi-sauvage, mi-civilisée. Le visage allongé, les cheveux raides, très maigre, je n'étais pas ce qu'on aurait appelé une beauté. Je me sentais un peu étrangère, de n'être ni blonde ni bouclée.

Les fleurs du cactus cierge étaient blanches et délicates, fragrantes du mystère de leur vie nocturne, odorante et éclatante : incompréhensible. Elles firent sur moi une impression directe et profonde. Je me promis d'avoir un jour une robe, un costume de scène inspiré par ces nuits et ces fleurs. Et j'ai tenu parole. Ce fut la robe de la Vierge blanche dans *Primitive Mysteries*, mon ballet de 1931. Elle était faite d'une sorte d'organdi animé et vivant, aussi enveloppant qu'un nuage.

La veille de la première de *Primitive Mysteries*, nous n'arrivions à rien. Je renvoyai les danseuses : "Rentrez chez vous, ce ballet ne figurera pas au programme de demain." Convaincue d'un échec, je m'enfermai pendant plusieurs heures dans ma loge. C'est alors que le compositeur Louis Horst, mon directeur musical, me mit au défi. "Louis, protestai-je, tu me brises. Tu me brises jusqu'à l'âme." Il demanda aux danseuses de rester et me dit : "Viens, sors, montre-toi, il faut le faire. Nous allons réussir." Le lendemain soir, ce numéro fut le dernier au programme. Des groupes de femmes entrèrent, vêtues de longues robes sombres, puis j'arrivai dans ma robe d'organdi blanc. Ce furent la *Danse de la Vierge*, *Hosanna*, *la Crucifixion*. Nous dansâmes d'abord sans accompagnement ; puis vint la musique de Louis. Nous fûmes enveloppées.

Mon père possédait, en copropriété avec un autre médecin, une oliveraie à Montecito, au sud de Santa Barbara. Pour y aller, bien que nous ayons une automobile, ma grand-mère nous conduisait dans une voiture tirée par des chevaux.

Un des oliviers avait une branche assez élevée, à deux mètres du sol environ, sur laquelle je grimpai un jour, ma corde à sauter à la main. Il faisait une chaleur torride, et j'avais l'impression que mon escalade me rapprochait de la source de la chaleur et de la lumière. Je me mis debout. Je commençai lentement à sauter à la corde, puis j'accélérai l'allure.

Ma mère, qui m'avait observée par la fenêtre de la maison, arriva en courant près de l'arbre. Elle s'immobilisa, pétrifiée à l'idée que si elle me parlait je m'arrêterais et tomberais. Je ne fis ni l'un ni l'autre, j'étais bien trop concentrée. Lorsque j'en eus assez, je laissai choir la corde et descendis sans aide. Mais plus jamais je ne fus autorisée à sortir seule de la maison avec ma corde à sauter pour grimper à l'arbre et renouveler mon exploit. Ma mère était – non sans raison – toujours inquiète de ce que j'allais inventer, et sur bien des photographies, son expression révèle cette inquiétude.

Je m'assis à l'ombre d'un olivier. Je cueillis quelques olives et frottai de leur précieuse huile mes mains et mes bras, je la goûtai du bout de la langue. Mes vêtements, ma peau même en paraissaient imprégnés. D'avoir sauté à la corde, mon corps était apaisé, mais quelque chose de plus profond se passait en moi à cette époque. Je me souviens encore de cette journée ensoleillée, et de ma peau nourrie et colorée par l'huile d'olive.

Au ranch, nous avions un chariot avec lequel nous nous amusions beaucoup. Nous y attelions l'âne et nous faisions tirer. Mary était généralement terrifiée, surtout par l'animal, mais j'encourageais celui-ci à presser l'allure en lui caressant le dos. Mary n'en avait que plus peur.

Un jour où je parcourais avec mes parents la Grand-rue de Santa Barbara, de la mission en direction du Pacifique, je vis dans une vitrine une affiche annonçant un spectacle de danse par miss Ruth St Denis. C'était en 1911, je crois, et miss Ruth, comme je devais l'appeler par la suite, venait de donner à San Francisco une série de représentations qui avaient eu beaucoup de succès. Elle était en tournée sur toute la côte de Californie et devait se produire peu de temps après à Los Angeles. L'affiche montrait une femme à la longue chevelure blanche vêtue d'un costume d'inspiration orientale. Cette image retint mon regard et mon imagination, elle allait même devenir une obsession.

Mes parents continuaient à marcher vers la plage, mais je les rappelai pour leur montrer l'affiche. Je les suppliai de m'emmener à Los Angeles et au bout d'un moment mon père céda, bien que ma mère n'ait jamais aimé cette ville. Elle n'a jamais voulu y avoir affaire.

Le jour venu du spectacle de danse, mon père et moi partîmes pour Los Angeles. Nous ne prîmes ni l'automobile, ni la voiture à chevaux, mais voyageâmes sur un ferry qui s'arrêtait à tous les petits ports le long de la côte avant d'arriver à la grande ville où nous nous rendions.

Pour aller au théâtre, le *Mason Opera House*, je portais une robe sombre et un chapeau que mon père m'avait achetés. Le modèle et le style en auraient mieux convenu à une matrone de cinquante ans, mais tel était son choix. Dans cette tenue trop âgée pour moi, je me croyais vêtue avec une grande élégance. Mon père épingla au corsage de ma robe grise un bouquet de violettes, et ce soir-là mon destin fut scellé. Le rideau se leva. Le public se tut. Le programme de miss Ruth comprenait ses solos réputés : *les Cobras*, *Radha* et *la Bayadère*. Il y avait aussi sa fameuse danse intitulée *Egypta*.

Je m'épris de Ruth St Denis ; non seulement je la trouvais exotique mais, je m'en rends compte aujourd'hui, elle faisait à mes yeux figure de déesse. Je sus dès cet instant que je deviendrais danseuse. J'appris qu'elle était née dans une ferme du New Jersey et que lorsqu'elle était enfant, elle vendait du cresson de fontaine qu'elle ramassait elle-même à un endroit nommé Pin Oaks. L'argent ainsi gagné avait permis à sa mère de la soutenir dans sa vocation au long des multiples voyages et auditions qu'elle eut à affronter à New York. Je décidai sur-le-champ de devenir danseuse et, apprenant qu'elle avait une école, je résolus de m'y faire admettre.

Mais je n'avais pas fini mes études au lycée de Santa Barbara. Contrairement à ce qu'on a raconté sur moi et mon éducation, mes parents ne se sont pas opposés à mon désir de devenir danseuse. Ils n'ont jamais dit : "Non, tu ne seras pas danseuse." Ils ne m'ont jamais freinée. J'ai pu faire ce que je voulais. Il se trouve que j'avais cette vocation – ce désir d'être belle et sauvage, comme une créature d'un autre monde. En ce sens, j'ai toujours été moi-même. Quand j'étais sauvage, j'étais sauvage. Plus tard, quand je suis devenue une dame, j'ai essayé de me conduire en dame. Dans chaque rôle que j'ai interprété, j'ai tenté de jouer la part qui me paraissait la plus sauvage.

Ce n'était pas comme si j'avais violé une règle familiale en dansant. J'avais l'habitude de me promener pieds nus et de m'asseoir près de ma mère sur la véranda. Elle était très excitée par mon désir de devenir danseuse, et elle aimait regarder mes pieds nus.

Peu de temps après, dans le train de Santa Barbara, je rencontrai le pasteur presbytérien. Venant s'asseoir près de moi, il me dit : "J'espère que vous avez l'intention de devenir institutrice. Vous êtes si merveilleuse." "Oh, non, répondis-je, je vais devenir danseuse." Il se leva, me tourna le dos et s'en alla. Et ce fut tout. Il ne m'a jamais plus adressé la parole.

Au lycée, j'étudiais la littérature anglaise. Un jour, sans crier gare, Mr. Olney, le directeur, vint nous faire le cours d'anglais. Nous lisions en silence, chacun pour soi, quand tout à coup Mr. Olney annonça qu'il allait appeler Martha Graham afin qu'elle vienne lire à la classe l'intégrale des *Idylles du roi*, de lord Alfred Tennyson. L'intégrale des *Idylles* ! J'en fus stupéfaite.

Je pris place devant la classe et entrepris de lire à haute voix l'histoire héroïque du roi Arthur et des chevaliers de la Table ronde. Il faut se rappeler que la première partie de ce poème avait été publiée trente-cinq ans seulement avant ma naissance. L'œuvre commence par la dédicace du poète au prince Albert, qui était un grand admirateur des *Idylles* mais mourut un an avant leur première parution. Je lus donc :

These to His memory – since he held them dear,
Perchance as finding there unconsciously
Some image of himself – I dedicate,
I dedicate, I consecrate with tears –
These Idylls *.

La suite du récit m'envoûta, et toute la classe avec moi – et Mr. Olney aussi, j'ose le dire. D'une certaine manière, je m'étais identifiée aux *Idylles*. Je m'étais laissé absorber, mais non dévorer. C'était un conte, j'étais le conteur.

Au lycée, j'ai aussi fait partie de l'équipe de basketball. Toutes les joueuses portaient le même

* A sa mémoire – puisqu'il les aimait, / Y trouvant peut-être, à son insu / Quelque image de lui-même – je dédie / Je dédie, je consacre en pleurant – / Ces Idylles. *(N.d.T.)*

uniforme brun. Je coiffais mes longs cheveux en une longue natte qui me battait le dos quand je courais dans le gymnase pour essayer de marquer un panier. Je crois que j'avais tout naturellement pris goût à ce sport parce que j'avais envie de bouger. Beaucoup de mes amies savaient danser à cette époque, mais pas moi. Je pense que c'est une des raisons pour lesquelles je m'étais mise au basket-ball.

J'ai été l'éditeur responsable de l'annuaire du lycée, *The Olive and Gold.* Sous ma petite photographie ovale, on pouvait lire : "Capable, généreuse, entreprenante / Fidèle aux plus nobles idéaux."

A la fête du lycée, cette année-là, nous jouâmes *Prunella*, de Laurence Houseman et Granville Barker. J'étais Privacy, la tante timide mais aimante. *The Olive and Gold* reproduisit l'article que voici, paru le 6 avril 1913 dans le *Morning Press* : "Le rôle de Privacy, la tante qui reste dans le jardin abandonné pour y attendre le retour de Prunella, était très bien interprété. La voix de miss Martha Graham convenait exactement au personnage, et elle a pris bien soin de ne pas exagérer son jeu au moment où Privacy s'aperçoit que l'homme qui lui a acheté sa maison est celui-là même qui a séduit Prunella. La sincérité et l'art de la mesure ont caractérisé chaque instant de l'admirable performance de miss Graham." Avec le recul, je me rends compte aujourd'hui combien j'ai dû me sentir malheureuse.

Tout à coup, notre univers bascula. Mon père mourut alors qu'il était auprès de nous en Californie. Ce fut la grande tragédie de mon adolescence, de mon enfance. Je me souvins de William, le petit frère que nous avions perdu bébé. Tout paraissait de nouveau aussi sombre qu'à Pittsburgh. Nous étions une maisonnée de femmes : maman, Lizzie, Mary, Geordie et moi.

Quelques années après sa mort, nous nous trouvâmes sans ressources. Ma mère dut emménager dans une maison plus petite et prendre des pensionnaires. Ce furent des temps amers. Dès l'instant de la mort de mon père, le médecin qui était copropriétaire de son ranch de Montecito l'avait vendu à un autre aigrefin. Il avait empoché tout l'argent, sans rien nous laisser.

Cinq ans après être allée avec mon père voir Ruth St Denis, je me présentai à Los Angeles pour mes premiers cours d'été. J'avais déjà suivi, après le lycée, quelques cours à la *Cumnock School of Expression*, où l'on enseignait la littérature, l'art et le théâtre. Mais ça n'avait rien de commun avec Denishawn.

A dix minutes environ du cœur du quartier des affaires de Los Angeles, l'école Denishawn en était isolée, au sommet d'une colline entourée de grands eucalyptus odorants. J'ai conservé le programme de ma première session d'été, la deuxième de l'école. "Ce qu'il y a d'exceptionnel dans l'enseignement de l'école Denishawn, disait la brochure, c'est que la danse y est travaillée comme un produit fini comprenant musique orchestrale, costumes, éclairages, accessoires et mise en scène."

Je fus d'abord introduite dans une pièce entièrement tapissée de grands rideaux verts. Un homme imposant était assis au piano ; il fumait un cigare et ne m'adressa pas la parole. J'attendis, et soudain Ruth St Denis apparut. "Dansez pour moi", me dit-elle. "Miss St Denis, répondis-je, je n'ai encore jamais dansé, je n'ai aucune idée." "Vous devez bien pouvoir trouver quelque chose à faire", insista-t-elle. "Non, rien." Se tournant vers l'homme du piano, qu'elle appelait Louis, elle lui demanda de jouer quelque chose, n'importe quoi, une valse. Je ne me souviens pas mesure par mesure de mes réactions à la musique, mais j'ai bougé, je me suis démenée. J'ai dansé. Je ne pense pas qu'elle ait été très impressionnée par ma performance, et quand Louis s'arrêta de jouer, elle me confia à son mari, Ted Shawn.

Parmi les cours figurant au programme de l'école Denishawn, on comptait : la gestuelle dramatique, fondée sur le système de François Delsarte ; la plastique du mouvement : étude des lignes du corps et apprentissage de son emploi décoratif, ainsi que des leçons de piano avec Louis Horst, le directeur musical. Nous avions aussi des cours de danse classique avec miss Edson, une sainte terreur. A l'époque où j'ai commencé le ballet, on dansait à Paris, sur pointes, *l'Esprit du champagne*. Je n'avais pas envie de danser l'esprit du champagne, j'avais envie d'en boire.

Il y avait aussi à Denishawn un cours de secourisme de la Croix-Rouge, où les élèves apprenaient à "se rendre utiles". Enfin, on nous enseignait aussi différents artisanats : la conception et la réalisation des costumes, des bijoux, des accessoires et des décors.

Miss Ruth et Ted mirent en scène pour leurs élèves, et pour les étudiants de l'université de Californie, un grand spectacle historique sur le thème de l'Egypte, la Grèce et l'Inde. Il fut représenté sur le campus de Berkeley, dans le fameux théâtre grec construit par William Randolph Hearst, et paraissait comporter des quantités innombrables de danseurs, avec une infinité de costumes et de changements de costume. Je figurais dans la première partie, l'Egypte, dans le groupe des danseuses aux triangles.

Ruth St Denis, cette figure de déesse au tempérament profondément religieux, était avant tout une artiste. Un jour où nous la regardions danser un ballet indien, elle laissa tomber une rose. Nous crûmes à un accident, mais tel n'était pas le cas. Le fait qu'elle eût décidé de laisser tomber la rose à cet instant précis, eh bien, c'était éblouissant. Et tout à fait délibéré. Je découvris que c'est l'intelligence de telles petites choses qui fait la magie, la vraie magie d'un spectacle.

Miss Ruth avait un grand amour du corps et de la beauté, et connaissait des choses qui étaient en général ignorées dans le monde de la danse à cette époque, c'est-à-dire Isadora Duncan – que je n'ai jamais vue – ou le ballet classique. A l'école Denishawn, l'entraînement était très strict.

On y enseignait les arts. Chaque après-midi, miss Ruth, vêtue d'un sari lumineux, nous lisait des textes de Mary Baker Eddy et des passages du *Christian Science Monitor*. Elle caressait son animal favori, un superbe paon qu'elle appelait Piadormor, en lui chantonnant son nom inlassablement. C'était comme une litanie, ça l'envoûtait. Les élèves s'asseyaient sur le petit pont reliant deux étangs pleins de carpes et de fleurs de lotus. Piadormor me laissait le prendre dans mes bras et, quand je lui parlais, il étalait la splendeur de ses plumes.

Miss Ruth nous faisait aussi la lecture de ses propres poèmes. Je me souviendrai toujours de celui-ci, qu'elle a fait graver sur sa tombe :

The Gods have meant
That I should dance
And in some mystic hour
I shall move to unheard rhythms
Of the cosmic orchestra of heaven
And you will know the language
Of my wordless poems
And will come to me
For that is why I dance *.

* Les Dieux m'avaient destinée / A danser. / En un temps mystique / Je bougerai aux rythmes inconnus / De l'orchestre cosmique / Et vous comprendrez le langage / De mes poèmes sans paroles / Et vous viendrez à moi / Car c'est pour cela que je danse. *(N.d.T.)*

D'autres fois, miss Ruth revêtait un beau kimono japonais et se ceignait la tête d'un bandeau. Elle nous parlait en charabia, et nous lui répondions de même. C'est-à-dire que nous inventions, à notre idée, quelque chose de japonais, un vocabulaire à nous. Nous apprenions à improviser. Elle et Ted Shawn s'étaient fait construire un théâtre où de nombreux Orientaux résidant à Los Angeles venaient assister aux spectacles.

Miss Ruth voulait que Denishawn incarne l'esprit de l'Amérique et réponde aux besoins de l'Amérique mieux que tout système étranger. Nous faisions appel à des techniques étrangères, mais sans nous y limiter lorsque survenait la nécessité de solutions plus personnelles.

Parce que mes cheveux noirs et mon allure un peu inhabituelle me donnaient l'air vaguement orientale, miss Ruth essaya de me faire passer pour un jeune Japonais. Je l'avais aidée à réaliser une danse qui avait pour sujet l'art japonais du bouquet. Ça lui avait plu, et elle décida de me présenter comme la découverte de Denishawn, un jeune Oriental. Je n'étais plus une enfant, et miss Ruth projetait de me bander les seins. Je protestai : “Mais, miss Ruth, ça se verra !” Elle ne répondit pas. Lorsque ma mère eut vent de cette idée, elle s'y opposa formellement. Elle dit à miss Ruth : “Martha n'a pas du tout l'air d'un garçon japonais.”

La mère de miss Ruth faisait de fréquents séjours auprès de sa fille à Los Angeles. Comme je ne dansais pas à cette époque-là, on estimait que j'avais du temps libre et miss Ruth me chargeait de m'occuper de sa mère, qui avait le cerveau un peu dérangé, au moment des repas. La mère de miss Ruth était toujours très bien habillée, mais quand elle se mettait à table pour le petit déjeuner, le déjeuner ou le dîner, elle avait quinze épingles de sûreté fixées au revers gauche de sa veste. Elle coupait ses aliments avec soin puis, chaque fois qu'elle en avalait une bouchée, non sans avoir pris le temps de mâcher lentement, elle déplaçait une épingle de gauche à droite. Ma tâche consistait à m'assurer qu'aucune épingle ne tombait dans son assiette, car miss Ruth craignait que sa mère n'arrive pas à la retrouver avant la bouchée suivante. Trois fois par jour !

Miss Ruth m'appelait parfois dans sa chambre pour que je l'aide à se laver les cheveux. Ils étaient très beaux, longs et blancs. Ça ne me dérangeait pas, c'était un honneur de faire n'importe quoi pour miss Ruth.

A Denishawn, on nous familiarisait peu à peu avec les mythologies d'autres pays. Je me souviens que j'étais souvent vêtue à la mode birmane : une jupe très mince, très orientale, une veste blanche courte et des sandales.

A mes débuts à Denishawn, je faisais la classe aux enfants. On ne me prêtait pas d'avenir parce que je n'étais pas belle : ni blonde ni bouclée – les idéaux de l'école en fait de beauté. A vingt-deux ans, j'étais considérée comme suffisamment bonne pour enseigner, mais pas pour danser. On ne m'imaginait pas sur une scène. Mais comme j'étais photogénique et que j'avais de la présence, on se servit d'une photo de moi en danseuse du temple pour illustrer la brochure de l'école.

Miss Ruth avait une pièce à elle, verte et tendue de rideaux verts. Nous habitions tous ensemble dans la maison Denishawn. Bien que je ne fusse pas autorisée à danser, je le faisais en secret. Une nuit, je descendis sans bruit de ma chambre au studio de miss Ruth. Il devait être environ deux heures du matin, car l'obscurité était totale et la maison complètement silencieuse. Je dansai et travaillai seule, dans le noir. Charles Weidman, qui devait être mon partenaire ici et au *Neighborhood Playhouse* de New York, et fonder sa propre compagnie avec Doris Humphrey, m'a rappelé ça des années plus tard : étant descendu, lui aussi, il me surprit en train de danser. Il ne dit rien à l'époque. Je faisais mes propres mouvements, j'essayais de trouver par moi-même des mouvements étranges et beaux. Jusqu'à l'aube, je dansais et travaillais dans l'obscurité. Quand le moment viendrait pour moi, je serais prête.

J'avais peur qu'on ne me renvoie de Denishawn. Je n'y ai jamais eu l'impression qu'on croyait en moi. J'adorais tout ce qui touchait à miss Ruth, sa démarche, sa façon de danser. Elle était tout pour moi, mais je me heurtais à Ted, qui était un peu nul, en vérité.

Ted Shawn avait composé la chorégraphie d'un solo intitulé *Serenata Morisca*, une danse mauresque, que je fus autorisée à enseigner en quatre leçons. Un jour, il essayait de choisir les danseurs qui l'exécuteraient en tournée. La première danseuse était tombée malade. Son regard balaya les danseuses sur la scène puis se posa sur moi, qui étais assise. "Dommage que Martha ne connaisse pas de danse, elle aurait pu la remplacer." Je lui fis front et déclarai que je connaissais la *Serenata Morisca*. "Vraiment, Martha ? fit-il. Tu n'as jamais dansé. Tu n'as jamais travaillé avec moi. Comment pourrais-tu y arriver ?" Sans perdre une minute, je me levai, enfilai une jupe et dansai la *Serenata Morisca*. Puis je revins vers lui et lui demandai, un peu émue : "C'était terrible ?" "Non, me répondit-il, c'est comme ça que j'ai toujours voulu que ce soit dansé. C'était tout à fait professionnel. Et tu le feras à San Diego." Je fus désignée pour danser ce solo à un gala organisé à la base de sous-marins de San Diego. Je crois que ç'avait été un choc pour Ted de me voir décider simplement que j'en étais capable et le démontrer. Il en avait été si étonné qu'il m'autorisa à le faire.

Tel fut le début de ma carrière, et ce numéro devint l'un de ceux que je dansai aux *Greenwich Village Follies*. Doris Humphrey et moi le dansions toutes les deux à Denishawn ; c'est le seul ballet que nous ayons partagé. Quand Doris interprétait *Serenata Morisca*, elle sortait de scène par la gauche, en diagonale. Moi, je terminais au centre de la scène en tournant sur moi-même jusqu'au sol. C'est plus difficile de terminer de cette façon et de maintenir le public en haleine. J'étais tellement arrogante que je n'y pensais même pas. Je le faisais, c'était tout.

Doris et moi avions des conceptions opposées de la chorégraphie, un mot que je n'avais jamais entendu avant d'arriver à New York. A Denishawn, on se contentait d'inventer des danses. Doris était convaincue qu'on peut tout apprendre à partir de règles et de schémas. J'avais le sentiment qu'il s'agissait de quelque chose de beaucoup plus profond, de plus viscéral. Je suppose que nous étions rivales, d'une certaine manière. Doris en vint à m'appeler "fleur de serre exotique" ou, carrément, "ce serpent". J'ai toujours espéré qu'elle pensait à un cobra. En réalité je ne faisais guère attention à elle, sauf que je lui enviais son rôle de chorégraphe. Car à Denishawn, c'était Martha qui dansait et Doris qui inventait les danses.

Le livre de Doris, *The Art of Making Dances* *, connut un grand succès et j'en fus contente pour elle, bien qu'un peu déconcertée par certaines de ses idées. Je fus particulièrement sidérée par un chapitre intitulé : "le Centre de la scène." Pour

* Paru en français sous le titre : *Construire la danse* (éd. B. Coutaz, 1990). *(N.d.T.)*

Doris, il s'agissait d'un lieu géographique au milieu des choses. Quand je vis cela, je pensai : "Mais le centre de la scène, c'est l'endroit où je me trouve." Pourtant, où que fût situé le centre de la scène, Doris l'illuminait comme peu d'artistes.

Ted me prit en affection et se mit à se confier à moi. Il avait été jadis étudiant en théologie méthodiste, et c'est au cours de réceptions organisées à l'heure du thé qu'il avait commencé à danser. Ted aimait à s'entourer d'hommes, et à Denishawn sa compagnie comprenait quelques très beaux garçons. Chaque fois qu'il se disputait avec un de ses petits amis – et il en avait, bien que miss Ruth et lui fussent très attachés l'un à l'autre – il boudait. La répétition s'arrêtait, et il me fallait le consoler.

"Oh, Ted, lui disais-je, ne t'en fais pas pour lui. Il ne te comprend pas, il n'a aucun droit de te parler comme il l'a fait." Mais il était si hors de lui, si malheureux qu'il fallait le consoler encore : "Ted, tu es beaucoup trop bien pour lui. Il vaut mieux qu'il s'en aille." Il se laissait réconforter ainsi, pour quelque temps, jusqu'à la prochaine fois. Je n'aimais pas faire cela, mais j'avais envie de rester à Denishawn. Mon seul désir était de danser.

Ted avait sa manière à lui d'auditionner les hommes. Ils devaient lui envoyer des photographies d'eux-mêmes nus, et Dieu sait quoi encore ; il en venait de tous les coins du pays. Je n'avais jamais rien vu de pareil à Santa Barbara.

Ted était vaniteux et l'idée de s'exhiber en train de danser, ou nu en photographie, le séduisait. Plus tard, lorsqu'il accompagna miss Ruth et sa troupe en Asie, en même temps que mes sœurs et Doris Humphrey, ils visitèrent le théâtre kabuki, un véritable lieu sacré pour des danseurs ou des comédiens. De miss Ruth au plus récent des membres de la troupe, tous les artistes furent autorisés à parcourir l'élégant sentier menant au *Hanimichi*, le portail des dieux. Tous, sauf Ted. Les Japonais l'avaient vu danser et le considéraient comme impur, en tant qu'artiste. C'était toute la différence entre Ted et miss Ruth. Elle était une déesse lorsqu'elle dansait. Lui n'était qu'un danseur déguisé en dieu.

J'avais appris que le *Hanimichi* datait des premiers temps du kabuki et du théâtre nô, quand ils avaient pour scène le lit de rivières asséchées. Pour moi, cela représentait le cours de la vie, le changement, le courant qui vous porte en avant. Héraclite a exprimé cela, lorsqu'il a dit : "On ne se baigne pas deux fois dans le même fleuve."

Un jour, à l'école, comme je m'apprêtais à entrer dans la cuisine après avoir participé à un ballet, j'entendis un des professeurs dire à Ted : "Martha est la meilleure danseuse que tu auras jamais. Apprécie-la, et prends-en bien soin." J'en fus si effrayée, si affolée que je tournai les talons, incertaine de ce qui allait suivre.

Une autre fois, Ted réglait la chorégraphie d'une nouvelle danse où il voulait que figure miss Ruth. "Non, lui dit-elle, je suis trop âgée, je ne peux pas faire ça." "Ah, fit-il, dommage que Martha soit vierge et ne puisse le danser." Furieuse, je m'exclamai : "Monsieur Shawn, ne me dites pas que vous croyez que je suis vierge !" "Allons, Martha, il ne faut pas plaisanter des choses sacrées", répondit-il, ce qui me mit encore plus en colère.

Miss Ruth avait un tempérament profondément religieux. Un jour où nous étions seules, elle me dit : "Martha, je voudrais partager avec toi un passage de la Bible que m'a fait connaître une très vieille femme quand j'avais ton âge." C'étaient les dernières lignes du livre d'Habacuc : *Mon Seigneur est ma force ; / il rend mes pieds pareils à ceux des biches, / sur les cimes il porte mes pas. / Du maître de chant. / Sur instruments à cordes* *. Je me suis souvent répété ces lignes en guise d'encouragement, pour moi-même et pour d'autres.

J'ai dansé dans un ballet juif, en Israël, où j'étais la seule non-juive. Au cours d'une discussion, je constatai : "Bien sûr, je ne suis qu'une *shiksa*", ce qui provoqua des rires embarrassés. "N'est-ce pas ainsi que vous m'appelez entre vous ?" demandai-je. "On aura tout vu, répliqua quelqu'un. Une fille qui cite l'Ancien Testament, se traiter elle-même de *shiksa* !"

Quand j'ai dansé *Baal Shem* sur une musique d'Ernest Bloch, une dame qui n'était manifestement pas juive vint me féliciter en coulisses pour la façon dont j'avais tiré parti des textes sacrés juifs.

* Traduction de la Bible de Jérusalem. *(N.d.T.)*

Elle dit en me regardant : “Miss Graham, vous avez si bien interprété cette héroïne juive ! Je me rends compte qu’il vous est possible, en tant que juive, de vous identifier à quelqu’un de votre race mieux que nous ne pourrions le faire.” “Je suis très honorée, répondis-je, mais je ne suis pas juive”, et je la remerciai de ses compliments, mais il était clair qu’elle ne me croyait pas. En partant, elle s’arrêta sur le seuil et me prit le bras : “Ma chère, me dit-elle, ne reniez pas votre héritage.”

Voyez-vous, j’ai une foi totale en la vie de l’être humain, la sainteté de l’être humain, peu m’importe la nationalité : j’ai un tel appétit pour la vie et pour l’expérience qu’elle implique ! Où que vous soyez, à Tombouctou ou ailleurs, vous existez, vous êtes un individu et vous êtes beau.

C’est à Denishawn que j’ai fait la connaissance de Louis Horst, ce musicien et compositeur d’immense talent qui allait exercer sur ma vie une influence capitale. Son père, musicien lui aussi, jouait dans la fosse d’orchestre. La première fois que sa mère l’avait amené voir un ballet, Louis avait interpellé son père à grands cris du balcon où ils étaient installés : “Papa, bière, bière !”

Louis était arrivé à Denishawn pour remplacer l’accompagnateur de miss Ruth pendant une dizaine de jours. Il était resté dix ans. Un jour où nous étions occupés à ce que nous appelions des variations musicales, je passai près du piano – ce piano que je possède toujours – sur lequel Louis était en train de jouer un passage de la *Symphonie inachevée*. J'étais censée représenter un hautbois, à cause de ma tonalité sombre et de mon air mélancolique. Louis me remit à ma place : "Tu n'es pas en mesure avec ce hautbois, me dit-il. Vas-y avec plus de netteté, connecte-toi au son du hautbois !" J'en fus très mortifiée, nous prenions tous très au sérieux les commentaires de Louis. C'était un homme remarquable, pour qui la danse n'était pas seulement musique ou danse, mais vie. Il encourageait tous les danseurs à donner le meilleur d'eux-mêmes. La danse était pour lui de la musique : ce que l'on exprimait par la danse figurait la musique. L'identification à la danse et à la musique était, je crois, le thème de sa vie. Il ne tolérait pas la médiocrité et s'il la surprenait, il l'écrasait. Il croyait à la danse, et au fait que j'avais quelque chose à donner, quelque chose d'étrange et de merveilleux dont je n'étais pas consciente.

Il disait leur fait aux danseurs : le meilleur des critiques, mais dur à entendre. S'il n'était pas content de moi, parce qu'il pensait que je pouvais faire mieux, il me disait : "Ce n'est pas bien. Arrête. Recommence." "Mais, Louis, tu me brises. Tu es en train de tuer mon âme !" protestais-je. "Recommence", insistait-il, et je répétais encore : "Mais tu es en train de tuer mon âme", et finalement il me renvoyait d'un : "Eh bien, qu'elle meure, alors" en se détournant de moi avec dédain.

Louis considérait que la musique de ballet ne doit en aucun cas dominer le mouvement de la danse ni prendre le pas sur lui. Quand, par la suite, je commandai des musiques pour mes spectacles, il s'opposa à l'usage des cordes. Ses préférences allaient au piano, aux percussions et aux vents. Il ne voulait pas de cordes car il les trouvait trop voluptueuses et trop romantiques – en d'autres termes, mortelles pour la danse contemporaine.

Le corps n'éprouve pas la même sensation lorsqu'on danse au son des cordes ou des bois. C'est impossible. La sensation n'est pas la même au son d'une flûte ou d'un basson. L'effet sur le corps est différent. On est soutenu d'une certaine façon par un mur sonore, on prend appui sur la tonalité.

Louis avait un sens de la vie merveilleux et un humour très vif. Il nous donnait des surnoms : j'étais Mirthless Martha – Martha la Sombre – et Doris Humphrey, Doric Humphrey, à cause de sa prédilection pour les danses grecques. Plus tard, quand nous nous installâmes à New York, Agnes de Mille devint Agony Agnes parce qu'il trouvait qu'elle avait tendance à collectionner les ennuis et à prendre des airs de martyre. Il appela Helen Tamiris Tam-tam Tamiris pour avoir fait un ballet qu'il désapprouvait – un vrai strip-tease, disait-il, furieux, surtout lorsqu'elle sortait de scène par la droite en abandonnant son unique semblant de décence, une écharpe de soie.

A New York, Louis habitait en face de chez moi, de l'autre côté de la rue. Il avait une collection digne d'un musée de poupées du Kachin et de nombreux objets américains, bien qu'il ne fût pas lui-même ce qu'il appelait un Américain : son comportement était plutôt d'un Européen, mais il était devenu un Américain. Ça lui plaisait, et il affirmait avec insistance que nous étions américains. Il connaissait bien le Sud-Ouest et me le fit découvrir. A travers lui, j'ai compris beaucoup de choses à propos des Indiens car il était profondément sensible à la passion et à la grandeur qu'ils peuvent nous offrir. C'est pour cela que je n'ai jamais appris aucune danse européenne. Il ne l'envisageait même pas. Il estimait qu'il fallait être de son temps et de son pays, qui était l'Amérique. Je pense qu'il a été l'un des grands artistes américains de son époque.

Les temps étaient durs, à Los Angeles. Je ne possédais qu'une robe convenable, en soie blanche plissée, un peu comme une Fortuny mais, compte tenu de mon salaire, pas une vraie ! Chaque soir avant de me coucher, je la lavais et la mettais à sécher sur un cintre. Le matin, je la repassais. Ça ne me dérangeait pas, j'avais d'autres soucis que mon manque de robes.

C'est cette robe que je portais lorsqu'on m'envoya auditionner pour le film de Cecil B. De Mille, *Male and Female*. En arrivant, je revêtis un costume de prêtresse babylonienne : un soutien-gorge garni de perles de jais et une jupe étroite, qui me laissaient l'estomac nu. J'avais les yeux lourdement fardés et une grande perruque bouclée.

Le plateau insonorisé était impressionnant. Dans un coin éloigné, une belle jeune fille lisait son script, étendue sur une chaise longue – c'était Gloria

Swanson, qui avait alors quinze ans. Des lions rôdaient alentour. J'étais terrorisée. L'un d'eux passa tout près de moi d'une allure de somnambule puis s'écroula sur le côté comme une silhouette de carton, mais avec un bruit formidable. En marchant parmi ces animaux à moitié endormis, je me rendis compte qu'ils étaient drogués et inoffensifs. Après mon audition avec Mr. De Mille, je regrettai de ne pas avoir été droguée, moi aussi.

Assis au bout d'un tapis de cinq mètres de long, il arborait la tenue classique du metteur en scène, cravache et mégaphone inclus. A ses côtés se tenait une secrétaire tremblante, munie d'un bloc-notes. Mr. De Mille ne m'adressa pas la parole, il se contenta de crier ses instructions à sa secrétaire. Il ne me parla pas directement, en dépit du fait que j'entendais tout ce qu'il disait.

"Dites-lui de tourner sur elle-même." Et la secrétaire de répéter : "Mr. De Mille souhaite que vous tourniez sur vous-même." Je tournai. "Dites-lui de tomber." Je tombai. "Dites-lui de faire un pas de danse." Je fis un pas de danse.

On me confia le rôle, mais à ce jour j'ignore encore si la danseuse dans la séquence du rêve de ce film est moi ou non.

De nombreuses années plus tard, les *Paramount Pictures* devaient me proposer une somme considérable pour les droits sur une *Martha Graham Story*. Ils voulaient que Cyd Charisse joue mon rôle et Tony Martin celui de Louis Horst. Bien sûr, il est toujours difficile pour les artistes de trouver des fonds et il en faut beaucoup pour entretenir une compagnie et une école, nous étions dans le besoin, mais en dépit de la tentation, je refusai. “Non, dis-je, absolument non. Je suis capable de détruire ma propre réputation en cinq minutes. Je n’ai pas besoin d’aide.”

A partir de ses études des cultures maya, aztèque et toltèque, Ted Shawn avait imaginé pour moi une chorégraphie dont le sujet était une princesse indienne. Il me choisit pour danser le rôle-titre de *Xochitl*. Lui-même serait le roi Tepancaltzin, qui devait tenter de me violer. La mise en scène était fastueuse et Ted portait une coiffure extraordinaire, faite de plumes et de fleurs. Je pense qu’il m’avait choisie parce qu’il pensait qu’avec mes idées folles je pouvais incarner une jeune fille comme Xochitl, “la Fleur”. Le père de Xochitl – la plus belle de toutes les vierges toltèques – fabriquait une boisson enivrante avec des fleurs d’agave. Accompagné de sa fille, il apportait le vin au roi. Celui-ci, après avoir bu, priait la mystérieuse Xochitl de danser avec lui. Puis il se mettait à lui faire des avances…

Je me souviens que Ted revenait sans cesse sur sa chorégraphie, reprenant inlassablement les mêmes passages sans arriver vraiment à ce qu’il souhaitait. A la fin, je m’écriai : “Monsieur Shawn, si vous nous disiez ce que vous voulez, nous le ferions.” Personne ne lui avait jamais parlé sur ce ton. En entendant cela, miss Ruth vint à moi et me dit : “Martha, tu feras beaucoup de bien à Teddy.”

A un moment donné, dans *Xochitl*, je me penchais en arrière, en offrande aux regards du roi. C'était l'épisode du viol. C'était le seul moment où je remarquais l'intérêt que me portait le roi. J'étais, de l'avis de tous, la plus jolie fille, et je jouais de mes éventails afin de mieux le séduire. Je portais une coupe de vin. Il me pourchassait sur toute la scène, il était grand et fort et moi très en colère. Il s'agissait d'un viol, ou du moins d'une tentative de viol, et je m'efforçais de concentrer toute mon énergie sur cette notion de viol et de colère, mais je savais qu'avec Ted je ne courais pas plus de risques que dans les bras de Jésus.

Son interprétation fut pourtant convaincante, trop convaincante même : à un moment donné, il m'empoigna et me laissa tomber sur la tête, et je m'évanouis pendant quelques secondes. Quand je revins à moi, je lui mordis le bras jusqu'au sang ; il se mit alors à courir d'un bout à l'autre du plateau en répandant son sang, et cela fit scandale dans l'école. Je suppose que telle est l'origine de ma réputation de violence.

J'étais sauvage à cette époque. Des critiques ont dit qu'en scène je flamboyais, et aujourd'hui encore c'est le commentaire que je préfère. J'aurais fait n'importe quoi pour me trouver en scène. Le théâtre me paraissait un univers merveilleux. J'exécutais point par point chacune des chorégraphies de Ted. J'étais presque animale dans mes mouvements. Je voulais être une créature sauvage et belle, d'un autre monde peut-être – mais très, très sauvage.

La première de *Xochitl* eut lieu à Long Beach, en Californie, au mois de juin 1920. Plus tard, la même année, revenue à Santa Barbara, je fus interviewée par les *Santa Barbara California News* : "Jusqu'ici, la seule valeur de mon travail – s'il a une valeur artistique – est une sincérité absolue. Je ne pourrais pas faire une chose que je ne sentirais pas. J'ai besoin d'être entièrement dominée par la danse, au point de perdre conscience de tout le reste. Il est possible que, plus tard, ce que je ferai soit considéré comme de l'art, mais pas encore maintenant."

Louise Brooks a fait partie de la troupe de Denishawn. Elle était d'une beauté stupéfiante, avec sa coiffure de page. Tout ce qu'elle faisait était beau, elle me fascinait. Avant même qu'on nous eût présentées, je me souviens de l'avoir observée, à l'autre bout de la pièce, dans un groupe de jeunes filles de l'école, toutes habillées de façon identique. On remarquait Louise immédiatement, elle était unique. Elle possédait une énergie, une force intérieure que l'on percevait dès qu'on se trouvait en sa présence. Elle était très solitaire et terriblement auto-destructrice et, bien sûr, le fait que tout le monde lui fasse la vie dure n'arrangeait rien. Je suppose que je me suis identifiée à elle en tant qu'outsider. Je lui témoignais de l'amitié, et elle me regardait tout le temps, sur scène ou dans la loge. Elle a dit un jour : "C'est dans les coulisses de Denishawn que j'ai appris à jouer, en regardant danser Martha Graham."

Elle était très jeune, seize ans environ, et avait l'habitude de porter des chaussures très serrées. Cela me mettait en colère et un soir, au moment où nous montions sur scène pour une représentation, je l'empoignai et me mis à la secouer en lui criant qu'elle allait s'abîmer les pieds avec ces chaussures.

Je me souviens d'un incident avec Louise dans les coulisses, lorsque nous reçûmes un coup de téléphone de Ted Shawn. Nous étions en tournée, sans lui, et il appelait pour nous dire qu'il n'était pas content de notre travail. Il voulait que nous rentrions à Los Angeles. Je ne sais plus qui d'entre nous avait décroché le téléphone et transmettait ce message aux autres. Tout ce dont je me souviens c'est que l'appareil était un de ces vieux modèles à manivelle. Je m'écriai : "Allez au diable, je n'admets pas qu'on me parle sur ce ton !" et, me levant de ma chaise, j'allai arracher le téléphone du mur et le jetai sur la scène.

Louise et les autres danseuses furent stupéfaites, j'imagine, mais si on me cherchait, on me trouvait. J'étais une râleuse ! J'étais capable de grandes violences, que mes proches appelaient mes "rages irlandaises". J'avais très mauvais caractère, très mauvais… C'est encore vrai, même si je ne le montre plus aussi souvent. J'ai appris à y résister. Mais je peux encore en faire preuve à l'occasion, si nécessaire.

Une autre fois, Louise et moi étions en train de nous préparer, dans les loges ; je me piquais des fleurs dans les cheveux et rangeais devant moi mes flacons de fond de teint en me demandant lesquels j'allais utiliser. Nous avions nos propres crèmes de beauté chez Denishawn, et comme elles étaient préparées spécialement pour nous, nous devions emporter nos flacons en tournée. Louise se trouvait à ma droite, et il y avait quelques autres filles dans la loge.

Je ne me rappelle pas très bien à quoi je pensais, mais j'ai été prise de fureur et, saisissant un des flacons, je l'ai lancé dans le miroir, qui s'est brisé en mille morceaux. Je n'ai rien dit. Louise n'a rien dit. Simplement, j'ai rassemblé mes affaires et me suis installée devant un autre miroir. Rassérénée, je me suis maquillée, et puis nous sommes entrées en scène.

Même lorsque je dansais avec la troupe, il m'incombait d'accompagner miss Ruth à l'office dominical presbytérien pendant nos tournées à travers les Etats-Unis. Où que nous soyons, au Kansas, en Ohio ou ailleurs, elle dénichait toujours l'église et je me retrouvais, chaque dimanche matin, assise à côté d'elle sur un banc de bois, le dos raide, mes pensées flottant entre le présent et le souvenir des offices presbytériens de mon enfance. L'un et l'autre avaient la faculté de me faire tenir bien droite. Je me demande quelle idée se faisaient les gens du lieu de miss Ruth et de moi, deux femmes d'allure étrange et sans le moindre chaperon.

Je me souviens en particulier d'un dimanche sinistre. Nous étions dans une petite ville, il pleuvait et le ciel semblait déverser sur nous non seulement de l'eau mais de la couleur grise. L'office était, en termes mesurés, très ennuyeux. En plein milieu du service, miss Ruth ferma son livre de prières, rassembla ses affaires et se leva pour partir. Elle se pencha vers moi et me glissa, en un chuchotement théâtral : "Martha, ces gens-là n'arriveront à rien tant qu'ils n'auront pas un peu le sens du spectacle."

Ce qu'elle aurait voulu, c'est ce sens du spectacle dont parlait son ami King Vidor, le réalisateur, quand il me conseillait d'aller voir Aimee Semple McPherson, la "prêtresse du renouveau", dans son Temple de l'Angélus, à Los Angeles. Bien que très sceptique, je m'y rendis. Elle apparut en plein milieu de la scène, entièrement vêtue de blanc, des douzaines de roses pourpres entre les bras. Arrivée sur le devant du plateau, elle cria : "Levez-vous, embrassez-moi !" en laissant toutes les roses tomber devant elle. Je me surpris à me lever de mon siège, fascinée.

A l'instar de Nijinski, miss Ruth pouvait paraître quelconque hors de scène – pas insignifiante mais presque – et puis, sur scène, se métamorphoser en divinité. Elle pouvait grignoter des cacahuètes, assise à côté de moi dans l'autobus, avec des épluchures plein ses vêtements puis, une fois au théâtre, maquillée et en costume, se transformer en déesse. Il n'était pas toujours évident de quelle déesse il s'agissait, en partie à cause de Pearl, son habilleuse, qui avait toujours quelques verres dans le nez et les idées plus qu'un peu floues.

Quelques mois plus tôt, je me trouvais en coulisses au moment où miss Ruth s'apprêtait à entrer en scène pour exécuter l'un de ses solos les plus célèbres, *le Sari noir et or*. Elle avait créé ce solo intuitivement, sans jamais avoir vu de danses indiennes, et lorsqu'elle l'introduisit en Inde, à une époque où la danse traditionnelle y était au plus bas, elle connut un succès extraordinaire et on lui demanda son aide pour ressusciter cet art. Mais nous n'en étions pas encore là. Le soir en question, miss Ruth devait faire son entrée et un petit groupe de jeunes filles était en train de danser quelque chose d'assez insipide. Se tournant soudain vers moi, miss Ruth me dit : "Martha, je ne peux pas entrer sur scène comme ça ; c'est mort, c'est glacé ! Va trouver Pearl, demande-lui de te donner le sari vert et or et reviens nous faire quelque chose. A la fin, tu t'avanceras vers moi, tu me salueras, et j'apparaîtrai."

C'est ce que nous fîmes pendant plusieurs semaines. Un soir, à Cleveland, comme je saluais miss Ruth qui venait de se faire habiller par une Pearl encore plus ivre que d'habitude, je m'aperçus en relevant les yeux qu'elle était en grande tenue japonaise, avec obi, perruque et socques. Je réprimai un cri de surprise et nous échangeâmes un regard horrifié. Avant de s'en aller enfiler le sari noir et or, elle me souffla : "Retourne sur scène, fais n'importe quoi." J'aurais pu sans difficulté danser son solo, je le connaissais à l'endroit et à l'envers. Mais je ne le fis pas et lorsque, enfin, après ce qui m'avait semblé une éternité, elle réapparut en coulisses, je la saluai avec soulagement. C'est sans doute pour cela que je suis agacée par les jeunes danseurs qui ont besoin qu'on leur tienne la main à chaque pas.

Un jour, à Pasadena, miss Ruth bavardait avec une imposante dame de la bonne société à la chevelure bleutée. Elle était alors en pleine recherche de la coiffure idéale pour son solo *le Paon*. En la regardant, je me rendis compte qu'elle n'entendait rien de ce qui se disait. Elle avait les yeux fixés sur le chapeau de la dame, garni de toutes sortes de plumes d'oiseau de paradis et d'autres. Tendant soudain le bras, elle en arracha quelques-unes en disant : "Vous permettez ? Ce sera parfait pour ma nouvelle danse."

Elle avait toujours l'esprit ailleurs. Je me souviens notamment qu'un soir, à Detroit, en réponse à une ovation enthousiaste des spectateurs, elle s'avança jusqu'à la rampe, remercia longuement et conclut : "Jusqu'à la fin de ma carrière, je garderai toujours dans mon cœur, en souvenir de cet accueil, une place spéciale pour les gens de Chicago." Mais qui aurait pu lui en vouloir ? Nous donnions tant de représentations d'un soir, répétant l'après-midi pour revenir au théâtre à la nuit, qu'à la fin toutes les villes se ressemblaient.

Miss Ruth voulait toujours "un peu plus de sens du spectacle" dans les costumes aussi, ce qui impliquait d'interminables séances de couture. Un jour, je ne sais quelle mouche m'avait piquée, j'étais fatiguée, épuisée, je lui dis : "Miss Ruth, ou bien je suis danseuse, ou bien je suis couturière ; je ne peux pas faire les deux." Elle fut stupéfaite : je montrais toujours tant d'empressement à lui complaire. Elle répondit : "Très bien, Martha", et plus jamais je n'ai dû coudre.

Un jour, alors que nous étions en représentation libre, Alexandre Pantagès vint nous voir en coulisses après le spectacle pour discuter de la possibilité de nous offrir un contrat. Il était à l'époque l'un des principaux exploitants de music-hall du pays. Né en Grèce, il était arrivé tout jeune aux Etats-Unis après avoir travaillé au Caire puis sur un paquebot en Méditerranée. Une fois en Amérique, il avait d'abord vécu à San Francisco puis, dès le début de la ruée vers l'or du Klondike, à la fin des années quatre-vingt-dix, il était parti pour le Yukon où il avait fait fortune.

Mr. Pantagès se montrait très amical, un peu trop amical, vous me comprenez. Il essayait de m'embrasser et je ne voulais pas.

"Monsieur Pantagès, lui dis-je, si vous aviez envie de m'embrasser et moi pas, vous n'insisteriez pas, n'est-ce pas ?"

Ce que j'étais jeune !

Il répondit : "Non, sans doute. Que voulez-vous ?"

"Monsieur Pantagès, fis-je, ce que je veux c'est arriver au sommet, et y arriver seule."

"Venez, mon petit, dit-il. Je vous engage tout de suite." Et il me signa un contrat.

Je ne connaissais pas le sommet comme je le connais aujourd'hui. Je me contentais alors de danser, de danser et de danser encore. C'était ma passion. Avec le temps, j'ai été reconnue en tant qu'artiste, en tant que danseuse. Le sommet, c'est quelque chose de très amer et de très merveilleux, qui comporte aussi bien du chagrin.

Quand la troupe de Denishawn alla se produire à Londres, je fus invitée. Ted avait eu l'idée de faire interpréter par miss Ruth mon personnage de *Xochitl*. Bien qu'elle eût ses propres idées sur ce ballet et sur ce qu'elle souhaitait y exprimer au moyen de son corps, il exigea des danses espagnoles et des valses. Il lui fit faire des choses qu'elle n'aurait jamais dû faire. En un sens, c'était la détruire : c'était contraire à son esprit.

Mon interprétation m'avait valu quelques critiques excellentes. Ce ne fut pas le cas pour miss Ruth. Inquiète à l'idée qu'elle trouve les miennes, je cachais mes coupures de presse. Un jour, j'en tenais quelques-unes à la main quand j'entendis miss Ruth qui descendait l'escalier. Je me dissimulai sous l'escalier car j'avais peur d'être renvoyée si jamais elle les lisait. J'entends encore au-dessus de moi le bruit de ses pas qui s'éloignaient, tandis que je demeurais totalement immobile.

Je couchais dans une chambre voisine de celle de miss Ruth, dont je n'étais séparée que par une cloison qui n'atteignait pas le plafond. Je restais éveillée à l'écouter pleurer dans son lit. Les critiques la tuaient. Ce ballet n'était pas ce qu'elle aurait voulu. Et Ted ne valait pas miss Ruth, ni comme danseur, ni comme innovateur, ni comme artiste. Je croyais entendre encore ces pas dans l'escalier qui s'éloignaient, s'affaiblissaient tel un soupir. Une grande force était en train de s'étioler en elle. C'était tragique. Je me demandais si je connaîtrais jamais une telle souffrance. J'étais bien naïve.

Le pire moment des représentations londoniennes arriva quand Ted se mit en tête de danser le rôle de Doris Humphrey dans *Soaring*, un ballet symbolisant l'apparition de Vénus dans l'écume marine. Au commencement, la scène était presque entièrement recouverte par une pièce de soie d'une transparence extraordinaire, maintenue de part et d'autre par des jeunes filles déguisées en pages blonds, dont j'étais. Nous soulevions la soie pour qu'elle se gonfle d'air, et on apercevait au travers la mince silhouette de Doris qui montait et descendait avec l'étoffe. Le soir où Ted décida de danser ce rôle fut le seul où je jouai le mien sans jeter un regard au personnage central. C'était trop affreux. Et puis, il y avait un risque d'attraper le fou rire.

A notre retour à New York, Ted m'emmena dans une certaine rue, me fit tourner un coin et nous découvrîmes ensemble la marquise illuminée qui affichait : MARTHA GRAHAM DANS XOCHITL. C'était la première fois que je voyais mon nom dans un lieu public. Je n'eus de pensée que pour mes parents : s'ils avaient pu voir ça !

Ma sœur Geordie dansait avec moi dans *Xochitl*, elle était l'une des six jeunes filles aux éventails. Nous parcourions le pays en tournée. Dans une gare, un contrôleur voulut nous faire descendre du train. Il avait appelé la police, certain que nous étions des gitanes à cause de nos vêtements, de nos bijoux et de nos cheveux noirs.

“Non, dis-je au policier qui monta à bord, je ne descendrai pas du train, et ma sœur non plus. Nous ne sommes pas des gitanes.”

“Nous sommes les filles du docteur Graham”, ajouta Geordie.

Au bout d'un moment, on nous crut et nous fûmes autorisées à demeurer dans le train, avec le reste de la troupe. Le contrôleur nous présenta des excuses, mais le souvenir de cette aventure nous resta présent pendant plusieurs mois.

Dans les années vingt, une revue de danse aujourd'hui disparue a publié en page de titre un article prétendant que Geordie et moi n'étions pas les descendantes directes de Miles Standish, mais des immigrées roumaines. Geordie et moi avons fait irruption dans leur bureau, telles des chauves-souris surgies de l'enfer. Bien que mes plus gros mots fussent alors – et soient encore – *damnation* et *blue blazes*, je leur ai assené ma façon de penser. Geordie a ponctué sa sortie d'une insulte irlandaise particulièrement savoureuse : “Je vous crache dessus !” C'est depuis toujours l'une de ses insultes préférées.

Quand j'ai quitté Denishawn pour entrer aux *Follies*, c'est Geordie qui a repris mon rôle dans *Xochitl*. Un jour, pendant une tournée à travers l'Amérique, elle a été prise d'une forte fièvre mais Ted et miss Ruth l'ont obligée à monter sur scène pour danser le rôle de Xochitl, il n'y avait pas de doublure. Bien que brûlante de fièvre, Geordie a dansé le ballet mais aussitôt après elle s'est effondrée, elle en est presque morte. C'est une chose que je n'ai jamais pardonnée à miss Ruth ni à Ted.

En ce temps-là, à New York, j'allais au *Century Theatre*, dans l'Upper West Side, voir danser Eleonora Duse dans un programme qui comprenait *les Revenants* d'Ibsen et *Cosí Sia* (Ainsi soit-il), de Gallarati Scotti. Nous n'avions jamais beaucoup d'argent, et nous n'assistions qu'aux matinées, des derniers rangs des balcons. La Duse jouait une mère dont le bébé était mourant. Prête à tout pour le sauver, elle invoquait la Madone des Miracles, enroulait son chapelet autour du bras de son fils, et priait : "Mon Dieu, accordez-moi la vie de cet enfant. Je ferai n'importe quoi, j'accepte tout." Hélas, l'enfant se tournait contre elle par la suite, bien sûr. Assise sur un grand fauteuil, d'un seul geste, la Duse me fit fondre en larmes. Tout à la fin, comprenant l'éternelle futilité de tout cela, elle tournait simplement sa main vers le haut. Elle avait tout donné pour la vie de son enfant, et il ne lui restait rien.

John Murray Anderson était le producteur des *Greenwich Village Follies*. Il m'avait vue danser à

New York, à l'occasion d'une tournée Denishawn. J'ai encore les coupures de presse concernant cette représentation. Les critiques avaient dit de moi que j'étais la seule, dans la compagnie de Ruth St Denis, à danser avec passion et émotion. Bien sûr, ceci n'avait pas été du goût de miss Ruth ni de Ted, pour qui je n'étais encore qu'une petite dinde. Je me souviens que nous avons dansé dans tout le pays, jusqu'au Canada, et à Atlantic City.

John Murray Anderson vint un jour au studio pour voir ce que je dansais. Il me fit exécuter tout mon répertoire. Cet homme aimable et doux savait très bien ce qu'il voulait. Il était excellent professeur et m'a beaucoup appris. Il m'a appris à être théâtrale, dans tous les sens du terme. Et il voulait bien dire théâtrale. C'était un grand metteur en scène, que l'on n'a pas suffisamment apprécié. Il avait un sens profond de la tradition.

Denishawn était en pleins préparatifs de la fameuse tournée en Orient, et nous étions tous émus à cette perspective. Geordie avait été choisie. Mary aussi. Moi, quand on m'avait appelée au bureau, c'était pour m'annoncer que j'avais l'air trop orientale pour représenter dignement Denishawn. Ils voulaient emmener une troupe "complètement américaine", cheveux blonds et yeux bleus. Des bouteilles d'eau oxygénée étaient apparues, à l'intention de ceux qui n'avaient pas ce qu'ils appelaient le type américain. Moi, j'aurais préféré mourir plutôt que me prêter à cela. Ils allaient donc partir en Orient et me laisser seule. Cela ne m'effrayait pas, je pensais à ce que m'avait dit mon père quand j'étais petite : "Martha, tu es un cheval qui court mieux sur terrain lourd."

Quand j'eus fini de danser pour lui, John Murray Anderson resta seul assis dans le studio pendant que j'allais enfiler un chandail par-dessus ma tenue de danse. Je revins, puis, après une brève conversation, il m'offrit un rôle dans les *Greenwich Village Follies* de 1923. Je ne savais que décider.

Denishawn partait pour l'Orient. A Santa Barbara, ma mère et Lizzie avaient besoin d'aide, car il n'y avait pas eu moyen de récupérer l'argent détourné lors de la vente de la propriété de mon père. Je réfléchis quelques minutes puis répondis : "Oui, monsieur Anderson, ça me plairait." Ce fut une décision douloureuse, et j'espère que personne ne croit que je suis entrée aux *Follies* parce que j'en avais envie – je n'avais pas le choix !

Il me fallait être très économe, à cette époque. On n'était pas payé pour les répétitions, seulement pour les représentations, et j'avais juste assez d'argent pour prendre chaque jour l'autobus afin d'aller travailler à Columbus Circle et revenir à la 14e rue, ou prendre le bus à l'aller, déjeuner et rentrer à pied. Je choisissais toujours le déjeuner. Je savais que, d'une manière ou d'une autre, je trouverais toujours la force de rentrer à pied. Même les bouts de papier me paraissaient précieux. Aujourd'hui encore, je ne supporte pas qu'on n'écrive pas sur les deux faces d'une feuille, ni qu'on en jette une sans l'avoir utilisée. Je me demande si c'est de là que provenait l'image que je donnais aux acteurs du *Neighborhood Playhouse* : je saisissais une feuille de papier, la déchirais lentement en deux et leur expliquais que telle était la tragédie du bout de papier.

Et puis il fallait compter avec Mr. Anderson. Tant qu'on lui plaisait, tout allait bien. Mais sinon, bon Dieu, on était fichu. Un jour, au cours d'une répétition, il arrêta un groupe de showgirls qui devaient caracoler sur scène vêtues de costumes minuscules, avec des plumes d'autruche sur la tête, en leur disant : "Vous ressemblez à des chevaux de corbillard, sauf qu'eux seraient des pur-sang." Une autre fois, il gronda : "Mesdemoiselles, un peu plus de virginité s'il vous plaît !" Mais ce que j'ai toujours préféré, c'est la façon dont il s'est vengé d'une dame de la bonne société qui l'avait insulté. Il avait tout réglé dans le moindre détail. Il allait un lundi sur deux à l'opéra, dans une loge contiguë à celle de cette femme. Le jour venu, il envoya Rose, sa servante irlandaise, chez le meilleur maquilleur et le meilleur coiffeur, lui dénicha des bijoux splendides et l'installa en plein milieu de sa loge. Tout le monde l'aurait prise pour une visiteuse royale. C'est en tout cas l'effet qu'elle produisit sur la dame, qui ne pouvait en détourner les yeux. Le lendemain, elle téléphona à Mr. Anderson pour lui demander d'amener son invitée chez elle le lendemain pour le thé. "Vous voulez dire ma femme de ménage, répondit-il. Elle sera enchantée. Nous acceptons, évidemment."

Il me confia le rôle de la jeune fille dans *le Jardin de Kama*, une pièce de théâtre fondée sur des poèmes d'amour indiens. J'étais une fée, l'amie du prince. Je portais un sari et un *choli*, j'aurais pu me trouver encore à Denishawn.

Cette pièce était typique des *Follies*. Je montais en courant une volée d'escalier – c'était d'un dramatique ! –, ouvrais la porte d'un coup et tournais le dos au public. J'élevais le poignard, m'en frappais, puis le laissait choir avant de tomber moi-même sur la scène, superbement me semblait-il. Mes autres solos étaient la *Serenata Morisca*, mon premier numéro chez Denishawn, et un autre intitulé *Moonlight Kisses*, où je dansais vêtue de voiles flottants de mousseline jaune, très Loie Fuller, tandis que les grands amants de l'histoire – Roméo et Juliette, Tristan et Iseult, Antoine et Cléopâtre et d'autres – paradaient sur un pont éclairé par la lune.

Nous partîmes en tournée avec *le Jardin de Kama* et l'une de nos étapes fut Boston. Dans la ville de Boston, il s'agissait de bien se tenir. Les *blue laws* y étaient en vigueur à cette époque, et les girls n'étaient pas autorisées à paraître en scène dans leurs costumes réduits à de minuscules *cholis*. Chaque soir, un policier venait contrôler sur la scène qu'elles n'étaient pas trop peu vêtues. Il était grand, fort et très bourru. “Mettez-leur quelque chose pour qu'elles aient l'air respectable”, disait-il.

J'étais alors la première danseuse, et les girls me détestaient. A Chicago, elles m'avaient surnommée la princesse, sans doute parce que je ne leur parlais pas ; j'étais plutôt arrogante. Ce n'était pas par goût que je me trouvais là, mais parce que je ne pouvais faire autrement. Et jamais je n'ai descendu le praticable de la scène finale vêtue de ce "quelque chose" supplémentaire. Je n'étais pas une figurante, ni une danseuse de cabaret. Ce ne fut donc pas une surprise quand l'une des girls obligées de se couvrir protesta, en me désignant au policier : "Et elle, alors ?" Je me dis que c'était fichu pour moi : j'étais de loin la plus dévêtue, et je frissonnais de froid dans les coulisses. "Non, elle, ça va, répondit-il. Elle, c'est de l'art."

Peu après, de retour à New York, on voulut me faire porter un costume aussi réduit que celui des girls, sans la protection d'un collant dessous.

"Non, déclarai-je, je porterai mon collant."

"Mais tu n'en portais pas chez Denishawn !"

"C'était différent, répliquai-je. Là, c'était de l'art."

Aux *Follies*, ce n'était pas seulement sur scène qu'il se passait des choses. Eileen Delroy, une très jolie fille, y jouait les ingénues. Quand ma mère avait appris que j'étais engagée là, elle était arrivée de Californie pour me tenir compagnie et veiller sur moi. Elle dormait dans ma chambre, et s'assurait que je demeure une lady. J'étais très bien élevée, mais ce n'était apparemment pas le cas d'Eileen. J'étais assez différente de ces filles des *Follies*. Elles pensaient que j'étais trop sage, trop protégée par ma mère.

Eileen avait pour amant Frankie Fay, un gangster célèbre. Il ne supportait pas que quiconque la touche ou l'approche. C'était pareil pour moi : à ses yeux, nous étions taboues. Elle n'avait aucun autre galant, mais il n'en était pas moins follement jaloux. Un jour où nous marchions dans une rue de Boston, Eileen et moi – elle passait, à juste titre, pour la plus belle créature au monde –, deux jeunes étudiants de Harvard arrivèrent à notre rencontre, nous soulevèrent dans leurs bras et nous transportèrent ainsi dans la rue. Nos mères, qui étaient avec nous, pensèrent mourir de honte et de peur, parce que nous étions toujours étroitement surveillées par le gangster. Cet incident lui fut rapporté par la suite.

"Est-ce que cet homme t'a touchée ?" demanda-t-il à Eileen.

Et à moi : "Est-ce que cet homme t'a touchée ? Je le tuerai."

Il ne se mettait jamais en colère contre Eileen ou moi, seulement contre tout homme qui nous approchait.

Je sortais toujours avec eux, j'étais leur chaperon. Frankie exigeait que je les accompagne chaque fois qu'ils allaient en ville, et j'étais terrifiée à l'idée de refuser : comment dire non à un gangster ? Frankie trouvait que j'étais une lady, il voulait que j'enseigne les bonnes manières à son amie.

Il était toujours armé. Plusieurs de ses amis furent abattus alors qu'ils prenaient un verre avec lui. Quand nous sortions ensemble, Frankie déposait son arme sur la table. Confrontés à ce revolver, les garçons ne protestaient pas. Mais l'ambiance de la soirée était tendue, c'est le moins qu'on puisse dire.

C'était l'époque de la prohibition, et nous fréquentions des bars clandestins. Chaque fois que nous nous présentions à la porte d'un club et qu'on reconnaissait Frankie Fay, on nous escortait à l'une des meilleures tables. Sombres et enfumés, les clubs – ou ces salles qui passaient pour des clubs – avaient quelque chose de dangereux et de séduisant.

La rancœur des girls s'accentuait. Au finale, quand toute la troupe descendait le praticable pour se disposer face au public, un peu comme dans les *Ziegfeld Follies*, elles portaient des robes raffinées, très décolletées, garnies de lourdes perles dont le cliquetis les précédait partout. Metteur en scène et producteurs essayaient obstinément de me persuader de revêtir une de ces robes et de prendre part au finale. Un soir, le régisseur m'apporta à boire, mais chaque fois qu'il sortait, je vidais le verre dans un pot de fleurs qui se trouvait là. Il m'aurait fallu un estomac en bois pour supporter une telle quantité d'alcool. Je ne sais pas ce qu'il s'était figuré, mais il n'ébranla pas ma résolution. Chaque fois que cette scène se reproduisait, quand le régisseur m'apportait la robe destinée au finale, je lui disais : "Reprenez-la. Je ne suis pas une showgirl." Cette réponse me valut une certaine tranquillité, jusqu'au jour où ils m'apportèrent toute une série de robes en m'intimant l'ordre d'en choisir une, faute de quoi, disaient-ils, l'une de mes danses serait supprimée du programme.

"Allez-y, répliquai-je. Mais chaque soir, mes solos sont le clou du spectacle."

Ils supprimèrent donc mes solos pendant quelques jours, puis le régisseur réapparut dans ma loge. D'un air furibond, il me lança : "Ton solo est remis au programme."

"Avec collant ?" demandai-je.

"Avec collant", m'accorda-t-il de mauvaise grâce.

Les tournées des *Greenwich Village Follies* nous firent parcourir le pays entier. C'est sans doute quand j'ai dansé dans le Sud – trois solos par soirée dans *Silk and Incense* – que j'ai reçu mon plus beau compliment, d'un critique qui m'a comparée, parmi les autres danseurs, à une fleur sauvage dans un jardin de jazz.

Un autre écrivit qu'il avait l'impression que s'il n'y avait eu ni musique, ni scène, ni éclairages, Martha Graham, telle une prêtresse des Indes orientales, aurait néanmoins dansé pour ses dieux. J'étais ce que les Indiens nomment Devidassi, une danseuse du temple.

Avec les *Greenwich Village Follies*, nous partîmes en tournée à Londres, tournée qui fut un grand succès. C'était un spectacle de music-hall, et nous passions juste avant miss May et ses chevaux blancs. Un jour, en coulisses, au moment où je me préparais à faire mon entrée, je sentis soudain sur mon épaule nue un gros baiser mouillé. Je me retournai. C'était l'un des magnifiques chevaux dressés de miss May.

Il y avait aussi un perroquet nommé Ethel, qui restait en cage jusqu'au moment de son numéro. Tout le monde se partageait le même espace sombre dans les coulisses. La pauvre Ethel s'arrachait toutes les plumes, en plus de celles qu'elle perdait à cause de son grand âge. Dès qu'elle entendait sa musique, comprenant que l'instant était venu pour elle d'entrer en scène, elle s'efforçait d'écarter les barreaux de sa cage : telle était son impatience. Sur le point d'y aller, moi aussi, je me tournai vers l'un des machinistes et lui dis : "Maintenant je comprends Ethel !"

Pendant notre tournée aux Etats-Unis, l'une des étapes fut Chicago. Je me souviens d'être allée un après-midi à l'*Art Institute*. J'entrai dans une salle où se trouvaient exposés les premiers tableaux modernes que j'eusse jamais vus – des Chagall, des Matisse – et je sentis en moi un écho à ces tableaux. De l'autre côté de la salle, j'aperçus une très belle toile, ce que l'on appelait alors de l'art abstrait, une idée étonnamment nouvelle. Je manquai m'évanouir, car je découvrais que je n'étais pas folle, que d'autres voyaient le monde, voyaient l'art de la même façon que moi. C'était une toile de Wassily Kandinsky, parcourue d'un bord à l'autre par une traînée rouge. "Je ferai ça un jour, me dis-je. Je ferai une danse comme ça."

Et je l'ai fait. Je n'en étais pas consciente à l'époque, mais cette découverte eut une grande influence sur moi ; un éclair de connivence. Ce fut *Diversion of Angels*. Cela s'est passé au cours d'un été pluvieux à Connecticut College, en 1948, et je pensais qu'aucun ange n'apparaîtrait jamais par un temps pareil. Il s'agit dans ce ballet de l'amour de la vie et de l'amour de l'amour, de la rencontre et de la séparation d'un homme et d'une femme. Il y a une femme en blanc qui symbolise l'amour dans sa maturité ; elle ne peut se déplacer qu'en harmonie avec son partenaire, son amant. Une jeune fille en jaune représente l'amour adolescent ; et une femme en rouge, qui traverse la scène dans un éclair, l'amour érotique. Toutes trois sont des aspects de la même femme, et la rouge est cette flamme de Kandinsky que j'avais vue si longtemps auparavant à l'*Art Institute* de Chicago.

Cette femme en rouge est très difficile à danser. Elle doit paraître curieusement vulnérable, presque à bout de souffle, et profondément érotique. Beaucoup de gens n'y arrivent pas, ils balancent sans cesse d'un côté à l'autre. Ce qu'il faut, c'est une redécouverte constante de l'instant immédiat.

Il y a une citation de la Genèse que je récite aux danseurs de *Diversion* : "Les fils de Dieu virent que les filles des hommes étaient belles, et ils en prirent pour femmes parmi toutes celles qui leur plurent."

"Vous êtes les fils de Dieu, leur dis-je, des anges, tous tant que vous êtes."

Suivant l'exemple de la peinture et de l'architecture modernes, la danse se débarrassait des éléments décoratifs et fantaisistes. Elle ne se voulait plus "jolie" mais réelle.

En ce qui concerne les éclairages, j'ai reçu ma première leçon aux *Follies*, alors que nous nous préparions à un gala de bienfaisance, comparable à un spectacle de music-hall. Chacun des participants allait trouver l'éclairagiste avec des instructions affreusement compliquées – suivez-moi avec du bleu clair, et puis passez au blanc pur, etc. Une danseuse lui demanda simplement : "Ecoutez, dès que j'arrive, prenez un projecteur couleur lavande n° 16 et contentez-vous de me suivre." C'est ce qu'il fit, et son éclairage fut le meilleur du spectacle.

Jean Rosenthal, qui devait devenir l'une des plus grandes novatrices dans le domaine de l'éclairage de scène, vint me trouver quand elle était toute jeune, parce qu'elle voulait danser. Nous nous rendîmes bientôt à l'évidence : la danse n'était pas sa voie. Je lui suggérai les éclairages, et pendant des années elle a travaillé et fait des expériences avec moi. Le bleu Rosenthal, cette toile de fond lumineuse qui allait s'imposer dans les productions théâtrales comme un arrière-plan presque standard, fut à l'origine créé pour moi par Jean lors de la première d'*Appalachian Spring*, en 1944. Il me fallait un ciel américain d'un bleu limpide – dépouillé, simple, sans afféteries ni sentimentalisme, et c'est ce que Jean m'apporta.

Alors qu'elle se mourait d'un cancer, Jean eut un geste extraordinaire. En avril 1969, j'avais achevé – dans la mesure où on peut achever une œuvre d'art – mon ballet *Archaic Hours*, et Jean fut autorisée à venir de l'hôpital en ambulance. Assise avec moi sur une civière dans une travée du *City Center Theatre*, elle supervisa les derniers éclairages qu'elle réglerait jamais.

Jean aimait me taquiner au sujet de mes éclairages. Elle disait : "Ce n'est jamais un problème d'éclairer Martha, elle va vers la lumière." Ses éclairages étaient parfaits, mais j'ai pourtant gardé la nostalgie des temps antérieurs aux projecteurs puissants et aux faux cils, de l'époque où Sarah Bernhardt se perlait les cils – chose que j'ai faite très longtemps au cours de ma carrière. Il s'agissait de cire colorée qu'on faisait fondre au-dessus d'une flamme et qu'on s'appliquait à la brosse sur les cils. Sous la douce lumière de la rampe, ceux-ci paraissaient garnis de cristaux.

Bernhardt m'a fait une impression énorme. Quand je l'ai vue jouer, elle venait de subir l'amputation de la jambe et, sur scène, portait le costume de l'Aiglon. Elle a récité sa grande tirade sur la bataille de Wagram, et sa voix était superbe, plus belle que belle, si possible. Elle avait une voix d'or.

Il arrivait fréquemment que des particuliers invitent des artistes des *Greenwich Village Follies* à se produire chez eux. La plupart du temps, je déclinais de telles propositions ; j'avais "mon amour-propre", peut-être excessif dans certains cas. Je me laissai néanmoins tenter par une invitation dans l'une des vastes demeures tout en marbre de Newport, Rhode Island. Je n'avais pas un sou, mais j'étais décidée à faire mon entrée en grande pompe. J'empruntai de l'argent à mon habilleuse afin de louer une voiture avec chauffeur, et elle accepta de m'accompagner comme ma bonne. A notre arrivée, le maître d'hôtel nous déclara que les artistes devaient passer par la porte de service. Je refusai catégoriquement et lui dis que j'entrerais, ainsi que cela me paraissait convenable, avec les autres invités, ou que je repartirais aussitôt pour New York. L'autre danseuse obéit aux instructions, mais je fus autorisée à entrer par la grande porte. A la fin de la soirée, elle repartit pour New York, tandis que mes hôtes me priaient de passer la nuit chez eux et de rester dîner le lendemain soir.

Des années plus tard, je suis retournée à Newport, où mon amie Doris Duke m'a inondée de luxe et de gentillesse. Si miss Ruth avait connu Doris, avec son air exotique et ses gestes sinueux, elle l'aurait engagée chez Denishawn.

A l'époque des *Follies*, je dînais toujours seule parce qu'il n'y avait personne avec qui je me sentis à l'aise. Je prenais mes repas dans un restaurant chinois. Un jour, un jeune serveur me dit : "Vous êtes chinoise."

"Non", fis-je.

Il reprit : "Votre papa chinois ?"

"Non."

"Votre maman chinoise ?"

"Non."

"D'où venez-vous ?" demanda-t-il.

"De Californie."

"Ah, fit-il. Vous venez de San Francisco. Vous êtes chinoise." Là-dessus, il alla chercher son repas, s'installa à ma table, et nous mangeâmes ensemble comme deux amis. Dieu merci, il ne me suggéra pas de danser un arrangement floral oriental. Je passe pour chinoise. Quand cela m'arrive, j'éprouve une certaine réticence à le comprendre et à l'assumer. Ce n'est qu'affaire d'apparence, rien à voir avec ce que je suis en réalité.

J'ai eu pour élève une jeune Chinoise qui avait quelque difficulté à venir au cours parce que sa mère ne voulait pas qu'elle travaille avec moi. Je n'arrivais pas à m'en figurer la raison, car la jeune fille était une danseuse très douée. Finalement, sa mère assista à une représentation donnée par la compagnie. Ça ne lui plut pas.

Après m'avoir rencontrée, le seul commentaire qu'elle fit à sa fille fut : "Martha Graham a été très bien élevée par son père et sa mère."

"Cette femme change. Elle est tao", ajouta-t-elle, plus tard. Et ce fut tout.

Cet élément de changement l'effrayait. Mais le changement est la seule constante. Voyez-vous, si vous plongez le pied dans une eau courante, vous ne pouvez pas le plonger deux fois dans la même eau, car elle s'est enfuie. Vous vous trouvez à un autre endroit du courant. Les Chinois ont le sens du changement, un changement qui n'est pas délibéré mais dû au temps qui le suscite et nous permet d'aller de l'avant. Je crois au changement parce qu'il est éternel. Il ne reste jamais en place, il est croissance éternelle, éternelle renaissance.

Depuis que j'ai vieilli, beaucoup de gens veulent m'embrasser, surtout des Orientaux. Je n'aime pas beaucoup ça. Même dans l'ancien temps, je me réservais pour les vrais baisers, pourtant il y a toujours des gens qui viennent m'embrasser sur la joue. C'est un geste de possession. Ils prennent un morceau, juste comme dans la danse de la pomme dans *El Penitente*. "Vous en voulez un bout ? Voilà, croquez."

A l'époque des *Follies*, j'ai un jour partagé la loge où je me préparais à entrer en scène avec un merveilleux couple espagnol, Eduardo et Volga Cancino. Pendant que je me maquillais, leur petite fille, Margarita, qui devait avoir cinq ou six ans, se faufilait à quatre pattes sous ma chaise. Elevée dans le théâtre, elle est devenue plus tard Rita Hayworth.

Les *Follies* n'étaient pas sans intérêt, mais j'étais sûre d'avoir mieux à faire. Je me souviens qu'un matin, dans le Bronx, après une nuit passée avec un garçon, je me lavais les mains dans l'évier quand soudain l'idée s'est imposée à moi que je ne me préoccupais pas beaucoup de servir le Père. C'est une idée biblique, bien sûr, mais j'étais en effet persuadée que si on se laisse guider par le sentiment du beau, on arrive où l'on doit arriver.

Je n'aimais guère les *Follies*, pourtant il y avait de bons côtés. Je dansais quatre solos chaque soir. Je gagnais bien ma vie. Mon personnage sur scène était considéré comme exotique (ne fût-ce que dans la mesure où il évoquait Denishawn) et, à ma vive satisfaction, chaque soir un de mes solos faisait un malheur.

Les *Follies* étaient d'un professionnalisme absolu. Nous jouions au moins cinq fois par soirée, même le dimanche. Denishawn m'avait préparée à une telle discipline, et je continuais mon apprentissage des humeurs et des réactions du public. Mais, bien souvent, je m'endormais en pleurant. Je ne me trouvais pas là où je voulais être. Je ne m'y trouvais que parce que je me sentais responsable de la subsistance des miens. J'en suis partie en 1925, pour créer mes propres danses, avec mon propre corps.

Quand j'ai quitté les *Follies*, je n'avais nulle part où aller à New York. Il était interdit d'aller s'asseoir au *Metropolitan Museum* au milieu des pièces égyptiennes. Je me rendais au zoo de Central Park et m'installais sur un banc en face d'un lion dans sa cage. Il marchait sans cesse d'un côté à l'autre de la cage, refaisant éternellement les mêmes pas, quatre dans un sens, quatre dans l'autre, avec un mouvement merveilleux pour se retourner. Je passais des heures à regarder ce lion aller et venir dans sa cage à grands pas silencieux. J'ai fini par apprendre à marcher comme lui. J'ai appris du lion l'inévitabilité du retour, le balancement du poids du corps. Le balancement du poids est l'un des aspects clefs de cette technique, de cette façon de se mouvoir. George Balanchine a dit un jour de ma technique qu'elle était classique. Ces mots me furent précieux. Ils impliquaient qu'il ne s'agissait pas d'une excentricité momentanée, mais de quelque chose de scientifique, transmissible d'une génération de danseurs à la suivante.

A cette époque, je n'avais pas de technique à proprement parler. Je sortais des *Follies*. Mais dans la technique que j'allais élaborer par la suite, le poids est balancé de cette façon étrange, animale, qui différencie du ballet la danse contemporaine – ce balancement du poids est la clef du mouvement. En un sens, nous avons perdu cette qualité animale à cause de notre sentiment de sécurité mais, à l'instar des animaux, notre corps doit rester capable de passer d'une position à une autre.

Des années plus tard, je me suis souvenue de ce lion et de sa façon étrange et puissante de se mouvoir. Nous étions à Stonehenge, ma compagnie et moi. Nous avions pris un bus matinal de Londres à la plaine de Salisbury afin d'arriver avant l'aube à

Stonehenge. J'en avais rêvé ; on m'en avait parlé, et soudain je découvrais dans un choc ces blocs de rocher. Il n'y avait rien là, sinon la solitude totale et le mystère de ces structures. Personne ne sait pourquoi ça se trouve là, ni à quel usage c'était destiné. Il me semblait ressentir la nuit noire de l'âme errant parmi les complexités du doute et de la peur à la recherche de ce qui reste inaccessible, sauf au milieu de ces immenses structures silencieuses. La première fois que je suis allée à Stonehenge, on pouvait s'y promener. On pouvait s'asseoir sur l'autel où, chaque jour, le soleil venait frapper au cœur un homme offert en guise d'animal sacrificiel. Aujourd'hui, tout est clôturé.

Je me tenais avec Takako Asakawa, une danseuse de ma compagnie, dans la porte par laquelle la lumière pénétrait jusqu'à la dalle qui est, croit-on, la pierre du sacrifice. La lumière frappait à hauteur du cœur. Afin de m'en assurer, je me suis couchée sur la pierre et, bien que ce ne fût pas l'aube, j'ai eu l'impression que le rayon lumineux m'atteignait en plein cœur. Je me sentais libre d'errer à ma guise. Comme tout le monde, j'étais intriguée et submergée par le mystère de ce lieu.

Après avoir parcouru ce fouillis de pierres aux formes bizarres, Takako et moi sommes arrivées à la cathédrale. Il y avait une chorale en train de chanter. Les choristes étaient assis de part et d'autre du portail, et le chef de chœur les dirigeait en allant et venant entre eux avec sa baguette. Avec son accent étrange, Takako m'a demandé : “Ils savent que nous sommes ici ?" "Non, ai-je répondu. Ecoute." Il se passait quelque chose de merveilleux, une musique s'élevait. Le chœur chantait un air très ancien que je reconnaissais peu à peu. C'était un air que les Quakers avaient adopté, et qu'ils appelaient *The Gift to be Simple* *. L'hymne que j'avais demandé à Aaron Copland de placer quelque part dans la partition d'*Appalachian Spring*.

Je me souviens de la dernière fois que nous sommes allés à Stonehenge, quand on n'était plus autorisé à se promener au cœur de cette histoire de pierre. Tous demandaient : "Comment saurons-nous où le soleil va frapper ?"

"Regardez les vaches", répondis-je. Quelques secondes avant l'aube, elles s'étaient levées l'une après l'autre, dans l'obscurité, puis elles se sont tournées vers la lumière qui perçait l'entrée de Stonehenge.

J'ai toujours été obsédée par les formations curieuses, parce qu'elles sont une émanation de la puissance universelle qui nous crée et qui, en cet instant même, crée encore des mondes nouveaux. Et les rochers – tant de millions d'années… comment eût-on pu soupçonner qu'elle était en formation, cette île qui n'allait émerger que deux ou trois millions d'années plus tard ? Mais l'élan existait.

* *Le Don de simplicité. (N.d.T.)*

En automne 1925, à la demande de Rouben Mamoulian, j'ai accepté un poste d'enseignante à l'*Eastman School of Dance* de Rochester, New York. Le directeur d'origine russe, qui avait été associé à Moscou avec le Théâtre d'Art de Stanislavski, n'était arrivé aux Etats-Unis que depuis un an environ. A Rochester, il s'était lancé dans une série d'opéras et de spectacles de plateau pour le cinéma à l'intention du roi du film, George Eastman.

"La danse, dit-il un jour, est le fondement du théâtre."

Je suis allée à Rochester avec Louis Horst, qui avait quitté Denishawn à peu près en même temps que je quittais les *Follies*. Il était parti à Vienne pour étudier la musique, mais revenu aux Etats-Unis peu après. Nous sommes arrivés par un sentier à la rencontre de Rouben Mamoulian, qui a dit que nous ressemblions à Salomé et saint Jean Baptiste.

Esther Gustafson, le professeur qui m'avait précédée à Rochester, était ce qu'on appelait alors une danseuse nature, qui mettait l'accent sur tout ce qu'il y a de naturel dans le mouvement ou les vêtements. Elle était toujours très réservée et convenable et ne se maquillait pratiquement pas, donnant l'impression qu'elle considérait le mascara comme un instrument du diable.

Je fis mon entrée à mon premier cours en kimono de soie rouge moulant, haut fendu sur les deux jambes, avec un maquillage élaboré et les cheveux tirés en une coiffure sévère mais spectaculaire. Après la classe, les étudiants, habitués au style plus terre à terre de leur professeur suédois, étaient en état de choc. “Eh bien, dis-je à Rouben, c’est qu’ils avaient besoin de ça.”

J’ai beaucoup appris à Rochester, pas assez cependant pour soutenir mon intérêt ni satisfaire ma passion : la recherche de ma voie personnelle. On y était généreux avec moi. J’avais mon propre studio et tous les élèves que je pouvais souhaiter. J’étais pourtant soucieuse, insatisfaite. Les gens de Rochester ne comprenaient pas que la danse évoluait, qu’elle n’allait pas rester une attraction dans l’esprit du music-hall de Radio City mais devenir un art. Ce qu’ils voulaient, c’était des revues pour les cinémas Eastman.

Les premières danses que j’ai créées à Rochester n’étaient pas d’une grande originalité, elles sortaient tout droit de Denishawn, mais je ne connaissais que ça. Quand on me demanda d’en régler une qui devait être tournée par le laboratoire Eastman avec la nouvelle pellicule couleur expérimentale, j’acceptai, ne me doutant pas que cette horrible chose réapparaîtrait des années plus tard. Ça s’appelait *la Flûte de Krishna*. Peut-être suis-je un peu sévère. Après tout, c’était censé être décoratif, rien de plus. Les trois danseuses avec qui j’ai travaillé ça, Evelyn Sabin, Thelma Biracree et Betty MacDonald, ont dansé avec moi l’année suivante, lors de mon premier spectacle à New York.

Quand le moment arriva de renouveler mon contrat pour un an, je me trouvai confrontée à une décision très difficile. En entrant dans cette pièce immense, je me disais que j'étais en train de me détruire pour de l'argent. Arrivée près du bureau, je saisis le stylo et commençai à signer mon nom. Je traçai la lettre M, puis remis le stylo sur le bureau.

"Je vous demande pardon, monsieur Hanson, je ne peux pas." Je me détournai, sortis, fis mes valises et repartis pour Manhattan. J'étais prête à tout pour la danse, mais pas à ceci.

La danse, j'en attendais davantage. Dans les mises en scène de cette époque, un geste de la main n'avait d'autre sens que la représentation de la pluie en train de tomber. Un certain mouvement du bras suggérait une fleur sauvage ou la croissance du maïs. Pourquoi vouloir faire d'un bras une tige de maïs ou d'une main la pluie ? La main est une chose trop admirable pour qu'on la réduise à une imitation.

A cette époque, je n'avais pas les moyens d'acheter des livres, mais j'allais souvent flâner au *Gotham Book Mart*, dont la propriétaire était Frances Steloff, une petite juive émigrée de Russie, qui avait commencé sans un sou à Saratoga Springs, en vendant des fleurs pour survivre. Elle adorait les livres et la connaissance lui inspirait un grand respect. Comme je ne pouvais pas me payer de livres, elle me permettait d'en emporter chez moi. Elle avait un chat blond qui se baladait partout, sur toutes les tables, parmi les piles de volumes.

Elle se montrait très généreuse envers les écrivains et les autres artistes, ses contemporains. Personne n'était bien riche, et je me souviens d'un jour où Edmund Wilson est entré dans la boutique. "Frances, a-t-il dit, j'ai besoin d'argent, puis-je te faire un chèque ?" "Laisse-moi, Edmund, je suis occupée, a-t-elle répondu. Va prendre ce qu'il te faut dans la caisse, tu n'as qu'à noter le montant sur un bout de papier." Ça m'a tellement impressionnée que j'ai presque tourné de l'œil. Il est allé se servir dans la caisse, puis il est ressorti.

Pendant une période de Noël particulièrement trépidante, je vins donner un coup de main à Frances dans sa librairie. Chargée de m'occuper de la caisse, je fis une fausse manœuvre et déboîtai la bande de papier qui y était enroulée ; la file des clients s'allongea devant le bureau, jusqu'à ce que Frances arrive à la rescousse. J'aidais aussi à emballer les livres, car à cette époque on ne les mettait pas dans des sacs, on en faisait des paquets avec papier et ficelle.

Sans m'avoir jamais vue danser, Frances croyait en moi ; elle se porta garante d'un emprunt de mille dollars destiné à financer mon premier récital. Je n'étais personne, mais une chance m'était donnée de faire mes preuves. Je voulais m'en remettre au jugement de Broadway, ne plus me contenter de représentations données dans mon studio devant des amis. J'allai trouver Mr. Green, des *Greenwich Village*

Follies, et je lui demandai de me prêter son théâtre pour un soir seulement, afin que je puisse montrer ce dont j'étais capable. "D'accord, me répondit-il, je vous le prête, mais si vous échouez vous revenez aux *Follies* pour un an." Il nous prêta la salle un dimanche, et il fallut annoncer l'événement comme un concert de musique sacrée à cause des *blue laws* qui interdisaient les spectacles de danse.

Ce premier récital a eu lieu dans le théâtre de la 48e rue le 18 avril 1926. J'ai dansé seule sur des musiques de Schumann, Debussy, Ravel et d'autres. Louis Horst m'accompagnait. Avec mon trio de Rochester, nous avons dansé un *Choral* de César Franck et le *Clair de lune* de Claude Debussy. J'ai dansé beaucoup de choses, et tout ce que je faisais était influencé par Denishawn. Il y avait du public. Les gens étaient venus parce que j'étais un objet de curiosité : une femme capable d'une œuvre personnelle. Bien qu'il y eût une tempête de neige ce soir-là, Mr. Green est venu me voir en coulisses pendant le deuxième entracte et m'a dit : "Vous avez gagné." Je n'avais pas besoin de revenir. Ma voie était dégagée.

Une amie de miss Ruth qui m'avait vue danser à Denishawn est venue me trouver en coulisses après mon premier solo. Elle était habillée à la mode fin XIXe siècle : robe compliquée, pleine de volants, chapeau de fourrure garni de plumes, longs colliers, etc. Elle s'est exclamée : "Martha, c'est tout simplement épouvantable. Combien de temps avez-vous l'intention de continuer à faire ce genre de choses ?"

"Aussi longtemps que j'aurai un public", ai-je répondu.

Tel a toujours été mon critère. Il est arrivé que le public soit très peu nombreux, mais il m'a soutenue. La réaction de l'amie de miss Ruth était caractéristique : pour beaucoup de gens, j'étais une hérétique. Une hérétique, c'est une femme qui est contrariée dans tous ses actes, une femme qui a peur. Où qu'elle aille, elle se heurte à la cadence et au pas implacable de ceux auxquels elle s'oppose. On peut être hérétique sur le plan religieux, ou sur le plan social. En ce temps-là, je me sentais hérétique. J'outrepassais le domaine de la femme. Je ne dansais pas comme on dansait. Je me servais de ce que j'appelais *contraction* et *release*. Je dansais sur le sol. Je dansais pieds repliés. Je montrais l'effort. J'étais pieds nus. De bien des façons, je montrais sur scène ce que la plupart des gens souhaitaient fuir lorsqu'ils venaient au théâtre.

Trois années plus tard, j'ai créé un ballet intitulé *Heretic*. Le matin même, j'ai décidé que les costumes ne convenaient pas. Je suis partie dans le Lower East Side, à Delancey Street, acheter dans mon magasin de tissus préféré du jersey de laine à dix-huit cents le mètre. Je suis revenue au studio, nous nous sommes mises à coudre, et le soir nos costumes étaient prêts. Sur scène, je dansais en blanc tandis que le reste de la compagnie était en noir.

Elles formaient un mur intraitable que je ne pouvais briser. La musique, un vieux chant breton, s'arrêtait et les femmes en noir formaient un nouveau groupe. Moi j'étais l'hérétique qui s'efforce désespérément de s'arracher à l'oppression de l'obscurité.

J'avais décidé de faire confiance au public, aux gens qui payaient leur place, pas seulement à ceux que j'invitais et qui souhaitaient ma réussite. Il y avait des gens qui ne me voulaient aucun bien. Ils trouvaient que j'étais très laide et que je faisais des choses affreuses.

J'entends encore ma mère me disant, des années plus tard : "Martha, je ne vois pas pourquoi tu dois toujours incarner sur scène des femmes aussi affreuses. En réalité, à la maison, tu es tout à fait charmante."

Je préfère un public qui m'aime à un public qui ne m'aime pas, mais je préfère ce dernier à un public apathique, car ça, c'est le baiser de la mort. Je le sais, j'ai connu l'un et l'autre…

Lamentation, ma danse de 1930, est un solo dans lequel je suis vêtue d'un long tube de tissu pour suggérer la tragédie qui hante le corps, cette capacité que nous avons de nous dilater à l'intérieur de notre propre enveloppe, de percevoir et de mettre à l'épreuve les contours et les limites de l'universelle douleur. J'étais en coulisses, en train de me déshabiller et de me démaquiller, lorsqu'on frappa à la porte. Une femme entra dans ma loge. Elle avait manifestement beaucoup pleuré, et elle me dit : “Vous ne saurez jamais ce que vous avez fait pour moi ce soir. Merci.”

Elle partit avant que j’aie pu lui demander son nom. J’appris par la suite qu’elle avait, peu de temps auparavant, perdu son fils de neuf ans, tué sous ses yeux par un camion. Elle était incapable de pleurer. Quoi qu’on tente pour elle, elle était demeurée incapable de pleurer jusqu’au moment où elle avait vu *Lamentation*. Ce que j’ai appris ce soir-là, c’est qu’il y a toujours une personne dans le public à qui on parle. Une. Tout ce que je demande, c’est une réaction, positive ou négative.

Une autre fois, dans le Sud, *Lamentation* suscita une réaction tout à fait différente. Je dansais sur une petite scène dans un club féminin très select. Une vieille dame se leva en grommelant et descendit vers moi la travée de l’auditorium. Elle posa les mains sur la scène et me regarda. Puis elle se détourna et sortit. Ce fut tout… mais je terminai la danse.

Il y a une merveilleuse expression islandaise qui désigne la fascination du destin. On est fasciné par son destin, en dépit des pires épreuves. L’isolement, la solitude, le doute, la vulnérabilité indissociable de toute création : autant d’épreuves à affronter. On sait quand elles se présentent. On le sait, quand on déambule dans les rues pendant des heures. Quand vient l’inquiétude, quand on est malade d'une idée, de quelque chose qui ne veut pas prendre forme.

Robert Edmond Jones, décorateur et metteur en scène visionnaire, qui enseignait au *Neighborhood Playhouse*, avant ses premiers exposés à ses étudiants, commençait par les dévisager tous en silence, lentement, un par un, en déambulant de long en large avec un peu la démarche et le rythme du lion en cage. Puis, soudain, il s'écriait : "Je vous étudie très attentivement, car je sais que vous êtes quelques-uns dans cette salle, quelques-uns seulement, à être fascinés par la fatalité… la fatalité de devenir un artiste." Et un artiste éprouve cette fascination, mais ce n'est pas lui qui choisit son destin. Il est choisi, marqué, emporté.

J'éprouvais le besoin d'évoluer et de travailler pour moi-même. Je voulais, en toute arrogance, réaliser dans la danse quelque chose d'exclusivement américain. Je trouvai une élève et me lançai. Elle était la nièce de Bernard Berenson et arrivait d'Italie. Et puis j'en eus quelques autres. Elles s'apercevaient qu'elles pouvaient venir là, pour un prix modique, apprendre quelque chose en s'amusant. Je n'appliquais pas, dans mes cours, la technique que j'avais acquise à l'école Denishawn pour la simple raison que je n'aurais pas pu payer les cinq cents dollars qu'ils exigeaient de toute personne qui enseignait leur méthode. Je faisais mes cours moi-même, et peu après Louis Horst et moi commençâmes à enseigner au *Neighborhood Playhouse*.

Je faisais un cours de technique du mouvement à l'intention des acteurs. J'y tempérais un peu ce que j'aurais exigé de danseurs, mais je les traitais toujours comme mes élèves, et la plupart n'étaient pas encore célèbres – ni Bette Davis, ni Gregory Peck, ni, plus tard, Liza Minnelli et Woody Allen. Joanne Woodward fut du nombre. Elle m'a parlé du premier cours qu'elle y avait suivi. Elle, Tony Randall et quelques autres n'en étaient guère enthousiastes. Ils appelaient ça de la "gym". Apparemment, quand je suis entrée ils ne se sont pas tus. Joanne m'a raconté que j'étais restée immobile, fière et forte, jusqu'à ce que je sente, sans les regarder, qu'ils se calmaient et me fixaient. Joanne se souvenait que j'avais dit, en choisissant parfaitement mon moment : "Des larmes ruissellent au-dedans de mes joues." Avec ça, je les tenais. C'était ce genre de force dramatique qu'ils voulaient. Savoir s'ils l'ont acquise ou non, c'est une autre affaire.

Joanne a eu la gentillesse de dire que ce cours l'a aidée lorsqu'elle a joué le personnage à facettes multiples de *Three Faces of Eve*, qui lui a valu un Oscar. D'abord incertaine de ce qu'il fallait faire, elle s'était souvenue de mon cours et avait joué un des personnages en *contraction* (en expiration, le souffle expulsé du corps), un autre normalement, et le troisième en *release* (en inspiration, dans le corps).

A son arrivée au *Playhouse*, Gregory Peck était un jeune homme dégingandé d'une vingtaine d'années, aux traits nets comme une gravure à la pointe sèche, très pur et très beau. Très affamé, aussi.

Il avait non seulement faim d'apprendre, mais besoin d'un bon repas. Je lui demandai s'il avait de quoi vivre et il me cita une petite somme, à peine suffisante pour subsister. Quand je lui demandai de combien il avait réellement besoin, il me cita une somme également petite. C'était tout lui, ça ! Je me rendis tout droit dans le bureau de la directrice afin de la prier de faire quelque chose pour Greg, et elle accepta.

A l'école John Murray Anderson, Bette Davis avait son franc-parler et disait exactement ce qu'elle pensait. Ses gestes et son langage exprimaient le courage. Dès l'instant où je vis ses pieds, je fus persuadée qu'elle était destinée à devenir une star. Elle coopérait bien, c'était une bonne élève. Elle s'efforçait de tout faire comme il fallait. Elle n'était pas du tout difficile.

Les acteurs avaient besoin de découvrir leur corps. Un des élèves devait réciter le soliloque d'Hamlet, *To be or not to be*. Sa diction était maniérée, efféminée. Etre-ou-ne-pas-être-voilà-la-question. Je lui fis poser une jambe sur la barre et la tête sur le genou, et lui demandai de redire la tirade.

Ensuite je lui dis : "Redresse-toi et fais-le comme tu l'as fait à la barre."

Et ce fut parfait.

C'est à cette époque que j'ai donné des leçons particulières à Ingrid Bergman. Je me souviens qu'elle était sujette à de longs silences. Mais j'adore ce qu'elle appelait le secret d'une vie heureuse : une bonne santé et une mauvaise mémoire…

Un jour, au début des années soixante-dix, mon assistant me dit au moment où j'arrivais au studio : "Woody Allen est là, au cours."

"Impossible", fis-je.

Mais il y était. Il faisait des tours, des grands écarts, courait à travers la salle. Récemment, il nous a fourni une citation pour notre brochure : on lui avait demandé de décrire ses impressions sur le cours technique de Martha Graham. "Pour moi, c'était très sérieux, répondit-il, et pour ceux qui me regardaient, ça paraissait du plus haut comique."

Je fus étonnée quand Woody me demanda de lui prêter le studio pour la scène d'audition dans *Annie Hall*. Je donnai mon accord, bien sûr, et refusai le moindre paiement. Mais lorsque j'allai voir le film et que cette scène arriva, je ne pus que baisser la tête de honte : les lambris n'avaient pas été nettoyés.

La première fois que je suis allée au *Neighborhood Playhouse*, j'ai vu aux actualités un film tourné par un certain Sandanee sur une danseuse birmane. Elle était vêtue d'un costume identique à celui que je portais à Denishawn : une jupe birmane jaune et une petite veste blanche. Tout ce que nous faisions à Denishawn était d'une exactitude parfaite. Elle se préparait à combattre un cobra selon le même rituel au cours duquel sa sœur, également prêtresse, venait de mourir. Dans cette ville de Birmanie, aucun enfant mâle n'était né depuis deux ans. Cette danse avec le cobra faisait partie de ses fonctions de prêtresse. Aussitôt le cobra sorti de son trou, elle se mettait à danser devant lui ; il paraissait fasciné. Elle soulevait son sari, et le serpent frappait le sari. Il crachait son venin, la jupe de la jeune femme en était couverte. Il devenait inerte et si épuisé d'avoir ainsi craché tout son venin que, lui prenant la tête, elle l'embrassait trois fois sur la bouche, et la cérémonie était terminée.

Le mouvement ne ment jamais. Le corps est une étrange affaire. Les chakras réveillent les centres d'énergie dans le corps, comme dans le Kundalini yoga. Ça commence dans les pieds, et puis ça monte. Ça traverse le torse, le cou, ça monte encore, ça traverse la tête, en libérant de l'énergie tout du long. J'en ai fait un usage plutôt méchant, un jour, pour me débarrasser d'un homme qui m'ennuyait. J'ai regardé ses pieds puis, lentement, levé le regard sur toute la hauteur de son corps jusqu'à son visage, puis je me suis détournée. Cet homme ne m'intéressait pas.

Je dansais sur *le Principe espérance*, de Bloch – une danse qui annonçait *Lamentation*. Je dansais contre le mur de mon studio à Carnegie Hall, pièce n° 107, la tête couverte d'un châle. J'avais dû m'y identifier si profondément que je me suis évanouie. Quand je revins à moi, le soir commençait à tomber, et je compris que j'étais restée ainsi pendant plusieurs heures.

Quand j'ai créé ma danse intitulée *Extase*, en 1933, j'ai découvert par moi-même la relation entre la hanche et l'épaule. J'étais vêtue d'un tube de jersey, qui me donnait une conscience accrue des extensions et des articulations de l'anatomie. Chaque partie du corps est spectaculaire, à sa façon.

C'était l'époque où je m'adonnais à ce que les critiques ont appelé mes longues et moelleuses danses de révolte et, quand j'y repense, elles étaient assez révoltées, en effet. Mais en réalité, j'étais en train de rejeter, dans un esprit de vengeance, Denishawn, son exotisme et ses voiles, comme font la plupart des enfants au moment où ils s'en vont de chez eux. J'exprimais quelque chose en moi que je ne comprenais pas bien.

Comme un enfant ou un petit animal qu'il faut dresser, on a besoin de discipline, et elle doit être cohérente. Même si on se rebiffe, on est content de sentir des limites. Il existe en nous une volonté d'accomplissement dont nous sommes tout à fait inconscients, c'est l'énergie vitale qui passe par nous, et nous devons nous y soumettre. Nous sommes un instrument. Je dois vous dire que je n'avais pas l'impression de me soumettre. Je n'avais pas l'impression de me renier. J'aimais ça. Tout le temps où j'ai travaillé, au sol ou devant le miroir, j'aimais ça. Jamais je ne me suis sentie liée, humiliée, dépossédée. Je pensais que j'avais beaucoup de chance, et je le pense encore.

Quand j'étais en panne d'inspiration et que je commençais à paniquer, je sortais du studio et j'allais me promener dans le vieux magasin *John Wanamaker*, où la guenon Suzy vivait à l'étage dans une cage. A cette époque, on considérait *Wanamaker* comme le "nec plus ultra" parce qu'ils se permettaient d'exhiber un singe en cage. J'aimais bien aller voir Suzy, qui faisait preuve de caractère et d'indépendance. Elle disposait dans sa cage de plates-formes et de rochers, et même de barreaux auxquels elle pouvait se balancer très haut, bien au-dessus de la foule venue la regarder. Elle venait jeter un coup d'œil à l'assistance, et s'il y avait peu de monde ou si les gens ne réagissaient pas, elle se retirait dans sa caverne au fond de la cage et j'imagine qu'elle s'y endormait. Elle avait compté son public.

Ça me rappelait le temps où mes parents m'emmenaient chez *Wanamaker* à Pittsburgh, quand j'étais enfant. Il y avait, en particulier, une grande salle garnie de bois poli et de métal brillant, où il fallait se tenir impeccablement bien. C'est ce que je faisais, dans l'ensemble, car j'avais envie d'y revenir. On nous asseyait chacune sur un haut tabouret devant le comptoir des rafraîchissements pour y déguster une charlotte russe – une sorte de grande préparation avec de la crème fouettée et du quatre-quarts au-dessous. Il fallait une longue cuiller pour parvenir au fond de ce dessert. Mes pieds, je m'en souviens, n'étaient pas près de toucher le sol.

Au début, je ne lisais jamais les critiques. Ensuite il m'est arrivé de les ignorer pendant des mois, parce que j'avais mes idées sur ce que j'avais à dire et que les critiques s'égaraient. Le critique croit nous donner au public. Ce n'est pas vrai. Il donne au public l'idée qu'il se fait de nous. Il peut en venir du mal ou du bien. Mais cela ne m'a jamais influencée.

Je me souviens d'un soir où nous devions danser au théâtre Martin Beck, et il y avait une terrible tempête de neige. Nous étions tous dans les coulisses à nous demander si nous danserions. Nous allions et venions nerveusement, jetant chaque fois que nous le pouvions un coup d'œil par le rideau de scène. Et puis les sièges ont commencé à se remplir, et bientôt toutes les places furent occupées. Quelqu'un demanda à Martin Beck : "Vous avez déjà vu Martha Graham danser ?"

"Non, répondit-il. Pour quoi faire ? Elle a rempli la salle."

Attitude très courante à l'époque : l'important, c'était d'être bon au box-office. Et nous l'étions.

Je n'oublierai jamais ce qu'a dit le danseur et chorégraphe anglais Frederik Ashton, que l'on considérait généralement comme le danseur-créateur le plus important de Grande-Bretagne et qui devint plus tard directeur du *Royal Ballet*. Ashton et ses amis se trouvaient dans le public au *Little Theatre* de New York en 1927 quand j'ai dansé *Revolt*, sur une musique d'Arthur Honegger. Formés selon les traditions de Marie Rambert, qui avait dansé avec Nijinski, les amis de Frederik n'aimaient pas ce qu'ils voyaient. Ils voulurent quitter la représentation avant l'entracte, mais Frederik se tourna vers eux en disant : "Elle est bien, elle est théâtrale."

A ce moment-là, je sortais à peine des *Follies* et de plusieurs années chez Denishawn. Certains des mouvements que j'avais développés, ou que l'on me disait que j'avais développés, n'étaient pas des créations mais de vagues réminiscences. Ils étaient gauches, ils n'étaient sans doute pas beaux au sens de ce qu'on attendait alors de la danse. Fanny Brice fit même une parodie de *Revolt* dans les *Ziegfeld Follies*. Ça s'appelait *Rewolt*.

Elle dansait sur une musique intitulée *Modernistic Moe*, avec un grand talent satirique et sans aucune vulgarité. De toute évidence, elle m'avait vue à l'œuvre. En mime accomplie, elle avait imité mon maquillage, mes coiffures, mes costumes, mes expressions et toute ma sévérité. Ses girls étaient des copies conformes de mes danseuses. Je pense qu'elle s'était inspirée à la fois de *Heretic* et de *Celebration*. Elle arrivait en chantant : "*Jumping, jumping, jumping*", suivie de toutes les girls en train de sauter... et à la fin elle se précipitait vers la rampe, écartait les mains exactement comme je le faisais dans un ballet intitulé *Act of Piety* et s'écriait, avec son merveilleux accent yiddish : "*Rewolt !*" J'ai été la voir quatre fois, mais je n'ai jamais eu le courage d'entrer dans les coulisses.

Danny Kayes aussi s'est inspiré de moi dans une revue, avec ses *Graham Crackers*. Mais mes préférences vont à ce qu'a fait Cyril Ritchard dans une revue anglaise. Il s'était fait entièrement maquiller, coiffer et habiller comme moi et se livrait à une interprétation hystérique de *Frontier*. Je n'ai jamais été très chaude pour les imitations de femmes par des hommes, mais là, je n'ai pu que donner raison à Mae West, qui disait : "Qu'est-ce que ça peut faire ? Les femmes font ça depuis des années."

En 1930, bien que je ne fusse indépendante que depuis quelques années, Leopold Stokowski m'a invitée à danser le rôle de l'Elue dans *le Sacre du printemps*. Lui et sa femme Evangeline étaient venus me voir danser au *Roerich Museum*, dans l'Upper West Side de Manhattan. Il me parla du *Sacre*, mais il éprouvait de la réticence à m'en confier la chorégraphie. Il pensait que je manquais d'expérience, et je lui donnai raison.

A la première du *Sacre* à Paris en 1913, dans la mise en scène originale de Nijinski, son étrange chorégraphie couplée à la musique de Stravinski avait provoqué une émeute dans le théâtre. Se tournant vers son voisin, qui applaudissait avec enthousiasme la nouveauté gestuelle et sonore, une vieille dame très convenable l'avait frappé sur la tête avec son parapluie. Comme la plupart des Parisiens, elle était profondément choquée par cette musique. J'ai rencontré une fois Stravinski, mais je n'étais encore personne et il s'est à peine aperçu de ma présence. Il était très en colère à ce moment-là, non contre moi mais contre le monde entier.

Plus tard, Stokowski décida de confier à Massine la chorégraphie du *Sacre* puisqu'on lui devait le succès de la reprise de 1920. Il était marié avec la ballerine Eugenia Delarova. J'ai fait sa connaissance pendant la grande crise, quand il est venu chez moi à Manhattan, dans mon appartement donnant sur Central Park. C'était un petit appartement, relativement bon marché, et si je l'avais, c'était en vérité parce que personne n'en avait voulu. Il était nu, sans mobilier digne de ce nom, juste un lit de camp, une commode avec une madone, une petite table de cuisine couverte de linoléum et un gramophone. Ensemble, nous avons écouté *le Sacre* en contemplant la grande ville grise.

Nous sommes convenus de travailler ensemble. Il réorganisait le ballet, et à vrai dire il ne m'aimait guère. Il y eut de nombreuses répétitions à la *Dalton School*. Chaque fois que je faisais mon solo, il me tournait le dos. Ça aide beaucoup, vous savez. Au cours de ces répétitions, quelqu'un fit la remarque que Massine et moi nous ressemblions – nous étions minces et noirs tous les deux, on aurait pu nous prendre pour frère et sœur. Au début, il se montra généreux avec moi, mais après quelque temps il me demanda de donner ma démission. Il pensait que je n'y arriverais pas, et il lui semblait que sa maîtresse de l'époque conviendrait parfaitement. Rien n'eût pu m'amener à démissionner. Plus il m'ignorait, plus il venait me trouver quand j'étais assise par terre en chuchotant : “Vous devriez vous retirer ; vous allez à la catastrophe parce que vous n'êtes pas une ballerine classique", plus je souhaitais rester. Stokowski fut ferme, et confirma que je danserais l'Elue.

La première représentation eut lieu à Philadelphie le 11 avril 1930, et nous reprîmes le train pour New York où nous devions jouer au *Metropolitan Opera House* les 22 et 23 avril. Massine me demanda mon avis sur ce qui n'allait pas. Je répondis : "D'abord, débarrassez-vous de ces affreux boutons-d'or à l'arrière-plan." Il dit qu'il ne pouvait pas. Quoi d'autre ? "Eh bien, dis-je, j'ai toujours pensé que l'Elue devait entrer pendant la première section (c'est ce que j'ai fait, finalement, en 1984, dans ma propre version), et il m'est impossible d'être convaincante si je dois porter ces horribles bottes et cette perruque." Au grand dam de Massine, Stokowski me donna raison et à la représentation je dansai dans ma tenue de répétition et avec mes propres cheveux, qui me venaient à la taille.

Ce fut pour moi une période pénible, car je ne me sentais pas acceptée. Je restais l'*outsider*. Je me conformais exactement aux instructions de Massine. A part une certaine qualité d'émotion, je n'interprétais rien par moi-même.

Je n'étais pas toujours d'accord avec Stokowski, mais pour moi c'était un maître. Il m'impressionnait beaucoup. Pourtant, je ne pouvais pas toujours faire ce qu'il voulait. A la suite d'un désaccord, il vint me présenter ses excuses dans le studio où je me trouvais avec un groupe de gens. "Le Maître ne peut pas se tromper", lui dis-je, et il battit en retraite.

Nous nous sommes un jour trouvés ensemble dans un des *pueblos* du Sud-Ouest. Il portait un short de marche. Les Indiens de ce village n'avaient jamais vu quelqu'un en short. Ils étaient fascinés, et comme ils le trouvaient assez prétentieux, ils décidèrent de s'amuser un peu à ses dépens. Comme nous assistions à une cérémonie de danse indienne, Stokowski se tourna vers moi en disant : "Permettez-moi de vous expliquer. Ça s'appelle la danse du putois." En l'entendant, les Indiens s'écroulèrent de rire. J'allai leur parler, je leur dis : "Ce n'est pas bien d'avoir raconté une histoire pareille au maestro. Dites-lui la vérité, dites-lui que c'est la danse du maïs."

Dans l'ensemble, mes relations avec Stokowski étaient aimables, presque trop aimables jusqu'à ce que j'y misse un terme. Un soir, Evangeline et lui m'avaient invitée à dîner. Elle s'éclipsa peu après. Les lumières s'adoucirent. Je me rendis compte aussitôt que c'était un coup monté. Quand il tendit la main vers mon genou, je le regardai de bas en haut, très lentement, en disant : "Voyons, Maestro, je n'ai jamais rêvé qu'il pourrait y avoir ce genre de choses entre nous." Et ça n'alla pas plus loin.

Alfred Stieglitz était venu voir *le Sacre du printemps* au *Metropolitan Opera House*. Peu après, je me rendis à sa galerie, au 291, 5e avenue. Je connaissais les tableaux et les photographies qui s'y trouvaient exposés, mais je n'éprouvais pas un grand intérêt pour la vie mondaine de ces artistes. Je travaillais huit heures par jour. Je devais subvenir aux besoins de ma mère et de Lizzie, en Californie. Le matin, il fallait que je me lève à six heures pour travailler avec mon pianiste : c'était le seul moment de la journée où nous étions libres tous les deux. Ensuite je me reposais un peu, puis je commençais mes cours.

Alfred était assis sur un lit de camp qu'il avait dans sa galerie, car sa santé était mauvaise et il avait besoin de beaucoup de repos. Il se mit à parler de la mise en scène du *Sacre du printemps* et de mon interprétation de l'Elue. Il trouvait que ce n'était pas digne de mes capacités de danseuse.

"Je n'approuve pas ce que vous faites", me dit-il.

"Moi non plus", répondis-je.

Quelques années plus tard, comme j'étais venue le voir dans sa galerie, il me proposa un tableau de sa femme, Georgia O'Keeffe, l'une de ses merveilleuses peintures de fleurs.

"Aimeriez-vous l'emprunter ?"

"Non, dis-je. Dans l'immeuble où j'habite, j'aurais peur qu'on ne me vole une chose aussi précieuse."

Je pouvais rendre visite à Alfred aussi souvent que je le désirais et, souvent, je m'asseyais près de lui et il me lisait des passages des merveilleuses lettres de Georgia. Je conserve un souvenir particulièrement vif de l'une d'elles, où elle racontait comment elle s'était levée avant l'aube pour cuire son pain dans son four en terre.

J'ai fait la connaissance de Georgia O'Keeffe à Santa Fé, mais nous ne sommes jamais devenues très amies. A New York, je lui ai un jour demandé l'autorisation d'utiliser l'une de ses peintures de fleurs si sensuelles comme arrière-plan pour un nouveau ballet que je voulais monter. Elle a refusé parce qu'elle trouvait qu'il n'y avait aucun rapport entre son tableau et mon ballet. Depuis ce moment, j'ai toujours évité les arrière-plans peints quels qu'ils soient.

Mon deuxième studio, après Carnegie Hall, se trouvait au numéro 66 de la 5e avenue, dans Greenwich Village. Je louais un local au quatrième étage à un certain Mr. Kaplan. C'était un homme d'une grande gentillesse, ce qui était heureux pour moi car mon loyer était souvent en retard. "Laissez-la tranquille, elle paiera", disait-il quand l'un de ses associés voulait me mettre à la porte. Mon espace de travail comprenait quelques petites loges, un minuscule bureau de réception et une salle de danse de huit mètres sur vingt environ. Le plancher devait être en érable, comme tous les bons planchers de danse, et il ne pouvait en aucun cas être posé directement sur le béton. Il fallait qu'il soit suspendu, comme on disait, c'est-à-dire posé sur un quadrillage de bois dressé, de manière à ménager entre le sol de béton et le plancher d'érable un espace qui donnait de l'élasticité. Sinon les danseurs risquaient d'atterrir brutalement et peut-être de se casser quelque chose.

Je me rappelle qu'à un moment donné nous avons eu besoin d'un plancher neuf car le bois était trop endommagé pour que nous puissions continuer à travailler. J'avais alors au moins huit mois de retard de loyer, mais j'allai trouver Mr. Kaplan. "J'ai besoin d'un plancher neuf, lui dis-je. Si je ne peux pas l'avoir, je m'en vais. Il faudrait aussi que vous traitiez un peu mieux James, le garçon d'ascenseur."

Le plancher neuf fut installé, et James eut une petite augmentation.

C'est depuis lors que toute personne nommée Kaplan occupe dans mon cœur une place privilégiée. Bien des années plus tard, une autre Kaplan, Joan Kaplan Davidson, m'est venue en aide. Quand nous avons relancé la compagnie au début des années soixante-dix, après une interruption inattendue et peu désirée pendant laquelle la plupart des gens s'étaient détournés, c'est Joan qui a envoyé le premier chèque. Et tout récemment encore, lorsque nous étions sur le point de perdre un grand nombre des originaux qu'Isamu Noguchi a faits pour moi et confrontés à l'obligation de licencier la compagnie, Joan s'est à nouveau manifestée. Si la compagnie existe aujourd'hui, en ce moment même où j'écris ceci, c'est grâce à Joan Davidson.

Les cours avaient lieu en fin d'après-midi et en début de soirée. Il n'y avait pas d'autre possibilité. La plupart des danseuses de ma compagnie travaillaient pendant la journée pour gagner leur vie. Elles travaillaient comme serveuses, vendeuses, n'importe quoi. Peu d'entre elles venaient à moi parce qu'elles avaient la passion des planches. La plupart venaient à la danse, se tournaient vers la danse en quête d'enrichissement. Elles y trouvaient une voie vers l'art, vers une vie plus intéressante, c'était fantastique pour elles. Ces jeunes filles se tournaient vers elles-mêmes et, de ce fait, vers la danse. Elles renonçaient à tout pour pouvoir danser.

Beaucoup arrivaient avec des idées conventionnelles sur la grâce et la joliesse des attitudes. Ce que je voulais qu'elles admirent, c'était la force. Si je ne pouvais leur communiquer qu'une seule chose, ce serait ça. Pourvu qu'on lui donne une voix puissante, leur disais-je, la laideur peut être belle.

Les membres de ma compagnie, telle qu'elle se constitua, venaient parfois travailler avec moi dès cinq heures du matin, avant d'aller gagner leur vie, et revenaient tard le soir pour travailler encore avec moi. A cette époque, la vie n'était pas plus facile que maintenant pour les danseurs. Je me demande combien de gens se doutent que lorsqu'un danseur est sans travail – s'il a été licencié même momentanément, s'il ne peut enseigner ailleurs, s'il n'a aucune autre source de revenus – il lui faut se trouver n'importe quel moyen d'existence. Je n'ai jamais pu assurer à mes danseurs un salaire annuel. J'aimerais que, ne fût-ce qu'une fois, ce soit possible ! Car je suis aussi malheureuse qu'eux en cas de licenciement. Il est injuste que les danseurs n'aient pas plus de sécurité, qu'ils ne bénéficient pas d'une pension (j'en rêve pour mon école). Car une vie de danseur ne dure guère. Maintenant que je ne peux plus faire la chorégraphie de mon propre corps, j'ai besoin d'eux, ils sont ma toile, mon instrument. Sans eux, je ne peux plus travailler et, pour moi, cela annonce la fin.

J'ai eu quelques danseuses remarquables. Anna Sokolow débordait du désir de danser, de bouger, de créer, de découvrir de nouveaux aspects de la vie. Sa mère n'était pas d'accord. Elle voulait qu'Anna gagne de l'argent, et pensait que la danse l'en empêchait, la détournait de l'atelier. Mais Anna continuait à faire les deux. Sa mère la jeta en bas d'une volée d'escalier, elle en fut estropiée. Après cela, j'allai voir la mère pour tenter de lui racheter la liberté d'Anna. Mais Anna persévéra : elle dansait avec moi le soir, et travaillait à l'atelier dans la journée.

Sophie Maslow aussi travaillait. Et elle dansait dès qu'elle avait un instant de liberté. Tout son argent y passait. C'était sa passion, et elle adorait la Hanukah et les danses folkloriques évoquant les labours et les moissons, qui peuvent à vrai dire devenir un peu ennuyeuses. Dans mon inconscient, cela avait dû se combiner avec la traduction que quelqu'un m'avait donnée du mot *maslow*, en hébreu, beurre. Un jour où Sophie n'arrivait pas à suivre dans le morceau que j'étais en train d'enseigner, je lui criai : "Oh, Sophie, ce que tu peux être agricole !"

Gertrude Shurr était une gentille gamine de Brooklyn. Sa mère n'était pas très contente qu'elle danse, mais je lui parlai et réussis à l'apaiser. Gertrude était pleine d'énergie, toujours en mouvement. Un jour de répétition, exaspérée, je lui envoyai : "Gertrude, ce que j'aime le mieux en toi, c'est le fait que tu n'aies pas de sœur jumelle !"

L'horaire tardif des cours me laissait du temps disponible pour moi. Lorsque je travaillais à un nouveau morceau, j'attachais sur la porte un ruban rouge qui signifiait que personne n'avait le droit d'entrer dans le studio. On ne peut pas se laisser envahir quand on est dans le Saint des Saints, ce qui est le cas au moment où on s'efforce de créer. J'étais très désagréable et distante avec les gens à ces moments-là, et ne révélais jamais rien avant que ce soit au point. Si j'avais une idée, je voulais qu'elle soit réalisée exactement. Tout ce que je faisais avait une raison d'être, une raison précise. Tout cela était très secret. Je ne révélais rien avant d'en avoir terminé. Il y avait néanmoins des élèves qui essayaient de voir par le trou de la serrure.

En face de l'école, de l'autre côté de la rue, se trouvait alors le vieux restaurant Schrafts. Mr. Kaplan, qui croyait à mes talents de danseuse, se faisait toujours du souci à l'idée que j'étais trop maigre et que je me nourrissais mal. De temps en temps, il donnait quelques dollars à Gertrude Shurr en lui disant : "Emmenez-la en face, faites-lui manger quelque chose." Dès que j'avais de l'argent, je le consacrais à la danse, soit pour l'entretien de l'école, soit pour des costumes ou le financement d'un spectacle.

J'avais deux teckels, Allah et Madel, qui étaient des amours, toujours à mes pieds. J'étais prise par mes cours, et ils devaient être nourris régulièrement. Il y avait une voisine, dans le Village, qui nourrissait à heures fixes les animaux dont les maîtres étaient occupés. On emmenait donc chaque soir Allah et Madel dîner chez cette femme.

Pendant la journée, ils m'accompagnaient au studio, dans ma loge. Quand la cloche sonnait la fin du cours, ils arrivaient à la porte et me regardaient. Parfois même, ils venaient passer la tête avant la fin du cours.

"Pas encore, pas encore", leur criais-je, et ils retournaient se coucher sur leurs petits lits. Quand je me suis fait mal au genou et qu'il m'a fallu rester au repos sur une chaise longue pendant des heures d'affilée, ils ont pris l'habitude de s'installer à mes côtés, couchés de tout leur long près de ce genou, en parfaite sympathie avec moi, comme s'ils pouvaient me guérir à force d'amour et d'attention, ce qui fut peut-être le cas, dans une certaine mesure.

J'habitais Greenwich Village, près du carrefour de la 9e rue et de la 4e avenue, dans une maison qui appartenait à miss Nancy et miss Loulie Kirkman et à Sam Kirkman. On la voit encore aujourd'hui : c'est la deuxième à partir du coin. J'avais le dernier étage, deux petites pièces que je m'efforçais de maintenir à l'écart du monde quotidien des répétitions – pas de radio, pas de téléphone, et toujours peu de meubles.

Miss Loulie me raconta que George Washington et certains de ses hôtes les plus notables avaient pris le thé dans l'un des jardins voisins. Mais elle ajouta qu'elle ne voyait pas pourquoi on appelait ça prendre le thé, puisqu'on y avait sans nul doute servi des boissons plus fortes.

Agnes de Mille vivait dans le Village à quelques rues de chez moi, dans la 10e. Je crois que je ne l'ai laissée tomber qu'une seule fois. C'était dans les années trente, elle voulait que je la présente à Carnegie Hall comme la "danseuse débutante de l'année". "Agnes, lui dis-je, tu as une personnalité sur laquelle je ne peux pas conjecturer. Je ne suis pas tellement plus âgée que toi, comment le pourrais-je ?" J'avais l'impression qu'elle n'avait pas besoin de moi, à cette époque, pour se faire une place dans le monde de la danse. Elle avait son style personnel. Elle a enrichi la scène américaine de ses nombreux talents. Ses études d'après Degas, qu'on ne voit plus, étaient superbes. Comme j'aimerais qu'elle les fasse revivre pour les nouvelles générations !

Nous sommes devenues très bonnes amies et le sommes restées au long des années. Je ne me lie pas facilement d'amitié, mais quand cela m'arrive c'est en général pour toujours. Chaque fois que j'ai eu des difficultés, Agnes a été là pour me défendre, par la parole et par les actes. Jamais je ne pourrai oublier sa générosité et son courage, pas seulement à mon égard, mais aussi envers elle-même, pendant sa maladie et sa guérison : un grand encouragement pour les autres*. Le Village était alors très différent de ce qu'il est aujourd'hui. J'y suis passée récemment, et ça ne ressemblait plus du tout au Greenwich Village que j'ai connu. Jadis, il n'y avait que des maisons anciennes, de peu d'étages. C'était là que vivaient et travaillaient la plupart des artistes. Je n'en connaissais guère, car j'étais trop occupée. Je passais la majeure partie de mon temps dans mon studio. Vers cette époque, l'ambiance du Village était très intellectuelle. Les gens étaient toujours en train de discuter de choses et d'autres. Je n'ai jamais été très portée là-dessus. Si on parle d'une chose, on ne la réalise pas. On peut passer toutes ses soirées à parler avec ses amis et collègues de ses rêves, ils ne resteront jamais que ça : des rêves. Ils ne se manifesteront jamais – qu'il s'agisse d'une pièce de théâtre, d'un morceau de musique, d'un poème ou d'une danse. La parole est un privilège, un privilège qu'on doit se refuser. Mais je ne me suis jamais considérée comme une artiste. Je me considérais comme quelqu'un qui a un nombre infini de détails à révéler impérativement. Je ne m'efforçais que d'agir selon ce que je croyais honnête.

Je fréquentais peu les soirées, sauf les concerts, où je cherchais des musiques nouvelles.

* Agnes de Mille a publié chez Random House une biographie de Martha Graham. *(N.d.T.)*

J'ai été "miss Hush" quand j'habitais dans la 9e rue. C'était un jeu radiophonique : les gens envoyaient dix cents, moyennant quoi on les appelait par téléphone pour leur donner une chance de deviner l'identité de miss Hush. J'avais été choisie par l'intermédiaire de John Murray Anderson, à cause de ma voix, qu'il trouvait sexy. Chaque lundi, je lançais un indice sur les ondes à travers le pays entier.

Quand on révéla que j'étais miss Hush, c'était en début de soirée, des amis et des voisins se rassemblèrent sur le perron de la maison. Je vois encore les propriétaires de l'épicerie et ceux de la boutique du coin debout devant ma porte, en train de me congratuler. Ce fut une belle soirée !

Peu après, en arrivant dans un théâtre où je devais danser, je vis que l'enseigne lumineuse annonçait : "Ce soir, miss Hush."

Je protestai : "Miss Hush ne sera pas là ce soir, enlevez ça. Je suis Martha Graham, j'ai joué le rôle de miss Hush, mais ce n'est pas elle qui sera là." Et je dis au régisseur de remballer nos costumes mais, bien entendu, l'enseigne fut modifiée.

J'ai dansé à St Mark in the Bowery, une merveilleuse vieille église de l'East Village construite sur le modèle des anciennes maisons de réunion. Je me tenais devant la balustrade qui entourait l'autel. Vêtue d'une robe bleue, je me penchais sur un berceau figurant la crèche de l'Enfant Jésus. L'évêque se tourna vers l'un de ses associés en demandant : “Qu’est-ce qu’elle fait ?” et se mit lentement à enlever l’un après l’autre les insignes de sa charge : le col, l’anneau, et ainsi de suite. Je le voyais très clairement tout en commençant ma danse. Pas fameux, comme encouragement ! J’étais furieuse. Après m’avoir regardée danser pendant quelque temps, il les remit. Apparemment, il ne désapprouvait plus. Il s’était rendu compte que je n’allais pas provoquer de scandale, qu’il pouvait en toute sécurité redevenir l’évêque. Je suppose que j’étais convenable.

Je me rappelle Joseph Buloff et sa croix. Buloff était un acteur du Théâtre yiddish qui devait devenir une star de Broadway. La première fois que j’étais allée au Théâtre yiddish cela m’avait fait un choc inimaginable. Les comédiens jouaient avec tant de violence, tant de force que j’avais été conquise. J’y retournais très souvent car c’était du merveilleux théâtre et Louis l’appréciait.

Buloff jouait un cardinal ; il tenait entre ses bras une croix qu’il caressait comme une amante. C’était très érotique et je me suis dit que la croix est un objet sacré et que ce qu’il faisait était obscène.

Un soir, pendant l’un de mes séjours chez ma mère, à Santa Barbara, nous écoutions la radio après le dîner, assises autour de la table de la salle à manger. C’était Maurice Schwartz, dans une production du Théâtre yiddish. Ma mère n’avait aucune idée de ce dont il s'agissait, de ce qu'elle était en train d'écouter.

"Martha, quelle langue parle-t-il ?"

"C'est du yiddish et j'ai le mal du pays", répondis-je.

Maurice Schwartz était propriétaire d'un grand nombre des théâtres juifs. Pour l'ouverture d'une nouvelle salle sur la 2e avenue, en 1926, il voulut programmer quelque chose de complètement nouveau, dans la diversité de ce qu'on appelait alors les styles modernes. Il choisit une pièce d'Abraham Goldfaden, *les Dix Commandements*. Mikael Fokine en régla les danses, et c'est à cette occasion que le public américain découvrit Joseph Buloff.

J'allais souvent avec Louis Horst au café Royal, qui était toujours plein d'auteurs, d'acteurs, de peintres et de poètes du Théâtre yiddish ainsi que du théâtre d'expression anglaise. Louis et moi prenions chacun une tasse de café, nous n'avions guère les moyens de nous offrir autre chose. Ce qui nous attirait, c'était les idées, les conversations, ce rassemblement de tant de gens différents.

En mars 1932, on m'attribua la première bourse accordée à un danseur par la Fondation John Simon Guggenheim. On m'offrait la possibilité d'aller étudier en Europe avec la danseuse allemande Mary Wigman, mais je refusai. Je n'avais pas envie d'aller dans une Europe coupée de l'Amérique, et je choisis donc Mexico à la place. Il y a encore des gens qui croient que j'ai travaillé avec Wigman. Mais ce n'est pas le cas.

J'étais au Mexique pendant la révolution agraire. Des hommes vêtus de pantalons blancs très courts et de chemises blanches, et coiffés de grands chapeaux, circulaient dans les rues comme des fous, montés sur tous les chevaux qu'ils pouvaient se procurer. On tirait sans cesse des coups de feu, mais personne ne se souciait de ma présence au point de me mettre en joue. Je me souviens d'être montée au sommet des pyramides. C'était très impressionnant de gravir ces marches et d'arriver en haut pour s'y sentir absorbé en un lieu aussi sacré. Je levai haut mes mains au-dessus de ma tête, ensorcelée par le vent, le soleil, l'altitude. Une grande partie de ce que je fais aujourd'hui vient non seulement des Indiens d'Amérique mais aussi des Indiens du Mexique. Non que j'aie tenté de devenir mexicaine ou indienne, mais d'acquérir la capacité de m'identifier à une culture qui n'est pas la mienne. C'est ce qui permet de comprendre que tous les êtres humains sont pareils.

En décembre 1932, j'ai figuré avec ma compagnie au programme inaugural du music-hall de Radio City. Cette salle d'une capacité de six mille spectateurs accueillait ce soir-là un "spectacle de théâtre total", du jazz à l'opéra et des numéros de cirque aux sketches dramatiques. Harald Kreutzberg y figurait également. Ce danseur allemand, graphiste de formation, avait commencé à travailler la danse avec Mary Wigman, à Dresde. Je me souviens que pendant la Seconde Guerre mondiale l'ensemble des danseurs s'est cotisé pour envoyer des colis à Dresde – vivres, vêtements, tout ce dont nous pouvions nous passer, c'est-à-dire pas grand-chose à cette époque-là. Kreutzberg se produisait presque toujours en solo ; certaines de ses danses étaient inspirées de la mythologie grecque, d'autres de la littérature, mais la plupart étaient issues de ses idées et de ses émotions personnelles.

A la fin de la guerre, quand les troupes américaines occupaient l'Autriche, des soldats se présentèrent chez Harald Kreutzberg, à Salzbourg. Une femme ouvrit la porte et se trouva nez à nez avec un lieutenant américain. Un homme apparut derrière elle. "C'est mon frère", dit-elle en désignant Harald, debout auprès d'elle. Reconnaissant Harald comme le grand danseur qu'il était, le lieutenant se tourna vers ses hommes en déclarant : "Personne n'occupera cette maison. Cet endroit sera sacro-saint, personne n'en disposera." Telle était l'extraordinaire réputation de Harald.

Lors du spectacle à Radio City, à force de me voir courir sur scène, on m'avait surnommée la Nurmi, d'après Paavo Nurmi, une star olympique finlandaise.

Je me souviens que les *Rockettes* étaient trois fois plus nombreuses que les membres de ma compagnie. Nous avions à peine la place de danser, bien que le plateau fût immense.

Nous avons passé le cap de la première, de même que les autres numéros, à l'exception des chevaux dressés : personne ne se souvenait où se trouvait l'ascenseur qui leur était destiné. Samuel Rothafel, "Roxy", dont Radio City avait été le rêve, mourut peu de temps après et je reçus aussitôt mes huit jours. Sur le conseil de mon avocat, je me pointai chaque soir, prête à travailler, afin qu'on ne puisse pas me licencier ni me refuser ma paie. Nous étions en pleine crise, et je n'étais pas la seule à me présenter à Radio City. Le bruit courait qu'il était possible d'accoucher au music-hall en cas d'urgence. Les hôpitaux coûtaient cher, et il y eut plus d'une future mère à passer ses journées, dans l'attente de l'événement, à assister au spectacle sur l'écran ou sur la scène. Je me suis souvent demandé combien de bébés sont nés à Radio City.

Les premiers jours des répétitions, aucun des autres participants ne nous adressa la parole. J'ai compris par la suite que la sévérité de nos gestes et de nos costumes les avait persuadés que nous étions toutes grecques et ne parlions pas l'anglais. Je soupçonne aussi qu'ils nous trouvaient si bizarres qu'ils préféraient nous laisser du champ.

Katharine Cornell fut l'une des plus grandes actrices de la scène américaine à partir des années trente. Elle avait un tel succès qu'elle était obligée de stipuler dans les annonces de ses spectacles que "miss Cornell est très émue de se retrouver dans sa chère ville de Detroit (ou San Francisco, ou n'importe quelle autre), mais elle prie les spectateurs de bien vouloir s'abstenir de l'applaudir à chacune de ses entrées et sorties". Ce n'était pas de la vanité mais un simple sens pratique : la représentation en eût été perturbée. Je me souviens de Katharine comme d'une femme très belle et d'une merveilleuse comédienne. Un jour où je la regardais répéter, elle fit une sortie assez discrète. Je lui dis : "Quand tu sors de scène, tu emportes tout avec toi… même le piano. Tout. Il ne reste rien, parce que ta présence n'y est plus."

Un après-midi, Katharine me déclara : "Martha, il faut que je joue Juliette l'année prochaine. Plus tard, je serai trop vieille." Elle avait alors cinquante-cinq ans, mais sur les planches elle faisait très jeune. Elle me demanda de régler les danses des trois ou quatre couples dans *Roméo et Juliette*. Un des danseurs devait prendre la tête d'un groupe de quatre et puis passer à l'autre groupe, en un échange incessant. Roméo prononçait alors sa réplique : "Elle enseigne aux torches à briller splendidement*." Il y avait dans le groupe un jeune homme très beau, aux cheveux noirs, qui n'arrivait pas à comprendre le pas ni à garder la mesure. Il fallut se passer de lui, à mon grand regret, il était si beau. Il est devenu célèbre à Hollywood : c'était Tyrone Power.

* Shakespeare, *Roméo et Juliette*, acte III, sc. 5, traduction de Pierre Jean Jouve et Georges Pitoëff, Bibliothèque de la Pléiade. *(N.d.T.)*

C'est moi qui ai fait la robe que portait Katharine dans la scène du balcon. Celle qu'on avait prévue pour elle ne lui allait pas du tout. Kit et Guthrie McClintok, son mari et metteur en scène, m'ont appelée chez eux, dans leur appartement donnant sur l'East River où nous avons discuté des costumes et des danses. Dès qu'ils avaient besoin de moi, j'étais là.

Lors de la répétition en costume, Kit était apparue dans une robe mal ajustée et d'un rouge éclatant que lui avait choisie le costumier. Ça n'allait pas du tout et le régisseur, assis dans la salle, protestait à grands cris : "Pas question qu'elle se montre sur scène dans cette robe, ça fiche tout en l'air !"

Je me tournai vers lui : "Oui, rétorquai-je, si vous aviez fait votre travail, je ne serais pas ici !"

Pendant *Roméo et Juliette*, j'ai eu l'occasion de fréquenter Edith Evans, qui jouait la nourrice. Je réglais les danses et m'efforçais de me rendre utile partout où je le pouvais. Je m'étais éprise du portrait que donnait miss Evans de la nourrice, qui me rappelait sans doute Lizzie et l'enfance merveilleuse que je lui devais. Une corde vibrait dans mon âme. Profitant d'un moment de tranquillité pendant une répétition, je suis allée la trouver en disant : "Puis-je vous poser une question ? Qu'est-ce qui vous a suggéré le caractère de la nourrice, si ce n'est pas trop demander ?" "Oh non, m'a-t-elle répondu, je peux vous citer la réplique exacte. C'est : Il vaut mieux, que je crois, vous marier au comte*."

* *Ibid. (N.d.T.)*

A cet instant, la pièce entière s'ouvrit pour moi, me ramenant aux beaux jours où Lizzie veillait sur mes sœurs et sur moi.

Katharine devint pour moi une grande amie et un soutien précieux. Au début des années quarante, à cause de la guerre et de la nature même de l'art, nos saisons ne rapportaient guère. Kit organisa un thé et réunit par ce moyen plus de vingt-cinq mille dollars de contribution aux dépenses de la compagnie.

Katharine et Guthrie habitaient Beekman Place, et ils avaient aussi une maison à Martha's Vineyard. Elle était située entre un étang et le détroit de Nantucket, près des promontoires nommés East Chop et West Chop, et on l'appelait Chip Chop. La première fois que j'y suis allée, quand Katharine m'a ouvert la porte, je me suis sentie clouée sur place. C'était une maison d'une beauté étonnante, à l'intérieur comme à l'extérieur, mais il ne s'agissait pas de cela.

J'ai dit à Kit, qui paraissait un peu intriguée : “Je sens la présence de Laura Eliot dans cette maison.”

“Martha, m'a répondu Kit, c'est vrai, elle est enterrée dans le jardin.”

Je ne m'en doutais pas le moins du monde, je ne savais même pas que Laura Eliot, une actrice qui avait enseigné au *Neighborhood Playhouse*, avait été à Martha's Vineyard. Mais j'ai toujours eu l'impression, depuis l'enfance, d'avoir conscience des choses invisibles qui m'entouraient, une sensation de mouvement. Je ne sais comment décrire ça, peut-être comme des êtres impalpables, ou des esprits, ou une sorte d'énergie qui stimule l'univers. Même en parcourant ma maison, je sens une présence. Je sais que quelque chose y existe. Nous ne nous reconnaissons pas, mais nous sommes du même acabit, du même monde.

C'est Katharine qui m'a fait rencontrer Helen Keller, qui était aveugle et sourde et s'exprimait de façon difficile à comprendre pour les gens qui ne la connaissaient pas. Elle était d'une extraordinaire sensibilité, qui lui permettait d'avoir conscience de ce qui l'entourait. C'était une grande dame et, qui plus est, très drôle. C'est sans doute la femme la plus vaillante que j'aie jamais rencontrée.

Elle venait souvent à mon école, au 66, 5e avenue. Elle avait l'air de nous regarder danser. Elle concentrait son attention sur les pieds frappant le plancher et sur les bruits de voix. Elle ne voyait ni n'entendait rien, mais laissait les vibrations passer du plancher dans son corps. Un jour elle me dit, de sa voix étrange : "Martha, qu'est-ce que c'est que ces sauts ? Je ne comprends pas." Je demandai à Merce Cunningham, qui faisait alors partie de ma compagnie, de se mettre à la barre et je plaçai les mains de Helen autour de sa taille. "Merce, dis-je, fais très attention. Je mets les mains de Helen sur ton corps."

Merce sauta en l'air en première position avec les mains de Helen sur lui. Dans le studio, tout le monde suivait l'événement, le mouvement. Les mains de Helen montaient et retombaient en même temps que Merce. Son expression passa de la curiosité à la joie, on voyait sur son visage un enthousiasme croissant, et elle s'exclama, en levant les deux bras au ciel : "C'est comme la pensée, c'est tout à fait comme la pensée !"

A l'opéra ou au concert, elle posait les mains sur le siège devant elle afin de capter les vibrations sonores.

Un jour, nous faisions ensemble en voiture un trajet assez secoué, et Helen tenait son chien Elo sur ses genoux ; elle le lâcha pour poser les mains sur mes lèvres afin de se rendre compte si je parlais ou non.

Au début d'un repas, elle posait les doigts sur la table afin de reconnaître la disposition du couvert. Après quoi, elle ne touchait plus qu'à ce dont elle avait besoin : elle s'était fait une image mentale de ce qui se trouvait devant elle. Un jour où nous étions invitées à un dîner, elle parcourut le couvert des mains au moment où nous nous mettions à table pour repérer où tout se trouvait. Quand elle toucha le verre à eau, elle leva les mains, ravie, en s'écriant : "Oh, du cristal !" Elle se tenait parfaitement à table, de même qu'en toutes les circonstances de la vie. Mais à quel prix tragique avait-elle acquis une telle grâce ?

L'un de ses premiers plaisirs avait été de sentir de l'eau courante sur ses doigts. L'un des premiers mots qu'elle avait compris était le mot *et*. "Et, ouvre la fenêtre." "Et, ferme la porte." Ça commençait toujours avec le mot *et*. "Et un, deux, trois, et…" C'est, je pense, une des raisons pour lesquelles elle aimait venir au studio, car le mot *et* est inséparable de la danse, il introduit la plupart des exercices et des mouvements. Il avait révélé à Helen l'univers des vibrations. Et la présence de Helen enrichissait notre studio. Et, pour clore le cercle, tous les professeurs de danse commencent leurs cours en disant : "Et… un !"

Ce que je n'ai jamais toléré, au studio, c'est la moindre discussion politique ou religieuse. Il y eut un temps pour cela, et un lieu. Vers la fin de 1935, j'ai été invitée à danser avec ma compagnie au Festival international de danse prévu dans le cadre des Jeux olympiques de 1936 qui devaient se dérouler à Berlin. L'invitation était signée par Rudolf von Laban, président de la *Deutsches Tanzbühne*, par le président du comité organisateur des XIe Jeux olympiques et par le *Reichsminister von Volksaufklärung und Propaganda* – le docteur Joseph Goebbels. En fait, avant l'arrivée de l'invitation officielle, on m'avait appelée de l'ambassade d'Allemagne à Washington, pour me demander si je possédais une radio à ondes courtes, car un message émis de Berlin directement à mon intention allait arriver le lendemain. Je me rendis chez Barbara Morgan, une merveilleuse photographe qui collaborait avec moi à la réalisation d'un livre, pour écouter le message lu par Goebbels. Il proclamait que lorsque les frontières de l'Europe seraient unifiées pour l'éternité, une autre grande fête aurait lieu en Allemagne, mais que dès à présent les grands artistes internationaux devaient s'y retrouver, et mon nom figurait sur la liste. L'invitation officielle arriva à la fin de 1935. Il ne me vint pas une seconde à l'esprit d'accepter. Comment aurais-je pu danser dans l'Allemagne nazie ? Je répondis :

"Il me paraît impossible de danser en Allemagne actuellement. Tant d'artistes que je respecte et admire ont été persécutés, privés du droit de travailler pour des raisons ridicules et insatisfaisantes, que je considérerais comme inadmissible de m'identifier, en acceptant cette invitation, avec le régime qui a permis de telles choses.

"De plus, certains des membres de ma compagnie risquent d'être mal accueillis en Allemagne : ils sont juifs." Comme on m'assurait qu'ils jouiraient d'une immunité totale, je répliquai : "Et croyez-vous que je leur demanderais d'y aller ?" Les Allemands déclarèrent que, dans ce cas, ils prieraient une compagnie de moindre renom de représenter les Etats-Unis. "Faites, répondis-je. Mais souvenez-vous d'une chose : je détiens l'invitation officielle et je la publierai dans tout le pays, pour démontrer que l'Allemagne a dû se contenter d'un deuxième choix." Aucune compagnie américaine ne se rendit à ce festival. Après la guerre, à Berlin, on a trouvé mon nom sur une liste des gens dont le sort devait être réglé lorsque l'Allemagne aurait pris le contrôle des Etats-Unis. J'ai pris cela comme un grand compliment. Et plus tard, lors d'une représentation au *New Opera House*, j'ai choisi pour mon solo une héroïne biblique triomphante, Judith, sur une partition d'un compositeur juif, William Schumann.

Saint-John Perse avait été obligé de fuir sa patrie pendant la guerre. C'était un grand homme, un grand poète, qui a exercé sur ma vie une forte influence. Né à la Guadeloupe, Marie-René-Auguste-Alexis Saint-Léger Léger avait vécu en France et réussi de justesse à s'enfuir de Paris sous l'occupation allemande : à peine les nazis étaient-ils à Paris que la Gestapo était venue fouiller chez lui, mais il avait pu passer en Angleterre et, de là, aux Etats-Unis.

Il vivait aux Etats-Unis en tant que diplomate. Il m'a autorisée à me servir de sa poésie dans ma danse, de tous les mots ou tous les vers que je voudrais. L'inspiration de mon ballet de 1973, *Mendicants of Evening*, vient du poème de Saint-John Perse, *Chronique*. Les vers étaient récités par Marian Seldes, une actrice très douée, qui avait des gestes de danseuse. C'est un poème sur les expériences de la fin d'une vie, d'une vie bien vécue. “Grand âge, nous voici, a-t-il écrit. Prenez mesure du cœur d'homme.”

Bien que la guerre ne se déroulât pas dans notre pays, de nombreux citoyens japonais des Etats-Unis furent internés dans des camps. L'une de mes danseuses, Yuriko, est arrivée chez moi peu de temps après avoir été libérée, et ne m'a plus quittée depuis. Aujourd'hui, elle a le titre de régisseur, et elle dirige le *Martha Graham Ensemble*, notre groupe d'étudiants de niveau supérieur ou professionnel.

Au-delà des mers, en Espagne, la tragédie de la guerre civile suscita chez les artistes une réaction immédiate. Chacun d'entre nous l'exprima à sa manière, et je choisis *Deep Song* (en espagnol *Cante junto*). C'était un solo, comme *Lamentation*, mais je m'y servais davantage du banc. Le rideau se levait sur une scène nue où j'apparaissais dans une robe noir et blanc à panneaux rayés, sur les premières mesures de la musique composée par Henry Cowell. C'était en décembre 1937. L'année suivante, avec Anna Sokolow, Helen Tamiris, Hanya Holm et la compagnie *Ballet Caravan*, nous avons participé à une représentation donnée au bénéfice de l'aide à la cause démocratique en Espagne.

C'est aussi en 1937 que j'ai dansé pour la première fois à la Maison-Blanche devant le président et Mrs. Roosevelt – je devais y danser pour sept autres présidents. Cela se passait dans un petit jardin plein de fleurs. Un jeune homme avait été chargé de s'occuper de moi. Il me dit : "Vous ne pouvez pas vous présenter pieds nus devant le président des Etats-Unis."

Comme il ne cessait de me le répéter, je finis par lui répondre : "Mes pieds nus font partie de mon costume de scène. Je ne me promène pas pieds nus chez moi, et jamais je ne me présenterais pieds nus devant le président des Etats-Unis."

Dans le courant des années quarante, Eleanor Roosevelt et moi sommes devenues de bonnes amies. Un jour, nous nous sommes rendues ensemble à un rassemblement du *United Jewish Appeal* qui était boycotté par des juifs orthodoxes manifestant contre le principe d'une piscine mixte ; ils voulaient qu'hommes et femmes n'y aillent qu'à leur tour, un jour sur deux. Notre voiture avait été arrêtée par un piquet de grève. Au bout d'un moment, Mrs. Roosevelt a déclaré : "J'en ai assez, passons."

Elle était certaine d'avoir raison. Moi, j'ai pensé : "Mon Dieu ! Forcer un piquet de grève en ce moment serait la fin de ma carrière."

Elle m'a dit : "Venez avec moi, Martha."

Et Martha y est allée.

Mrs. Roosevelt invita Marian Anderson à chanter au *Constitution Hall*, mais les *Daughters of the American Revolution* refusèrent. Je dis à ma mère qu'il fallait qu'elle démissionne des *Colonial Dames*. "Oh, le faut-il vraiment, Martha ? me répondit-elle. Elles organisent de si belles fêtes !" Renonçant à espérer quoi que ce fût de ma mère, je lui dis : "Ne t'en fais pas, il y aura bien quelqu'un d'autre pour démissionner." Et elle ne le fit pas.

Peu après, Marian Anderson se vit refuser l'accès à l'hôtel Algonquin, à New York. Elle avait retenu un appartement, mais la direction ne s'était pas rendu compte qu'elle était noire avant qu'elle arrive. Ils s'excusèrent abondamment, mais prétendirent que l'appartement était occupé et qu'ils ne pouvaient le lui donner. En l'apprenant, j'allai trouver le directeur à la réception et lui dis, furieuse : "Très bien, moi non plus je ne reviendrai plus à l'Algonquin." Et je remballai mes affaires et quittai l'hôtel. Je n'aurais pas pu rester, c'eût été contre ma nature.

Lorsque j'ai rencontré le président Truman, ma robe n'était pas à la hauteur de la circonstance. C'était une robe du soir, mais pas très belle. Plusieurs femmes avaient été invitées à le rencontrer, et à chacune il a donné une photographie de lui. Quand mon tour est venu, le président m'a parlé tout bas à l'oreille.

En voyant ça, les journalistes se sont précipités pour tenter de découvrir exactement ce que le président m'avait dit. "Pourquoi vous a-t-il parlé, pourquoi chuchotait-il ?" Je n'ai pas répondu. Mais il n'y avait pas de quoi en faire une histoire. Tout ce qu'il m'avait dit, c'était : "Si vous revenez plus tard, je vous donnerai mon autographe."

A peu près à la même époque, j'ai été invitée à dîner par Emily Gennauer, critique au *New York Herald Tribune*. Il y avait de nombreux visages inconnus dans la pièce, mais soudain j'en ai remarqué un qui tranchait sur tout le reste. C'était Marc Chagall. Je ne suis pas tout de suite allée vers lui. Je n'étais personne encore, rien qu'une admiratrice parmi beaucoup d'autres.

Au bout d'un certain temps, nous nous sommes trouvés face à face, et je lui ai dit : "Il me semble que chacun des animaux que vous dessinez, chacune des créatures volantes que vous peignez est inspiré par votre visage. Pour moi c'est vous, l'animal."

Il est resté un instant silencieux puis m'a embrassée et légèrement giflée. "Mon petit, m'a-t-il dit, vous en savez trop."

A toutes les étapes de ma vie, les hommes m'ont soutenue. Je les apprécie sans réserve. Beaucoup ont marqué mon existence. J'aime les hommes. J'adore les hommes. Beaucoup m'ont adorée.

Au début, quand ma vie nocturne était encore active, je ne me serais jamais mise au lit sans un léger maquillage. Mais je n'étais pas dévergondée. Je n'avais qu'un amant à la fois. A part quelques exceptions délicieuses, je n'avais guère le temps d'avoir des amants ni d'être amoureuse. Ma philosophie là-dessus ? Quand j'aimais, j'aimais. Quand je n'aimais plus, je partais. C'est aussi simple que ça. J'imagine qu'il m'arrivait parfois de n'être pas très gentille.

Toute ma vie, j'ai été une dévote du sexe, au meilleur sens du terme. Celui d'accomplissement, plutôt que de procréation – sinon j'aurais eu des enfants. J'ai préféré ne pas en avoir pour la bonne raison qu'il me semblait ne pas pouvoir donner à un enfant l'éducation attentive et affectueuse que j'avais reçue moi-même. Je ne pouvais rien au fait que j'étais danseuse. Je savais qu'il fallait choisir entre un enfant et la danse, et c'est la danse que j'avais choisie.

Il n'est pas surprenant que les sœurs Graham aient eu à Santa Barbara la réputation d'être un peu légères (pas selon les critères actuels, bien entendu). Il est amusant de comparer les moralités et attitudes d'alors et celles d'aujourd'hui. Je ne savais presque rien de la vie et du sexe : ma mère ne m'avait rien appris. J'ai un jour accompagné ma tante Re et son second mari à San Francisco. Nous nous sommes promenés dans toute la ville, par monts et par vaux, des quais à Chinatown. J'ai soudain remarqué une femme au coin d'une rue. Ma tante s'est interposée entre elle et moi.

"Qui est-ce ?" ai-je demandé à tante Re et à son mari.

"Martha, c'est une colombe souillée", m'a-t-il répondu. Je n'avais aucune idée de ce qu'il voulait dire. De retour à Santa Barbara, j'ai demandé à ma mère de me l'expliquer. Elle s'est presque évanouie. On était très vieux jeu, à Santa Barbara. Ma mère était horrifiée et elle a refusé d'en parler.

J'ai eu des relations qui sont devenues amoureuses, en Californie, avec un artiste d'une grande sensibilité et extraordinairement beau, Carlos Dyer. J'avais un couple d'amis en Californie, Merle Armitage et Ramiel McGehee. Merle était l'auteur de livres sur l'art et le théâtre en Amérique. Le passé de Ramiel était un peu plus mystérieux ; il était maître zen et on disait qu'il avait occupé un poste auprès de l'empereur du Japon dans les années trente.

Ramiel et Merle avaient tous les deux ce qu'on pourrait appeler le béguin pour Carlos, qui était tout à fait hétérosexuel. Merle décida de m'inviter en Californie sous prétexte d'un livre consacré à mes idées sur la danse. Carlos serait invité aussi, pour en faire les illustrations. Ils étaient persuadés que nous aurions une aventure qui briserait le mariage de Carlos et, sachant que je ne resterais pas bien longtemps avec lui, ils projetaient de ramasser les morceaux de la vie de Carlos. Leur plan fonctionna, dans une certaine mesure. J'ai entendu raconter que ç'avait été un coup de foudre réciproque, que nous avions disparu dans une des chambres d'ami de la maison de Merle où nous nous serions fait monter nos repas, pour ne réapparaître que plusieurs jours plus tard. C'est absolument faux. Je ne me conduirais jamais ainsi chez des amis. Nous sommes allés, Carlos et moi, dans ma maison de la plage.

Pour compliquer encore les choses, Ramiel entreprit de m'initier au zen. Il me laissait chaque jour un *koan* sur lequel je devais réfléchir et méditer afin de trouver ma voie. J'ai appris grâce à lui tout ce qu'on peut apprendre sur le zen. Quels qu'aient pu être les motifs pour lesquels Ramiel m'avait prise pour élève, cette connaissance m'a été bien utile, en termes de discipline personnelle, de clarté de concentration et de simplicité, de pragmatisme dans le comportement. Je soupçonne que ces motifs n'étaient pas désintéressés.

Mon aventure avec Carlos a été merveilleuse pour moi, physiquement et intellectuellement, et je sais que ç'a été très dur pour lui quand j'ai décidé de le quitter et de repartir pour New York. Il m'a écrit une superbe lettre d'amour. Bien que je pense qu'il ne faut pas regarder en arrière, j'ai de temps à autre la tentation de relire de vieilles lettres d'amour. Mais je ne le fais pas.

En 1934, j'ai commencé à donner des cours d'été dans le Vermont, à Bennington College, un endroit merveilleux où on nous offrait la liberté et la possibilité de créer nos danses. Il y avait là des artistes tout au long de la saison, parmi lesquels Doris Humphrey, Charles Weidman et Louis Horst. Un jour, dans l'une des maisons à dôme géodésique de Buckminster Fuller, Louis s'est aperçu qu'il était trop gros pour la douche, qui était triangulaire – il avait lui-même persuadé Buckminster Fuller de construire ça. Il pesait dans les cent cinquante kilos à cette époque, et il était coincé à l'intérieur. Louis avait horreur de toute forme de contrainte. Il a eu très peur, et avec raison, car il a fallu s'y mettre à plusieurs pour l'en sortir.

Je me baladais sur le campus et dans la ville, au comble du bonheur, dans une petite Ford modèle T, sans permis et sans peur. Martha Hill, la fondatrice du département de danse à Bennington, vivait dans la terreur de ces expéditions. Quand j'emmenais d'autres professeurs en promenade, elle s'écriait : "Pitié ! Avec Martha au volant, ce pourrait être la fin de l'histoire de la danse moderne !"

Jean Erdman, une danseuse de ma compagnie, était là avec son mari Joseph Campbell. Ils s'étaient rencontrés quand elle était son élève à Sarah Lawrence. Bien que leurs familles eussent désapprouvé leur mariage à cause de la différence d'âge, ils étaient l'un des couples les plus parfaits que j'aie jamais connus. Joe était pour nous tous un être lumineux, qui nous ouvrait les portes des mystères du passé grâce à sa science et à son intuition des mythes et légendes inhérents à toutes les civilisations. Son âme et son esprit subtils le guidaient, et nous avec lui, vers ces portes, vers des voyages de découverte. Il nous permettait de chérir le passé et de nous en servir, de reconnaître la mémoire du sang en chacun d'entre nous. J'ai si souvent dit que la danse doit illuminer le paysage de l'âme humaine : dans mon voyage à travers ce paysage, Joe a exercé une influence profonde.

Jean fut la première à réciter le poème d'Emily Dickinson dans mon ballet *Letter to the World*. J'avais imaginé deux Emily, pareillement habillées de blanc, qui ouvraient le ballet en entrant chacune d'un côté de la scène. Tout au long de la danse, l'Emily qui parlait était témoin de l'autre Emily (moi), qui dansait les paysages intérieurs de la poésie. Les premiers vers qu'elle prononçait, alors que nous nous trouvions face à face, étaient : "Je suis

Personne ; et vous ? Etes-vous Personne aussi ? Dans ce cas nous faisons la paire* !"

Lors de la première représentation à Washington, D.C., avant la répétition de l'après-midi, Jean fit l'essai des trois micros placés au pied du rideau, devant ce qu'elle prenait pour une salle vide. "Je suis Personne", confia-t-elle aux deux premiers micros. Au troisième "Je suis Personne", un petit garçon qui s'était caché derrière un siège, ne pouvant sans doute plus supporter ça, se dressa soudain en déclarant : "Madame, vous devez être quelqu'un !"

La première représentation à New York aurait pu tourner au désastre. Je ne me doutais pas qu'il fallait demander la permission d'utiliser la poésie d'Emily Dickinson à son exécutrice testamentaire, Martha Dickinson Bianchi, une femme à la réputation effrayante, parfaitement capable de se lever en plein milieu du spectacle pour tout interrompre. Elle était présente ce soir-là. Quand j'appris qu'elle arrivait en coulisses, je laissai tomber le miroir de ma table de toilette. Pas très bon signe. Elle fit son entrée, tout en noir avec un collier de jais et un visage presque blanc, me regarda et me dit : "Jeune femme, je n'ai aucune critique à formuler, et de ma part c'est un grand compliment." Et elle sortit.

* Traduction de Guy Jean Forgue, Aubier-Flammarion, 1970. *(N.d.T.)*

Quand j'ai reçu la nouvelle de la mort de Joseph Campbell, en 1987, j'ai envoyé à Jean une lettre de condoléances où je lui rappelais les vers d'Emily Dickinson qu'elle avait lus dans *Letter to the World* :

Une solennité suit les douleurs immenses.
Telles des tombes, les nerfs gisent en apparat.
...
On parcourt, ainsi qu'un automate,
Un chemin de bois –
...
*Voici venue l'heure de plomb**.

Joe m'a fait un autre cadeau inimaginable : dans l'ouverture de sa série télévisée sur *la Puissance du mythe*, il a passé des clips sur des personnalités clefs de notre civilisation : Gandhi, Martin Luther King, Mère Thérésa, et un clip de ma danse *Lamentation*. Quand j'ai vu ça, je n'en croyais pas mes yeux.

C'est Hunter Johnson qui a composé la musique de *Letter to the World*, dont nous avons donné la première à Bennington le 11 avril 1940. John Martin, du *New York Times*, d'habitude un de mes fervents supporters, écrivit qu'il eût "mieux valu laisser cela somnoler dans les collines du Vermont". Mais de cette première présentation à sa version définitive, le ballet s'est transformé, de même que l'opinion de Mr. Martin. En un sens, on ne pouvait lui reprocher l'âpreté de sa critique, quelques éléments du ballet frisaient en effet, ou dépassaient même le

* *Ibid. (N.d.T.)*

kitsch. Comme, par exemple, la Reine des fées que j'avais imaginée, qui entrait sur les pointes en tenant à la main une cage où l'on voyait un petit oiseau empaillé. Ou d'autres choses dont la seule évocation me donne le frisson et dont je ne parlerai donc pas.

Quand Hunter a revu *Letter to the World* au début des années soixante-dix, il m'a écrit pour me dire qu'il l'avait trouvé étrangement modifié depuis les origines. La première fois qu'il l'avait vu, la durée en était de cinquante minutes, et cette fois-ci de cinquante-huit. C'était là, je le dis aux danseurs, ce qui n'allait pas, dans ce ballet. Il nous fallait revenir au rythme dans lequel il avait été composé. C'est ce que nous avons fait, non sans cris ni violence de la part de certains des danseurs. Nous avons supprimé le laisser-aller, la dérive. Nous l'avons repris en main.

Eric Fromm a séjourné à Bennington, de même que les poètes Ben Bellitt et William Carlos Williams. La poésie de Ben m'a plus d'une fois inspirée dans mon travail. C'est lui qui a eu cette expression merveilleuse : les acrobates de Dieu. Qu'est-ce qu'un acrobate de Dieu ? Il me semble que c'est quelqu'un – pas nécessairement un danseur – qui vit pleinement et complètement. Qui assume le risque de tomber.

Mon ballet de 1947, *Errand into the Maze*, doit son titre et, en un sens, son élan à un poème de Ben publié sous le même titre dans son livre intitulé *Wilderness Stair.*

Le titre de ma danse *American document*, dont la première eut lieu à Bennington le 6 août 1938, provenait d'un poème de William Carlos Williams. Le docteur Williams était généraliste à Rutherford, dans le New Jersey, et il m'avait autorisé à utiliser son nom, ses écrits, tout ce que je voulais. Nous étions tous en pleine expérimentation, et nous accordions les uns aux autres certaines libertés. Il m'a beaucoup donné.

Il y avait aussi Alexander Calder, et ses idées primitives et surprenantes sur l'espace et l'utilisation de la scène. Les œuvres de Calder bougeaient. Il en a dessiné pour mon ballet *Panorama*, qui fut créé à Bennington en 1935. L'année suivante, il réalisa pour *Horizons* une série de mobiles et de stabiles qui devaient être manipulés par deux danseurs, un de chaque côté. C'était nouveau dans la danse, et nous voulions attirer l'attention du public sur l'opposition entre le rôle des danseurs et celui des pièces de Calder. Nous avons donc inséré dans le programme la note que voici :

"Les «mobiles» conçus par Alexander Calder constituent une utilisation nouvelle et délibérée de l'espace. Dans *Horizons*, ils servent de préludes visuels aux danses. Celles-ci n'interprètent pas les «mobiles», pas plus que les «mobiles» n'interprètent les danses. Ils sont là pour élargir le sens de l'horizon."

Calder a fait des croquis de mes danseurs, et il m'a écrit ce billet : "Martha, si tu ne les trouves pas bien, dis-le-moi, et je tâcherai de faire mieux." Telle était son humilité.

Sandy Calder était arrivé à Bennington dans sa vieille automobile avec Feathers, son chien berger. Si l'on en croit la tradition benningtonienne, il était sorti de sa voiture vêtu uniquement d'un caleçon. On l'avait aussitôt emmené en ville, dans une boutique pour hommes un peu vieux jeu, afin de l'équiper.

"J'ai besoin d'un pantalon", avait déclaré Calder.

"C'est indiscutable", avait répondu le vendeur.

Ça se passait dans les années trente. Il y a quelques années, un jeune homme qui travaillait pour nous a fait état d'une curieuse information, juste avant notre départ pour une tournée en Europe. Il affirmait connaître un collectionneur privé qui avait un Calder à vendre, et qui avait l'intention de faire don à ma compagnie d'une partie du produit de la vente à condition que celle-ci se passe dans l'anonymat. Ça nous a paru raisonnable. Son avocat a rencontré le mien. Un vrai miracle. Nous sommes partis pour l'Europe.

Là, j'ai reçu un appel téléphonique de Sotheby's. "Comme vous le savez, m'a dit mon interlocuteur, nous avons accepté ce Calder créé pour Martha Graham sans exiger les documents habituels, parce que la parole de Martha Graham nous suffit, mais pourriez-vous nous dire quand vous avez remplacé par du fil de fer les cordes originales ?"

Intriguée, j'ai demandé à Sotheby's de vérifier le catalogue, qui indiquait : "Collection Martha Graham."

Sachant que nous resterions six semaines en Europe, ce jeune homme avait utilisé notre papier à en-tête pour confirmer la propriété de l'œuvre. Sotheby's m'en a envoyé une photographie. Ce n'était pas mon Calder. Je fis envoyer la photographie à Bonnie Bird et à Gertrude Shurr, qui avaient participé à ce ballet dans les années trente. Elles m'ont aussitôt rappelée. "Martha, ce n'est pas ça", m'ont-elles dit.

Ceci confirmait cela. Apparemment, le jeune homme avait fabriqué lui-même ce mobile, et Sotheby's l'a donc rayé de son catalogue. Récemment, j'ai appris que quelqu'un d'autre avait voulu l'acheter. Les gens s'imaginent qu'on peut se permettre n'importe quoi. En tout cas, ils essaient.

J'aimais énormément mon Calder. Il me semblait empreint de l'esprit de Calder, l'homme qui l'avait créé. Je n'ai aucune idée de l'endroit où il se trouve aujourd'hui. Je ne l'ai pas donné.

Je possédais une petite maison dans le Connecticut, très charmante et très petite. C'était merveilleux de pouvoir quitter la ville et parcourir d'autres paysages. Un jour, Sandy est venu m'y retrouver pour me montrer à quoi il était en train de travailler.

Nous avons regardé pendant un certain temps, puis Sandy a décidé qu'il voulait me présenter des objets de moindres dimensions. Il a tendu un fil de fer entre un arbre proche de la maison et un autre plus près de la route, et s'est mis à y suspendre ses mobiles. Avec toutes leurs couleurs et les métaux dont ils étaient faits, on aurait dit des oiseaux imaginaires, venus d'un autre monde se poser là.

Nous nous sommes bientôt rendu compte que nous avions du public. La maison se trouvait au bord d'une grand-route, et soudain les voitures qui passaient se sont mises à faire marche arrière. Les gens voulaient voir ce qui se passait, ce qu'étaient ces formes bizarres. Ils se garaient sur le bas-côté de la route et contemplaient, bouche bée, les mobiles – et nous. Nous en voyions qui se protégeaient les yeux du soleil afin de mieux voir l'œuvre brillamment éclairée de Sandy. Ils n'avaient jamais vu de Calder. Ils nous prenaient pour deux cinglés.

De retour à New York, il m'a invitée dans sa galerie, la *Perls Gallery*, et m'a dit de prendre quelque chose, ce que je voulais. Il y avait trois choses que j'aimais particulièrement, et je les lui désignai pendant que nous faisions ensemble le tour de la galerie.

"Martha, me dit-il, prends les trois."

Les autre personnes présentes, surtout les propriétaires de la galerie, Dolly et Klaus, paraissaient sur le point de rendre l'âme. J'ai choisi une gouache, que je regarde tous les jours : elle est au mur de mon salon. Elle évoque tellement bien le côté généreux et joueur de Sandy, avec ces ballons et ces tulipes qui flottent… Il fabriquait aussi, pour ses amis, de merveilleux bijoux ; il m'a donné une épingle à cheveux que je possède encore.

Betty Ford a été mon élève à Bennington dans les années quarante, quand elle s'appelait encore Betty Bloomer. Elle est restée pour moi une amie très précieuse : nous nous comprenons, elle et moi. Quand elle vient chez moi, il y a généralement cinq gardes : deux en bas de l'ascenseur, deux devant la porte de mon appartement et un jeune homme qui reste auprès de nous et note tout ce que nous disons. Nous n'avons aucune intimité, mais cela fait partie de son existence d'ex-première dame.

En octobre 1976, le président Ford m'a décorée de la *Medal of Freedom*, la plus haute distinction civile aux Etats-Unis. Il faisait ainsi de moi – à l'instar des Japonais pour leurs artistes – une "valeur nationale". C'était la première fois qu'une telle médaille était décernée à une danseuse et chorégraphe. Frances Steloff m'avait accompagnée au dîner – Frances, qui s'était portée garante pour l'emprunt destiné à financer mon premier spectacle, en 1926, et sans qui cette cérémonie de remise de médaille n'aurait pas eu lieu. Le président Ford est venu droit vers elle, l'a prise dans ses bras et lui a dit : "Frances, vous avez fait un bon investissement."

Plus tard, dans les années quatre-vingts, Betty est allée à Washington plaider ma cause devant le Congrès au sujet d'une subvention dont nous avions un besoin désespéré. Elle était infatigable. Mais voilà : elle est mon amie, elle était solidaire. Nous nous téléphonons pratiquement une fois par semaine et nos longues conversations à propos de tout et de rien, des banalités à la philosophie, sont pour moi un phare lumineux et amical. Encore un exemple de ce qu'Emily Dickinson entendait par "un acte de lumière".

Pendant que j'enseignais à Bennington, Lincoln Kirstein, le directeur de *Ballet Caravan*, suggéra à Erick Hawkins d'étudier avec moi. Erick fut le premier danseur de ma compagnie et, plus tard, mon époux. Avant lui, il n'y avait eu aucun homme dans ma compagnie. Les parents n'avaient pas envie que leurs fils deviennent danseurs. Ils trouvaient que c'était efféminé et pas très beau à voir. Ce n'est que lorsque des hommes sont devenus des héros, des hommes forts et doués physiquement, tels qu'ils sont, me semble-t-il, dans ma compagnie, que nous avons eu des hommes. Et Erick fut le premier.

D'abord un mot sur Lincoln. La première fois que je l'ai rencontré, c'était après une représentation de *The Cradle Will Rock*, en 1937, dirigé par John Houseman et produit par Orson Welles. Ce spectacle, intervenant entre la grande crise et la Seconde Guerre mondiale, donnait une interprétation polémique à l'agitation ouvrière de Steeltown, USA. Le théâtre de cette période, ce travail accompli par John Houseman avec Orson Welles, son brillant protégé, dont la présence illuminait la scène, a rarement été égalé en intensité comme en créativité. J'ai connu John tout au début, quand lui et sa femme Zita Johann (la princesse Ananka dans *la Momie*, le film de Boris Karloff) habitaient 66, 5e avenue.

C'est lui qui a réalisé mon film *A Dancer's World*, et il a longtemps présidé notre comité.

Dans le foyer, après la représentation, un ami commun à Lincoln et à moi nous présenta l'un à l'autre. Il me dit : "J'admire votre danse."

"Ce n'est pas ce que vous avez écrit récemment, répliquai-je. Vous m'avez appelée la déesse qui rote, je ne l'oublierai pas de sitôt !"

"Oui, répondit-il, mais c'était avant de vous connaître."

"Vous ne me connaissez toujours pas", fis-je, et je m'éloignai. Et ce fut tout.

Le 20 septembre 1948, Erick et moi nous trouvions à Santa Fé, dans la maison de K. D. Wells. C'était juste après l'époque de la *March of Dimes*, quand j'ai dansé à la Maison-Blanche, toute seule. Ce matin-là, il est entré dans ma chambre en déclarant : "Tu vas te marier aujourd'hui."

"Non, ai-je répondu, je n'ai pas envie de me marier." Je ne peux pas dire si mon mobile profond était la vanité ou le désir de conserver mon propre nom. Quoi qu'il en fût, nous avons pris la voiture et sommes allés à Santa Fé où le pasteur presbytérien nous a mariés dans le foyer de son église. Les seuls témoins étaient l'épouse du pasteur et une autre personne qui se trouvait là par hasard. Je n'avais qu'une seule tenue mettable. C'était une jupe et une veste de taffetas noir semé de pois rouges, un petit ensemble que j'avais créé et que je trouvais très beau. Je portais une petite voilette devant le visage. Erick n'a pas pu s'empêcher de regarder par-dessus mon épaule quel âge je déclarais, mais je suis restée fidèle à moi-même : j'ai compté quinze ans de moins, comme toujours. Après tout, Ernst Kulka, mon merveilleux médecin viennois, m'avait dit que je ne paraissais pas davantage, et en tant que fille de médecin j'étais trop avisée pour ne pas suivre les conseils de mon docteur.

Erick était devenu membre de ma compagnie et, peu à peu, un amour très profond était né entre nous. Nous avions vécu huit années ensemble quand Erick a décidé que nous devions nous marier. Je n'en avais pas envie, mais je l'ai fait. Dans le courant de cette neuvième année, tout s'est écroulé. C'est clair. Il ne faut jamais s'accrocher…

Aussitôt mariés, nous sommes remontés en voiture. Nous avons roulé jusqu'à un pueblo indien des environs et là, notre vie a commencé. J'ai gardé mon nom ; j'y tenais. Je ne voulais être l'épouse de personne si cela signifiait l'abandon de mon nom. Après notre première nuit conjugale, nous nous sommes réveillés et Erick s'est tourné vers moi en disant : "Enfin, me voilà libéré de cette terrible chose." Je n'avais alors aucune idée de ce qu'il voulait dire, et je ne souhaitais pas le savoir. Tout ce que je savais, c'est que j'aimais Erick, non seulement physiquement mais aussi comme compagnon. Et nous avons été très heureux, comme le dit Eugene O'Neill dans *A Long Day's Journey into Night*, “pendant quelque temps, jusqu'à ce que les choses se gâtent”. Je me souviens d'un soir de désespoir, à New York, où je suis allée à la *Lady Chapel* de la cathédrale St Patrick. Au moment où j'y entrais pour prier, j'ai vu Celeste Holm qui en sortait. Nos regards se sont croisés, elle a dit : “Vous aussi ?”

Je n'ai vraiment jamais été une fille de plein air, mais j'étais tellement amoureuse que lorsque Erick a voulu aller camper dans le Grand Canyon je n'ai pas hésité. J'ai même cuisiné sur un feu bâti dans un monticule de terre que j'avais évidé. Je me souviens encore du menu : maïs, steak et pommes de terre. Quand le soir est tombé, Erick et moi nous sommes endormis, chacun dans un sac de couchage. Dans le courant de la nuit, j'ai été réveillée par le sentiment d'une présence, de quelque chose d'étrange près de moi. Levant les yeux, j'ai vu une énorme femme navajo qui me regardait. Elle était assise sur un cheval dont sa jupe rouge recouvrait la croupe. Nous nous sommes regardées un petit moment, puis elle est repartie, aussi silencieuse et mystérieuse qu'elle était arrivée.

Je me souviens d'être allée avec Erick à Gallup, dans le Nouveau-Mexique, voir les belles tapisseries indiennes tissées à la main. Ces tapisseries sont sacrées. Elles ne sont jamais tout à fait achevées et leur dessin comporte d'habitude un petit défaut : ça leur donne le sens d'objets en devenir. Ce qui n'y figure pas les rend plus belles et plus mystérieuses.

Les danses des Indiens d'Amérique m'ont toujours fascinée, de même que ces instants magiques juste avant le lever du soleil dans les pueblos, ou ma première vision des femmes hopi avec leurs coiffures de fleurs écrasées dont je devais me servir dans *Appalachian Spring*.

Erick était très séduit par toute cette culture indienne. Bien que j'aie beaucoup fréquenté les tribus indigènes d'Amérique, je n'ai jamais dansé une danse indienne. Je n'ai jamais fait de danse ethnique. J'ai trouvé auprès des Indiens une forme d'éveil, une grâce et un émerveillement, mais jamais je n'ai dansé l'une de leurs danses.

Mes séjours dans le pueblo ont toujours été l'occasion de découvertes. J'y ai vu une femme qui jouait avec son bébé. Elle était assise par terre et le tenait entre ses jambes. Le bébé ne marchait pas encore ; elle manipulait ses pieds exactement selon le mouvement de pieds des danseurs. Quand il serait plus grand, cet enfant n'aurait pas besoin d'apprendre la danse. Il la connaîtrait déjà. Elle serait inscrite dans sa mémoire, dans le rythme de son sang.

El Penitente est une danse inspirée par les Pénitents du Sud-Ouest, une secte qui croit à la purification du péché par une pénitence sévère. Aujourd'hui encore, cette secte pratique ses rites anciens, bien qu'ils aient été interdits par l'Eglise catholique comme actes impies. Dans un pueblo, pendant la célébration du rite, j'ai vu une femme fouler de ses genoux nus des feuilles de cactus. *El Penitente* est présenté à la façon des spectacles ambulants de jadis. Isamu Noguchi en a dessiné le décor original, y compris un écran qui dissimule la jeune fille – Vierge, Madeleine, Mère – une fois qu'elle a commis le crime, c'est-à-dire séduit le pénitent.

Le pénitent se flagelle avec des feuilles de cactus dans son désir de reconnaître devant Dieu qu'il a mal agi, qu'il est tombé amoureux de la jeune fille. Elle l'a séduit au moyen de la pomme, la pomme qui est sa virginité. A un moment de la danse, le prêtre est vêtu comme un dieu, dans un grand manteau noir. Le pénitent tombe, cette créature le remet à genoux, en position de contrition, et le saint homme le gifle au visage.

Dans la production originale, Erick était le pénitent et Merce Cunningham la figure du Christ. Il y a quelques années, Misha Baryshnikov a dansé le rôle du pénitent à l'occasion d'un gala. Il s'était si bien pénétré du personnage qu'il avait le dos complètement rouge à force de se flageller.

La dernière fois que je suis passée chez les Zuni, j'ai été témoin de la cérémonie qu'ils appellent le *Shaliko*. Au cours de cette danse, les *Shaliko*, auxquels s'étaient joints les *Koyemshi*, sont entrés dans les maisons du pueblo pour y semer le désordre, partout où ils pensaient qu'un esprit mauvais avait élu domicile, ou s'ils soupçonnaient une pratique de sorcellerie. On aurait presque dit des policiers.

Taos est un superbe coin d'Amérique, avec un paysage exceptionnel. Un Indien de cette région a épousé l'héritière Mabel Dodge Luhan. Leur mariage n'a pas été un succès. Mabel l'avait racheté à sa tribu, où il était déjà marié. A quelqu'un qui lui demandait s'il avait cessé de l'aimer, il a répondu : "Je ne divorcerai pas. J'ai bien assez déshonoré ma tribu en l'épousant."

Mary Austin était un écrivain de Santa Fé qui s'est profondément identifié aux Indiens. Elle est devenue une héroïne pour l'une des tribus. Un jour, une flûte avait été volée, une flûte sacrée, selon les traditions et la religion de ces gens. Grâce à des recherches obstinées, Mary a découvert que la flûte avait été vendue à un musée des environs de Santa Fé. Elle a réussi à obtenir du gouvernement américain qu'on la rende à la tribu. Après cela, chaque fois qu'elle venait au pueblo, le chef des Indiens se dressait en criant : "Mary arrive, Mary arrive." Ce cri continu s'atténuait dans le village pour s'élever de plus belle au moment où elle y pénétrait.

Je me souviens d'un soir où je me trouvais en haut d'une colline, aux environs d'un pueblo. En face de moi, les Indiens étaient assis sur un autre sommet. La nuit était fraîche, et la lune éclairait les deux collines. Après cette cérémonie nocturne, il fut interdit d'entrer dans le pueblo. Ses habitants avaient répandu de la farine de maïs aux limites de la zone tribale, ce qui indiquait qu'il s'y passait des choses réservées aux Indiens. La farine de maïs était signe qu'il fallait rester à l'écart, et on devait s'y conformer jusqu'à ce qu'elle ait été enlevée.

Chez les Navajos, les mariées reçoivent un collier de pierres magnifiques. J'en possède un que je porte très souvent. C'est le marié qui l'offre à son épouse, et il offre aussi à sa belle-mère une paire de clochettes, qu'elle doit porter afin qu'il sache toujours quand elle approche.

Il y a un chant navajo dont je me souviendrai toujours : "La beauté est devant moi, la beauté est à ma droite, la beauté est à ma gauche. Je marche dans la beauté. Je suis la beauté."

Il y eut une terrible dispute entre Erick et moi. Dès qu'il fut sorti de la maison, j'appelai Mrs. Wickes, mon analyste puis la sienne, au moyen d'un de ces vieux téléphones fixés au mur. Je lui demandai si je pouvais la voir.

Mrs. Wickes était une femme merveilleuse. Nous nous sommes liées d'amitié, et je suis souvent allée prendre un verre ou dîner avec elle. Elle m'a raconté qu'avec certains de ses patients elle était obligée, après la séance, d'ouvrir toutes grandes fenêtres et portes afin d'aérer la pièce. Un jour elle m'a fait un sermon sur l'arrogance, elle m'a dit : "Martha, vous n'êtes pas une déesse, vous devez admettre que vous êtes mortelle."

Erick lui avait demandé si elle pouvait l'aider à devenir meilleur danseur et chorégraphe que moi. Mrs. Wickes avait répondu non. De telles demandes ne faisaient pas vibrer Frances Wickes. Erick déclara : “Dans ce cas, j'interromps mon analyse.” Et il abandonna non seulement son analyse mais, peu à peu, notre mariage également.

Un jour où la compagnie et moi dansions à New York, Erick interpréta son ballet *Stephen Acrobat*. A l'époque, les critiques ne lui étaient pas favorables. Le public le hua et il se retira dans sa loge. J'étais très impatiente de l'y rejoindre et de le consoler. Mais Charlie Chaplin arriva dans les coulisses avec sa ravissante jeune femme, Oona O'Neill. Il me dit que j'avais utilisé mon corps comme un instrument tragique. Même ce compliment ne put me distraire de l'envie de rejoindre le pauvre Erick. Je continuai à écouter Chaplin, comme hypnotisée, mais je me souviens que je me disais en moi-même : Je ne laisserai pas tomber Erick, même s'il faut que je quitte New York. Malgré mon désir de prolonger cette conversation avec les Chaplin, je savais qu'Erick avait besoin de moi et je m'excusai afin d'aller auprès de mon mari. Mais je n'oublierai jamais cette soirée, l'éclat enfantin du regard de Chaplin et son sens du jeu dans les mouvements de son corps.

Erick voulut absolument que nous allions en Europe. Il lui semblait que c'était le seul endroit où il aurait de bonnes critiques, puisque chez nous les journalistes avaient un préjugé en ma faveur. Il ne voulait plus être jugé dans l'ombre de ma réputation américaine.

L'Europe ne m'intéressait pas et, assez curieusement, j'en avais peur. Je me souviens encore du moment exact, à Paris, dans *Every Soul is a Circus*, où je me suis fait mal au genou. Erick et moi nous trouvions au centre du plateau ; je faisais un simple plié, et mon genou a lâché. J'ai chuchoté à Erick que je m'étais fait très mal, qu'il devait m'aider, et nous sommes parvenus à la fin de la danse. Mais quand enfin le rideau est tombé, mon genou avait la taille d'un pamplemousse. C'était une soirée de gala au théâtre des Champs-Elysées, en présence de Mrs. Roosevelt, et j'ai réussi je ne sais comment à tenir jusqu'à la fin de la réception. Mais la souffrance était affreuse.

Il fut bientôt évident que je ne terminerais pas notre saison parisienne. Tous les médecins, les uns après les autres, voulaient m'opérer le genou. A cette époque, dans les années cinquante, cela signifiait en général la fin d'une carrière de danseur, et j'attendis donc. Pendant tout ce temps, la précieuse amitié de Bethsabée de Rothschild, une de mes anciennes élèves, fut pour moi d'un grand secours. Elle avait sponsorisé notre tournée, que nous n'aurions pu financer sans son aide. Bethsabée était même l'auteur d'un livre sur la danse américaine, *la Danse artistique aux USA*.

La compagnie partit pour Londres, je vis d'autres médecins. Je gardais l'espoir de sauver au moins notre saison londonienne. Quand il s'avéra qu'elle aussi devrait être annulée, Erick me quitta. Il prit la moitié de notre argent, m'écrivit un billet et s'en fut. J'étais invalide et terriblement seule, si ce n'est Bethsabée. Je retournai à Paris avec elle chez les

Rothschild, avenue Foch. Ce fut une période terrible, il me fallait trouver un moyen de m'en sortir.

Un après-midi, Bethsabée me demanda ce que j'avais envie de faire. Je proposai d'aller voir la banque Rothschild. Elle parut trouver cette suggestion très bizarre, mais nous y allâmes. Une fois là, je fus stupéfaite. Cela ne ressemblait à aucune des banques que je connaissais : à première vue, il n'y avait ni caissiers ni clients. "Bethsabée, où sont les clients ?" "Les clients ?" Manifestement, on ne lui avait encore jamais posé cette question. "Nous ne les encourageons pas tellement ; mais en fait, si, nous en avons un à présent : le pape."

Pendant mon séjour avenue Foch, Bethsabée m'a raconté comment les Rothschild avaient fui Paris au moment de l'invasion allemande. Pressés par le temps, ils avaient décidé de descendre à Nice en voiture et d'y prendre un hydravion pour Lisbonne puis, de là, le bateau pour New York. Chaque membre de la famille avait droit à une seule petite valise pour le voyage. Bethsabée se décrivait, en train d'inspecter sa chambre en se demandant ce qu'elle allait prendre. "Oh, Martha, j'avais un superbe Vermeer sur ma table de chevet. Il entrait dans ma valise, et j'ai commencé à l'y emballer, et puis je l'ai remis. Je me suis rendu compte que si je prenais un objet de ce genre, je regretterais tous les autres." Quand ils étaient arrivés à Nice, il leur manquait un billet pour l'hydravion. Le père de Bethsabée avait dû l'acheter à un autre passager. Je me suis toujours demandé ce qu'il avait été prêt à payer pour cet unique billet qui sauvait la vie de sa fille.

Le moment arriva bientôt de repartir, de rentrer chez moi et d'affronter l'école, la compagnie et mon genou douloureux. Erick voulait divorcer, il voulait un divorce mexicain. J'y souscrivis parce qu'il le désirait, mais cela me brisa.

Je finis par décider de retourner à Santa Fé. Le Sud-Ouest a toujours eu sur moi un effet bénéfique. Je logeai de nouveau dans la maison de K. D. Wells, une des plus belles de Santa Fé. Je découvris là un très vieux médecin qui réussit à me soulager grâce à un usage prudent de poids et à une série d'exercices exécutés à heure fixe tous les jours : un régime très élaboré. Je commençai avec de très petits poids, et en arrivai à pouvoir soulever une machine à écrire suspendue à ma jambe. Quand je fus capable de soulever douze kilos, j'étais guérie. L'aide de ce médecin et le séjour au Nouveau-Mexique me rétablirent à tel point que je pus paraître à Carnegie Hall dans mon solo *Judith*, qui durait vingt minutes. Tandis que je me maquillais, avant le spectacle, quelqu'un frappa à la porte. C'était Erick. Il me dit : “Je reviendrai à la fin pour te reconduire chez toi.” Je ne répondis pas. C'était très mal de sa part de faire ça. La représentation fut un succès. J'en étais sortie. Mais lorsque tous les visiteurs venus en coulisses furent partis, Erick frappa à la porte. J'attendis ; j'avais presque envie de ne pas répondre. En le voyant, je lui dis que je voulais rentrer seule. Et c'est ce que je fis.

Erick et moi nous sommes aimés, nous nous sommes aimés très profondément. Je n'ai jamais éprouvé pour personne d'autre un tel amour. J'ai eu de la peine à m'en remettre, mais avais-je le choix ? Je me souviens de mon premier Nouvel An sans lui. J'avais décidé de mettre mon Chanel, afin d'être en beauté, et de me rendre aux quatre réveillons auxquels j'avais été invitée. Je me souviens que j'étais assise seule dans un taxi, en route pour l'un de ces réveillons, lorsqu'une horloge, quelque part dans le Village, a sonné l'arrivée du Nouvel An. A ce moment-là, la perspective de cette année vacante, sans projets, m'était épouvantable, mais il m'a bien fallu l'aborder.

L'image la plus fidèle qui me reste de cette époque se trouve dans mes lettres à mon analyste et amie, Mrs. Frances Wickes.

New London, Conn.
Le 16 juillet 1951

Chère Mrs. Wickes,

Je regrette de n'avoir pu vous voir pendant ces quelques jours. Je n'ai quitté New York que samedi après-midi. J'avais remis à la dernière minute un tas de choses dont il m'a fallu m'occuper. Je crois que tout au fond de mon cœur je n'avais aucune intention de partir… que ce fût en Californie, dans le Connecticut ou dans le Maine. Partir me semblait presque impossible même si, au niveau conscient, je croyais m'en réjouir. J'ai parfois l'impression que cette situation n'aura jamais de fin, et pourtant il le faut, sinon ce sera *ma* fin.

Ma première journée de cours est terminée. J'aime enseigner, même si les classes sont trop nombreuses pour qu'on puisse y faire plus qu'une tentative élémentaire de communication. Ils étaient une soixantaine dans ma classe aujourd'hui – dans toutes les classes, devrais-je dire. Ils font bien les mouvements, mais quelle absence de sens ou d'intention réelle… leurs esprits paraissent mornes alors qu'on voudrait y deviner une nécessité, une motivation profonde, si imparfaite que soit leur technique. Il semble qu'ils aient le désir de danser, de bien exécuter les mouvements et même d'exprimer quelque chose, mais pas le moindre soupçon de la raison d'être primordiale de la danse, de la raison pour laquelle il faut danser et faire ce qu'ils font… il y a un tel gaspillage de vitalité à la racine de tout cela, et c'est bien là pourtant, plus que tout, ce qui devrait être à la racine. Peut-être que j'en demande trop, mais il me semble qu'ils font passer les effets de la danse avant sa cause. Tout ce que je peux espérer, en cinq jours, c'est de les rendre un peu plus conscients en leur imposant un choc et puis une tentative de construire et de progresser. Mais encore… s'ils y sont sensibles, l'expérience sera pour eux douloureuse, et il serait sans doute préférable, plus charitable, de les laisser dormir comme à présent… de s'en tenir à ce que j'appelle la méthode "rocking-chair"… confortable, rythmée, monotone, sans danger… Peut-être ne devraient-ils jamais se risquer à remuer les profondeurs de la mare obscure au bord de laquelle ils bercent leur vie.

Je crois que je ne leur souhaite pas d'être jamais en feu si ce doit être pour eux aussi douloureux que ce l'est pour moi. Je me demande combien de temps on peut rester en feu. C'est un feu étrange. Peut-être convient-il à Jeanne. Je me le demande. Je me dis qu'au moins je sais ce que cela veut dire, se consumer lentement du dedans… se sentir possédé par les flammes au point de devenir infiniment brûlant et prêt à se réduire en cendres à tout instant. C'est sans doute très beau à voir. Les gens ici parlent de mon rayonnement, ils disent que j'ai l'air d'avoir trouvé une nouvelle vie… Peut-être s'agit-il des dernières lueurs et non d'un commencement.

Demain c'est le 17 juillet. Il y aura un an depuis Londres. Je m'obstine à penser qu'il se passera quelque chose demain. C'est de la névrose, j'imagine, d'attacher tant d'importance à une date. Mais je m'obstine malgré tout à espérer qu'il y aura un signe. A penser qu'il se passera quelque chose demain. Bien entendu, c'est toujours Erick que j'imagine. Il y a une chose qui m'effraie. C'est que mon désespoir me paraît plus grand qu'à n'importe quel moment de toute cette année. Il me semble qu'il devrait diminuer, d'une manière ou d'une autre, mais ce n'est pas le cas. Ou au moins que je devrais devenir saine et raisonnable à ce propos, en tout cas plus que je ne l'étais il y a quelques mois. Mais j'ai l'impression que le temps ne fait qu'intensifier la douleur. Je me souviens d'une femme qui s'est suicidée, l'été dernier, à Santa Fé. C'était le septième anniversaire de la mort de son fils. Au moment même, j'avais trouvé étrange qu'elle ait succombé après avoir eu la force de supporter toutes ces années. Maintenant je crois que je comprends que le désespoir ne cesse d'augmenter. Le temps n'est qu'un creuset dont le feu intensifie le contenu, le réduisant à son essence, et il en résulte un poison rapide et sûr, d'une pureté absolue et d'une efficacité sans défaut.

Ce mois de juin a été une accumulation d'intensité. Au moins, il aura servi à me démontrer une chose importante… que, loin d'être libre, j'étais encore engloutie dans l'espoir. Nous avons donné une fête un samedi, le dernier samedi de la session de juin. Erick était là. Tout s'est bien passé. Alors il m'a demandé s'il pouvait assister à mon cours, le lendemain. Il est venu. Et il m'a dit combien il trouvait ça beau. Puis il est revenu le lendemain en demandant de pouvoir regarder. Puis il m'a envoyé un billet avec un livre de poèmes de Cummings, disant qu'il n'y avait rien de plus beau à part *Judith* et que le dernier poème le faisait penser à *Judith* parce que pour lui ce poème était le plus fort au monde. Petits raffinements d'une torture exquise, même si ce n'est pas ainsi qu'il les concevait. Il serait choqué si je lui disais ça. J'ai fait quelque chose quand je l'ai remercié pour le livre… c'était idiot, mais je n'ai pas pu m'en empêcher. C'était le dernier jour, et j'étais lasse et un peu perdue. Je lui ai demandé s'il voulait que je divorce cet été car je n'en avais pas l'intention sauf s'il le souhaitait. Je sais pourquoi j'ai dit ça. Je voulais le toucher, le blesser, avoir un contact personnel avec lui. C'était faible et stupide. Je n'ai pas pleurniché, mais je lui ai dit que je l'aimais encore. Il a dit que oui, il le savait, et que je n'avais pas besoin de divorcer, qu'on pouvait laisser les choses se résoudre d'elles-mêmes. Vous voyez combien tout cela est profond et combien les racines sont tenaces, même si elles ne trouvent plus de terre où s'accrocher ou se nourrir.

Je ne suis pas une très bonne patiente. Je suis volontaire et obstinée. Je n'ai fait qu'une chose positive. J'avais une idée de ballet et j'ai écrit à Virgil Thompson pour lui demander s'il serait disposé à en écrire la musique. Je ne lui ai pas envoyé l'argument parce qu'il pourrait soit s'impliquer, soit demeurer peu réceptif. Il ne s'agit pas de *The Scarlet Letter*. Je n'ai pas envie en ce moment de me glisser dans la peau d'une autre femme, mais j'y reviendrai peut-être un jour. Ça se passe en une nuit. Le titre provisoire est… *la Pointe aux loups*, ou *le Cap des loups*. Je pense à Point Lobos, avec tous ces beaux arbres tordus. C'est une nuit, ou une année, ou une vie… en tout cas c'est une crise, et les loups sont ces affamés qui vous déchirent le cœur avec cet appétit cruel qui est le leur.

La compagnie entière y participerait, mais le sujet principal est une femme dans la nuit, au bord de l'une de ces flaques abandonnées sur les plages par la marée, où flottent des débris de bois et des choses mortes. Cela forme une suite… Tempête dans les ténèbres, lever de la lune, coucher de la lune, obscurité profonde, arrivée de l'aube. J'ai délibérément ajouté l'aube. Je sais qu'il doit y avoir une aube, mais jusqu'ici je n'en ai ni sensation ni certitude. Mais il est logique que l'aube vienne. Baignée de lumière, l'essence d'un jour nouveau. Si je parviens à progresser jusqu'à cet instant, peut-être saisirai-je un peu de ce beau vert éphémère et subtil qui marque l'aube, ce retour à la couleur et à la vie. Peut-être ne suis-je pas même arrivée à cet instant d'obscurité profonde qui la précède. Peut-être suis-je encore plongée dans les fantasmes étranges du monde lunaire, belles et terribles images, moins terribles pourtant que la réalité de ce qui est, qui me lancerait dans ce bel anonymat de l'aube.

Ça paraît vague. Ça l'est, et en même temps ça ne l'est pas.

Avez-vous lu *The Sea Around Us*, de Rachel Carson ? Je le commence. Je crois que ce livre est important. C'est un ouvrage scientifique, et on y trouve cependant tout le mystère et le sens de la magie des choses premières que possède la poésie. Même les titres des chapitres semblent décrire un voyage que nous faisons tous… La première partie est intitulée : *Mother Sea*. Ensuite les chapitres : *The grey beginnings*, *The pattern of the surface*, *The changing* *year*, *The sunless sea*, *The hidden lands*, *The long snowfall*, *The birth of an island*, *The shape of ancient seas* *.

Malgré son caractère scientifique, on peut lire ça comme la feuille de température de n'importe quelle évolution… humaine, ou d'un monde en formation… et les points d'arrivée sont ceux-là mêmes qui balisent aussi le voyage du cœur dans l'expérience. Peut-être suis-je en train de revenir aux images dont vous m'avez parlé. Je ne sais pas. C'est effrayant, parfois. C'est une telle solitude. Je lutte contre cette solitude et cette façon qu'a la vie d'avancer lentement, loin au-dessous de la surface, dans la chaleur de sa zone de reproduction… tout se transforme et meurt… et la vie s'adapte lentement aux exigences de l'environnement et du changement. Des formes se fondent en d'autres formes au prix scandaleux de toutes sortes d'énergies vitales. Tout cela est implacable et serein, impitoyable et dévorant, et toujours absolument souriant car le temps n'a rien de terrifiant pour ce qui refuse de reconnaître le temps. Cela ne se définit que par l'opération de sa propre progression. C'est la danse de Shiva. Cette danse éternelle au sourire éternel et le pouls incessant implacable de l'absence de temps qui est aussi la mort du temps.

* Cette mer qui nous entoure – Commencements gris, Le Dessin de la surface, L'Année changeante, La Mer sans soleil, Les Contrées cachées, La Longue Neige, La Naissance d'une île, La Forme des mers anciennes. *(N.d.T.)*

Si vous me permettez de vous écrire de temps à autre, si vous laissez tomber mes mots à côté de votre cœur afin qu'ils ne vous troublent pas et ne s'insinuent pas dans vos pensées et dans l'activité infiniment importante que constitue le simple fait d'être vous, alors j'écrirai. Cela ne demande aucune réponse. Je suis en train de danser quelque chose que je ne peux pas encore expliquer. Mes cheveux sont fous et je n'entends rien. Ou peut-être, si j'entends, est-ce la pulsation d'un cœur dont j'ai peur. Peut-être suis-je, par certains procédés d'expérimentation destructeurs, à la recherche d'un battement de cœur.

Hier, en arrivant ici, je suis allée à la plage. Il faisait chaud et très agréable et la mer, bien que ce ne soit qu'un détroit, avait quelque chose de magique. C'est une plage privée. Des familles y flottaient, tels des îlots mobiles. Je suis restée assise pendant des heures. Je regardais, j'attendais. J'attendais, je crois, qu'un signe fît irruption, me pénétrât. Et soudain je me suis souvenue que j'avais toujours un peu plaisanté à propos de ma prochaine réincarnation : je serais de nouveau danseuse… je serais ballerine, et je danserais *le Lac des cygnes*. Mais hier j'ai senti que ce n'était pas ça… que j'aurais des enfants. Je crois que je n'aurais encore jamais pu dire ça. Jamais pu me laisser aller à devenir le plus simple et le plus élémentaire instrument de la vie… J'avais besoin de tout contrôler, de dominer, même contre nature… ou bien je voulais être trois parties de dieu, comme Gilgamesh…

J'avais espéré que l'été vous apporterait la paix, le plaisir et le travail dont vous avez le désir et le besoin. Cela m'a fait du bien de vous parler…

Martha

Santa Fé, Nouveau-Mexique
Le 26 août 1951

Chère Mrs. Wickes,

Votre lettre était merveilleuse. Je l'ai lue plusieurs fois. Je savais que mon obsession des loups et de l'idée de la mort avait quelque chose de morbide ou du moins qu'il me fallait exprimer la vérité plutôt que son image, même dans ma propre conscience. J'ai eu quelques très mauvais jours, surtout ici. C'était inévitable, parce que je demeure si obstinée. Je suppose qu'une partie de la ténacité qui m'a permis de m'accrocher à mon travail à des moments où il ne semblait plus y avoir rien où m'accrocher a fait de la ténacité un trait de mon caractère, et donc une composante de mon comportement, y compris en ce qui concerne Erick. Je ne renonce que difficilement, et encore !

Craig Barton a passé une semaine ici. Je pense vous avoir parlé de lui. Il nous avait accompagnés en Europe en tant que directeur. C'est à lui que je pensais quand nous avons parlé du rêve dont je me suis réveillée en m'entendant dire : "Je dois aller vers le sud avant d'aller vers l'ouest." C'était la première fois que Craig, Lee, Bethsabée et moi étions réunis depuis *ce soir-là*, à Londres. Je croyais avoir d'une certaine manière atteint les limites de cette expérience, mais je me suis aperçue que ce n'était pas vrai. Il restait, dont mon comportement, plusieurs choses que je refusais encore de regarder en face. Alors en parlant, peu à peu, entre les moments où nous allions en pique-nique ou voir des danses indiennes, je me suis rendu compte de plusieurs choses. Un soir où c'était vraiment trop, j'ai pleuré. Craig en a été terrifié, comme le sont en général certains hommes incapables de réagir devant une femme en pleine crise élémentaire. Mais après quelques jours de tension, tout cela s'est mis en place et m'apparaît maintenant comme un élément inévitable du tableau que je dois composer. Les hommes sont partis depuis une semaine.

Comme d'habitude, il y a eu des réceptions ici, et c'était agréable. Demain, nous allons dîner à Los Alamos. C'est toujours étrange et complexe dans ses effets. Cela suscite ici un grand antagonisme, c'est inévitable. Mais il y a aussi un autre effet, j'en suis certaine. Qui pourrait être constructif. Il m'a semblé qu'un combat se déroulait ici entre le bien et le mal, au sens allégorique, et qu'il les fallait tous les deux pour atteindre à l'absolu, ou peut-être veux-je dire à *un* absolu. Certains jours, nous n'avons sans doute rien fait que rester étendues au bord de la piscine. Nous sommes installées dans une sorte de *cottage hotel* où nous cuisinons presque tous nos repas. Cette liberté est agréable. Mais il y a aussi des jours où tout cela paraît très inutile et dénué de perspective d'avenir.

Je n'ai pas écrit la lettre à Erick. Il faudrait pour cela que je trouve la force de m'arracher une fois pour toutes et je recule encore. Mais le moment où j'en serai capable approche. De curieuses révélations se produisent… des rêves de perturbation et des incidents pour lesquels j'ai une interprétation, même si je peux me tromper. Il y en a un dont j'aimerais vous parler.

Craig avait dans sa compagnie, à Karachi, un jeune Indien originaire du pueblo Cocheti qui se trouve près d'ici. Craig avait envie de le revoir, et nous sommes partis à sa recherche. Il s'est marié, et nous l'avons trouvé qui travaillait dans une école militaire de menuiserie. Il a deux petits garçons, dont l'un âgé d'un an. Celui-ci, qui s'appelle Matthew, est né avec une malformation cardiaque. Son cœur ne fonctionne pas comme il devrait et ils ont dû l'amener à l'hôpital, où il est question d'une opération. José – le père – ne comprend que jusqu'à un certain point. Craig a donc entrepris de lui expliquer la situation. Cela signifie que nous sommes allés à l'hôpital indien. Inutile de vous raconter la suite, car nous pensons avoir partiellement réussi à convaincre José que les autorités faisaient pour le mieux, et nous avons vu le médecin responsable. Mais là n'est pas la question.

Dans cet hôpital, il y avait une petite fille de six mois, en attente d'adoption, m'a-t-on dit. Elle était là depuis sa naissance. Je l'ai vue et elle était ravissante… pas du tout indienne, à mon avis. J'en ai parlé à Bethsabée et puis les idées ont commencé à germer. Je me suis mise à penser à cette enfant, à penser sérieusement à ce que cela signifierait de l'adopter. Bethsabée m'a proposé de me donner de l'argent. Je ne peux pas affirmer que j'ai envisagé cette idée en toute sincérité, mais elle me trottait en tête comme le font parfois des choses qu'on a imaginées. Une nuit, j'étais dans mon lit, en train de réfléchir, et quelque part entre la veille et le sommeil l'enfant est devenue une étrange réalité. Je la voyais auprès de moi dans l'avenir. Je me suis vue marchant avec elle… J'ai même vu son nom, et je me suis entendue l'accueillir. Elle s'appelle Sandra. A ce moment-là je l'ignorais, et je l'avais appelée… Ericka. Je suppose que ça m'a frappée parce que c'est ce que j'ai éprouvé de plus réel à propos d'un enfant, l'identification la plus complète de ma vie avec celle d'un enfant. Bien entendu, ça n'a pas été plus loin. Je me suis renseignée à son sujet et j'ai appris les circonstances de sa naissance, mais même avant cela, je m'étais rendu compte que je souhaitais seulement aider à lui trouver une famille s'il fallait pour cela de l'argent, parce que je savais Bethsabée prête à en donner.

Maintenant je crois que je suis arrivée à une autre phase de la danse que j'ai en tête. Elle fait suite à *la Pointe aux loups*, dont je vous ai parlé. J'avais pensé au cyprès… au cèdre du Liban que vous aviez évoqué, et je savais que cette image de la constance face aux éléments se trouvait également au fond de moi. J'ai eu deux très mauvaises journées pendant lesquelles j'ai cédé à un profond négativisme. En partie à cause de cet endroit et en partie à cause du départ de Craig. Mais je suis contente d'être venue ici cet été. Cet endroit n'est plus le même à présent, plus seulement celui où je me suis mariée. Il a une beauté qui lui est propre, et il gardera pour moi une vie à lui, distincte du souvenir de cette expérience.

Dans un instant de désespoir, je me suis dressée au milieu de ma chambre pour tenter de m'arracher à cette obscurité négative. J'ai écarté les bras en m'écriant : "Pourquoi ne pas appeler cette nouvelle danse… je salue mon amour ?…" Alors j'ai compris que j'arrivais quelque part même si ni ce titre ni cette idée ne sont bons. Il me semble qu'elle bouge de nouveau… mon idée. Peut-être prendra-t-elle la forme de l'écriture… peut-être même de la lettre qu'il me faudra bien écrire un jour à Erick, même s'il doit ne jamais la voir. Elle ne m'a pas rendue malheureuse, ni sentimentale, je crois. Et elle semble se dessiner, d'une certaine manière, selon le même schéma que *les Loups* bien que d'une façon très différente…

Crépuscule… comme une sarabande de reconnaissance

Lever de lune
Pleine lune
Coucher de lune

comme l'évocation du souvenir, délibérée et précise, sans tragédie

Obscurité profonde

comme un sombre miracle excluant tout sauf l'absolu

de la lutte

Je pense qu'il doit être possible de la réaliser sans la gêne de révélations inutiles, que cela peut devenir une œuvre. Que ce qu'il y a de personnel pourrait y être absorbé dans l'impersonnalité de l'expérience en tant que schéma de vie. Il n'y aurait pas de duos, et on n'y verrait aucun amant, à aucun instant, d'un bout à l'autre. En ce moment, je ne lutte plus contre lui mais contre moi-même, pour accepter le principe d'un amant plutôt que sa réalité.

Tout cela est en pleine évolution. Vous en parler m'aide et si cela ne vous dérange pas je vous en suis reconnaissante. Quelque chose est en train de naître. Ce n'est peut-être pas ce que je crois vouloir et il se peut que j'y réfléchisse encore et que je fasse ce que je veux, que je me laisse ramener à un mode de vie plus chaleureux et plus simple... ça ne résout rien pour l'avenir, à moins que ça ne constitue la voie sur laquelle je peux m'avancer à la rencontre de l'avenir, quel qu'il soit. Peut-être le besoin de projeter cela en termes que je peux comprendre, la danse ou le travail sur scène – habitude de tant d'années –, est-il inévitable. J'ai conscience de courir un grand danger avec ce sujet. Je ne pense pas qu'en ce qui me concerne ça risque de devenir une lamentation sentimentale… je ne le pense pas. Je crois que ça correspond à la nécessité de transmuer une expérience sentimentale en quelque chose de constructif et peut-être de créatif.

Je suis allée à la Maison de la religion navajo, près d'ici. Il y avait une grande reproduction d'un tableau de sable entièrement traversé de bandes de couleur, du nord au sud, avec l'ouverture habituelle vers l'est. Les couleurs étaient :

blanc
noir
gris
jaune

dans cet ordre. Le gardien m'a expliqué leur signification dans la tradition navajo. Je ne m'en souviens plus exactement mais j'ai l'intention de me renseigner avant de partir. Ça concerne l'orientation et les saisons. Ensuite nous sommes allées dans le cañon de Frijoles, et j'ai vu là, dans le musée, une série de formations géologiques, qui montrent les différentes couches du sous-sol dans la région volcanique ou dans la zone d'activité du volcan, et les couleurs étaient exactement les mêmes que celles du tableau de sable. Vous savez tout ceci, dans l'infinie simplicité et la profonde sagesse avec lesquelles vous acceptez et reconnaissez la vie. Mais je rapporte une expérience que j'ai vécue, rien de plus.

Voilà une longue lettre, plus longue que je n'en avais l'intention. Je n'ai pas parlé d'Erick et d'une lettre que j'ai reçue avant de quitter New York. Mais ça ne change pas grand-chose. Je ne sais même pas très bien si ça change quelque chose pour moi, sinon dans la mesure où je n'ai pas réussi à éliminer certaines de mes pensées grâce à ce moyen simple et complexe qui consiste à les supplanter par d'autres. Je sais que c'est là tout le contraire d'une élimination. Mes rêves me révèlent que je suis encore, apparemment, en proie au ressentiment. Mais cette nouvelle confrontation avec Londres, qui va plus loin, contribue à atténuer mon sentiment de culpabilité de sorte qu'avec le temps j'arriverai à en débarrasser ce souvenir absorbant qui est vanité. S'il peut y avoir, en quelque sens que ce soit, une élimination de ce sentiment de faute permanente, alors ce sera bon. Ceci est un peu confus.

J'espère que vous avez passé des moments de beauté qui ont porté des fruits. J'en suis sûre. Je me fais néanmoins un peu de souci pour vous, peut-être est-ce présomptueux. Mais j'aime à penser que c'est parce que vous m'êtes chère. Votre main repose sur ma vie.

Martha

Mission Inn
Santa Barbara, Calif.
Le 1er août 1952

Chère Mrs. Wickes,

J'avais promis à Katharine Cornell que je viendrais passer quelques jours au Vineyard et je l'ai fait. Quelle série de trains ratés ! Dès le Connecticut, je les ai tous manqués sauf un, ici. Je suis arrivée dimanche et j'ai passé un jour au lit avec un léger dérangement gastrique, mais je commence à avoir meilleure mine… du moins je n'ai plus ces affreuses rides… enfin, pas plus que d'habitude, je veux dire. Ma mère et ma sœur vont bien. Maman est tyrannique, bien entendu, à force d'amour, mais il n'y a là rien de nouveau ni d'inattendu. Evidemment, c'est un choc, car on oublie. Mais je peux faire face. Et puis j'irai passer une dizaine de jours à Santa Fé, ce sera un retour bienvenu à ce pays puissant. Ensuite il y a un compositeur à San Francisco que je veux voir pour lui parler d'une nouvelle création. Je sais que je devrais me laisser végéter et j'en serai peut-être capable quand je serai plus détendue. Il faut du temps.

Je passe par une période étrange, déchirante à bien des égards. Peut-être plus désespérée en un sens, si une reconnaissance complète ou, disons, plus complète, de la réalité équivaut au désespoir. Le trajet n'a pas été facile, cette fois. C'est toujours un aussi beau voyage, mais je me suis sentie assaillie de souvenirs et de profondes nostagies. Il me semble que la conscience est de plus en plus aiguë, la nostalgie de plus en plus grande. Mais je sais au moins qu'il faut les endurer et que je ne trouverai soulagement ou libération ni en me débattant ni en adoptant des attitudes théâtrales. Il y aura une autre voie, avec le temps, quand celui-ci aura parcouru sa course vers les profondeurs. Je crois que je commence à comprendre ce que vous m'avez dit sur l'acceptation de certains faits… vivre dans ou avec le chagrin… et la différence. La question n'est pas d'y échapper, je le vois, mais de s'en servir et d'y faire face. Je ne m'en sortirai peut-être pas. Mais j'ai beaucoup de compagnons de cœur de par le monde.

Je voudrais vous dire une chose plus positive car tout ceci paraît bien déprimé. Je ne suis pas déprimée. Peut-être que je ne m'en sortirai pas, ou simplement que je ne vois pas comment, mais je ne suis plus aussi malheureuse que l'an dernier à la même époque. La seule vraie différence, c'est que je ne crois plus maintenant qu'il reste un espoir. Non, je ne peux même pas dire qu'il n'en reste pas. L'espoir est source de corruption, de corrosion. Il vient, je suppose, de la volonté personnelle. Il me semble que la foi est l'acceptation d'une vision plus large des choses, une attitude personnelle moins accentuée. La foi est nécessaire et l'espoir ne l'est pas. Je suppose que c'est l'acceptation de cette perspective plus vaste qu'est la foi qui nous met en état de grâce quels que soient le désespoir ou la misère. Je suppose que la grâce ne peut jamais s'établir là où est l'espoir, l'espoir spécifique. Vous voyez, ma très chère, le mien a la vie dure. Mourra-t-il jamais ?

Martha

Hôtel El Mirason
Santa Barbara, Calif.
Le 30 août 1953

Chère Mrs. Wickes,

L'été a été magnifique. J'ai résisté, et je me suis un peu occupée. Mais je commence à ressentir le besoin de m'en aller. En été, j'éprouve un besoin étrange, que je n'ai jamais pu satisfaire qu'avec Erick : le besoin de ne pas me sentir observée. Comprenez-vous ce que je veux dire ? Je sais que vous me comprenez. Ici, il me faut jouer un rôle, même devant ma mère. Ce n'est pas désagréable, mais cela signifie que je dois me donner du mal pour être une femme. J'ai l'impression d'avoir vraiment beaucoup de mal à être une femme. Il se pourrait que je ne m'y prenne pas comme il faut. Nous verrons cela. Peut-être suis-je une vaniteuse qu'il faut rassurer sans cesse, mais il me semble que pour une fois j'aimerais être anonyme. Ceci a l'air prétentieux, je sais. Mais je vous fais confiance pour me percer à jour, si fort que je m'efforce de vous échapper.

Fidèlement,

Martha

Hôtel des Indes
Hollande
Le 28 mars 1954

Chère Mrs. Wickes,

Je suis plongée dans un livre merveilleux. Il est très important pour moi. Le seul temps dont je dispose est le bref moment où je fais le point, le soir, avant de m'endormir. C'est le nouveau livre d'Alan Watts : *Myths and Rituals in Christianity*. Je le trouve merveilleux, et je commence enfin à comprendre un peu *Dark Meadow* et ce qui l'a suscité. C'est amusant. Oh, j'éprouve une telle reconnaissance envers tout ce qui m'a amenée devant votre porte et dans l'oasis sacrée de votre bureau. C'est sans prix, à mes yeux, même si parfois tout se brouille un peu parce que je me sens seule. Pas dans un sens, mais dans un autre. J'ai éprouvé un immense et petit plaisir à me sentir regardée comme une femme et appréciée comme une femme ici en Hollande.

Fidèlement,

Martha

C'est stupéfiant, ce que peut accomplir l'esprit si on y est suffisamment déterminé. J'ai peine à imaginer qu'après notre séparation Erick et moi nous ayons pu danser et nous produire ensemble. Que nous dansions la jalousie dévorante, moi Médée et lui Jason, ou l'amour tendre dans *Appalachian Spring*, lui le pionnier, moi son épouse, c'était si proche de la vie réelle que par moments je me sentais mal.

Ce n'est que des années après avoir abandonné un ballet que je peux supporter de voir quelqu'un d'autre le danser. Je crois qu'il ne faut jamais regarder en arrière, jamais céder à la nostagie ni aux réminiscences. Mais comment faire autrement lorsque, en regardant la scène, vous y voyez une danseuse, grimée de façon à ressembler à ce que vous étiez trente ans plus tôt, danser un ballet que vous avez créé avec quelqu'un dont vous étiez profondément amoureuse, votre mari ? C'est là, me semble-t-il, un cercle de l'Enfer que Dante a oublié.

Il n'y a eu personne après Erick. J'ai peut-être eu tort. Peut-être aurais-je dû avoir quelqu'un. Mais cela n'a pas été. Il n'y a eu personne. En aucune façon, ni passagère ni significative.

Il y a, dans mon journal, quelques vers que j'ai écrits peu après le départ d'Erick :

Je sais, mon bien-aimé, que quand je saisissais ton bras,
c'était la morsure
de ces longues heures affamées
qui aujourd'hui me dévorent.

En 1954, sous l'égide du ministère des Affaires étrangères, nous sommes parties en tournée en Orient, ma compagnie et moi. Nous avons dansé dans les principales villes du Japon, d'Indonésie, d'Inde, du Pakistan, d'Iran et d'Israël. Avant notre départ, des gens me demandaient sans cesse : "Mais comment comprendra-t-on vos danses, là-bas ? Serez-vous perturbée si le public ne comprend pas ce que vous faites ?" Je répondais : "Peu m'importe qu'il le comprenne ou non. Ce qui m'importe, c'est qu'il le sente." C'est sur cette base que j'ai tenté de provoquer – grâce à des femmes, ou à tout autre instrument dont je disposais – l'accélération de la sensibilité des gens, l'ouverture de portes jamais ouvertes auparavant.

La première fois que nous avons dansé en Italie, nous avons fait scandale. Le public était hors de lui. Les gens n'étaient pas habitués à une telle conception de la danse. A cette époque, ils s'attendaient à voir les danseuses faire des pointes. Et, bien sûr, nous étions la plupart du temps pieds nus.

Sur scène, nous dansions *Dark Meadow*, dont le titre m'avait été inspiré par le mythe d'Até, dans Platon. Je ne pensais pas que ce fût le ballet à montrer en Italie, mais on m'avait affirmé le contraire et je m'étais laissé persuader. "C'est exactement ce qu'il faut aux Italiens, me disait-on. Et le titre est si beau !"

Le public ne nous lança rien à la tête, bien que je n'eusse pas été surprise de voir des objets voler des premiers rangs sur la scène. Mais les gens manifestaient leur réprobation avec tant d'acharnement que soudain je me tournai brusquement vers eux en faisant un geste abrupt. Je levai la main et tout se tut. Dans ma main se trouvait la capacité de stopper leur agitation ; un geste. Je leur dis sous cape : “On peut vous avoir. Je vous aurai.”

Lorsque le chahut recommença, je répétai mon geste. De nouveau, le public se tut. La dernière fois correspondit au baisser de rideau, et je dis à tous ceux qui se trouvaient sur le plateau : “Personne ne salue, ce soir. Personne. Gardez les yeux fixés au sol et restez parfaitement immobiles.”

On releva le rideau pour les saluts, mais nous ne réagîmes pas. Tout le monde demeura figé, le public en eut le souffle coupé. Aucun salut. Rideau.

Et puis un tonnerre d’applaudissements dans la salle. Rideau levé. Aucun salut. Rideau.

Et ainsi de suite, plusieurs fois. Finalement, dans un instant de calme, je m’avançai près de la rampe, tournai le dos au public et m’inclinai devant ma compagnie. Je dis doucement au mécanicien : “C’est fini. Plus de rideau.” Et ce fut tout.

C’était la première de six représentations à Florence. Après cela, je n’eus plus de problème. Je pense avec un très grand plaisir que des années plus tard la ville de Florence m’a offert une splendide médaille d’or faite dans un moule de Léonard de Vinci.

En 1984, après une représentation à Rimini qui avait eu tant de succès que des milliers de gens n'avaient pas pu entrer, le pape Jean-Paul II m'a accordé une audience dans sa résidence d'été, à Castel Gandolfo.

On m'y a amenée en automobile. Nous étions venus en avance afin de nous assurer qu'il y aurait une chambre où je pourrais échanger ma tenue de voyage contre ma robe Halston, une longue robe de velours noir avec une capuche assortie, pour me couvrir la tête. Je ne voulais pas rencontrer le pape dans une robe chiffonnée.

On m'introduisit dans une pièce fort ornementée, où soudain le pape vint vers moi. Il me dit seulement : "Vous êtes Martha."

"Oui, répondis-je, je suis Martha."

Il me donna un chapelet. Après mon audience, je le regardai chanter des chansons avec des enfants de différentes cultures du monde, dans leur langue maternelle : tchèque, polonais, italien.

En revenant de Castel Gandolfo, je tombai sur Swifty Lazar au Grand Hôtel. Swifty connaît beaucoup de gens célèbres et n'hésite guère à s'en vanter. Naturellement, il me demanda où j'avais passé l'après-midi. Je portais encore ma robe noire.

"Avec le pape", répondis-je. Pour une fois, Swifty en demeura muet.

A Karachi, au Pakistan, j'ai fait de ma main un usage instinctif complètement différent de ce que j'avais fait à Florence. Nous venions de danser, et nous étions invités à une réception par la direction du musée. Je fus l'une des dernières à arriver après m'être démaquillée et changée. J'entrai dans une grande et longue salle pleine de monde, mais ce qui attira immédiatement mon regard fut un oiseau sur son perchoir à l'autre bout de la pièce. C'était un faucon, le premier que je voyais. Je n'avais jamais vu non plus la position du fauconnier pendant une chasse au faucon, et je crois même que je n'avais rien lu à ce sujet. Je ne sais ce qui m'inspira ce geste, mais je levai mon bras gauche et le tins replié devant moi et le faucon, qui n'était ni attaché ni encapuchonné, traversa la salle d'un vol dont la grâce et l'aisance imposèrent le silence à la foule. Arrivé près de moi, il se posa, d'instinct et en douceur, sur mon bras nu. Je portais une robe sans manches. Pendant un instant, nous nous sommes regardés sans bouger, et nous nous sommes reconnus.

Pensez un moment à la main. La main est une merveille à bien des égards. Pensez à la poignée de main qu'échangent deux inconnus. Elle signifie : "Je n'ai pas d'armes, mes mains sont vides. Je ne te veux pas de mal." Voilà pourquoi c'est un tel phénomène de voir des gens se serrer la main.

En Birmanie, après avoir dansé *Cave of the Heart*, j'ai reçu un surnom qui peut se traduire par "l'éléphant qui devient amok". Le tour que nous appelons *cave turn* vient de ce ballet. On part en cinquième position et pendant le tour, d'une grande amplitude et toujours dans le même sens, la jambe s'élève du sol tandis que le corps penche en avant.

Pendant l'une de mes premières nuits en Birmanie, j'ai rêvé d'une lionne qui traversait ma chambre à pas feutrés et sortait par les portes grandes ouvertes en me faisant signe de la suivre.

A Rangoon, nous avons dansé sur un plancher de teck construit pour l'occasion dans le parc de la pagode de Schwe Dagon. De tout Rangoon étaient arrivés des fauteuils capitonnés qu'on avait installés sur le pré devant la scène. De nombreux spectateurs y faisaient la cuisine et tout en dansant Médée, je sentais le parfum de merveilleux currys. Je ne pouvais pas manger avant le spectacle, bien entendu, mais je me réjouissais à la perspective d'un bon curry bien fort, l'un de mes plats préférés, quand j'aurais fini. Cinq soirs de suite, quatre à cinq mille personnes assistèrent aux représentations. Je me souviens que pendant la journée précédant l'une d'elles, on m'a emmenée à l'école locale où un charmant garçonnet a dansé pour moi, qui étais assise à son petit pupitre. Durant toute cette tournée, les indigènes de chaque pays m'offraient en cadeau leur culture en me présentant leurs danses. Le soir, j'essayais d'en faire autant.

J'ai chez moi, aujourd'hui, un lit que j'ai trouvé en Malaisie. Je l'ai découvert à l'occasion de nos déplacements sur les petites routes de l'arrière-pays. Ce lit est d'une grande beauté, une beauté terrifiante, c'est une œuvre d'art. Tous les symboles qui le décorent sont merveilleux. On m'a dit que c'était un lit de fumerie d'opium, un de ces petits lits sur lesquels on s'allonge pour fumer de l'opium. Mais ce lit-ci est destiné au sommeil. Il a deux tiroirs – l'un contient toutes les médailles que j'ai reçues et l'autre du bric-à-brac, d'un gant dépareillé à une broche à laquelle manque une agrafe qui doit être réparée. Chaque objet a pour moi sa signification. Ce ne sont pas seulement des objets, d'une manière ou d'une autre ils ont contribué à ce que je suis.

J'adore le jade et j'ai chez moi quelques spécimens. L'un de mes préférés est un objet rond et plat qu'utilisaient les empereurs pour demander aux dieux de favoriser les moissons, au Temple du Ciel, dans la Cité Interdite de Pékin. Il me semble que le jade est la voix des dieux. Il est beau, qu'il s'agisse d'un objet comme celui-là, d'un animal ou d'une pièce archaïque. Le jade est beau et se prête aux formes, une qualité qui favorise la conversation avec les dieux.

Quand nous avons dansé en Inde, Nehru est venu nous voir en coulisses. Il était humain et accessible. Il nous avait apporté des fleurs, et était entouré d'enfants. Pendant que nous parlions avec lui, ses gardes nous entouraient. Quarante-cinq ans plus tard, on m'a invitée à une réception que donnait Indira Gandhi pour un groupe de femmes de New York. J'hésitais à y aller. Mes amis s'impatientaient de mes hésitations. "Mais enfin, disais-je, elle ne saura même pas qui je suis."

Je suis entrée dans une grande pièce pleine de monde. A mon arrivée, Indira Gandhi a quitté son entourage pour venir à ma rencontre et, me regardant droit dans les yeux, m'a demandé avec beaucoup de simplicité. "Ne vous souvenez-vous pas de moi ? Mon père m'avait emmenée vous voir danser à New Delhi, il y a des années."

Je me souviens de ma visite à la tombe du Mahatma Gandhi. Il y avait des masses de fleurs et les gens se tenaient parfaitement immobiles. Il y avait un banian, un de ces arbres énormes qui deviennent plusieurs arbres. Les racines descendent de la ramure vers la terre pour former un nouvel arbre, un nouvel héritage, une nouvelle forêt.

Nehru était très différent du nizam d'Hyderabad, devant qui ma sœur Geordie et d'autres danseurs de Denishawn se sont produits lors de leur tournée en Asie dans les années vingt. Pendant qu'ils dansaient sur la scène, il avait quitté son trône somptueux pour venir se promener parmi eux. Il tâtait le tissu de leurs costumes tandis qu'ils continuaient de danser. A la fin du spectacle, il était venu saluer chacun d'eux, suivi d'un domestique qui portait un coffre d'or incrusté d'émeraudes et de rubis. Il était alors l'homme le plus riche du monde. Geordie me décrivait l'impatience des danseurs à l'idée des cadeaux qu'ils allaient recevoir. Le coffre enfin ouvert, le premier cadeau était apparu : une orange.

Pendant mon dernier séjour en Israël mon ami des premiers jours, le maire de Jérusalem, Teddy Kollek, venait me rendre visite à mon hôtel sur le mont des Oliviers et nous regardions le coucher du soleil, l'immense spectacle de ces couchers de soleil – l'astre flamboyant et soudain, d'un coup, plus rien. Un après-midi, j'ai offert à Teddy un très vieil objet de jade, fin et délicat, un dragon qui se mord la queue. Lui m'a donné une très belle pièce romaine en verre bleu, une sorte de jeton décoré d'une tête de femme. J'ai découvert plus tard que c'était un jeton d'entrée dans un bordel de la Jérusalem antique.

J'avais travaillé avec Bethsabée de Rothschild en 1964 pour entraîner la *Batsheva Dance Company*, la première compagnie de danse moderne en Israël, qu'ensuite, pendant quelque temps, j'ai autorisée à mettre certaines de mes œuvres à son répertoire. Au début, je n'étais guère optimiste pour cette compagnie. Les jeunes filles étaient si mal habillées, souvent en uniforme militaire. Aucun sens du théâtre, me disais-je. Mais un jour, dans la loge, je vis que sous leurs vêtements quotidiens, elles portaient de ravissantes lingeries, et je compris que tout irait bien. “Vous vous habillez pour vous déshabiller”, leur dis-je.

Bethsabée a été ma première protectrice, et elle est venue avec nous au Moyen-Orient. Elle avait été mon élève à New York ; je n'avais alors aucune idée de qui elle était. Son père était l'un des descendants de cinq frères sortis du ghetto de Francfort pour devenir les banquiers du monde.

Bethsabée était venue avec nous en tant que mon habilleuse parce qu'il fallait qu'elle figure sur le programme à un titre quelconque, on l'avait donc déclarée habilleuse. Et c'est ce qu'elle est devenue. "Je n'avais jamais eu d'habilleuse qui porte du Dior et fume des Dunhill", lui disais-je.

Et c'était une excellente habilleuse, elle n'acceptait pas un pli de travers. Pas un ! A cette époque-là, au Moyen-Orient, les femmes n'avaient pas de planches à repasser et repassaient sur des coussins. Quand une planche à repasser arriva avec ma compagnie, les Egyptiennes eurent une crise de fureur, ça les rendait folles d'avoir à repasser sur une planche après l'avoir fait tant d'années sur un coussin.

Mon enfance a été bercée de contes égyptiens. Je me souviens de ceux qui évoquaient la magie du fleuve. En Egypte, je logeais au bord du Nil et, de ma chambre, je le voyais dans toute sa beauté et sa splendeur. Il me paraissait toujours plein d'animaux. Il était si vivant qu'aujourd'hui encore je peux regarder l'East River, près de chez moi, et revoir le Nil, comme s'il coulait maintenant vers moi de cette partie du monde, comme s'il était à ma portée.

J'ai créé mon ballet *Phèdre* en 1962. Nous étions en Allemagne quand Edna Kelley, député de New York, alla protester à Washington parce qu'on nous avait envoyés à l'étranger dans le cadre d'un programme d'échanges culturels. Elle alla jusqu'à suggérer qu'on impose une forme de censure sur toute manifestation artistique exportée des Etats-Unis. Un autre député, Peter J. Freylinghuysen, était d'accord avec Mrs. Kelley. Il décrivit *Phèdre* comme une danse pleine de sofas et de jeunes gens en pagne. "Nous n'avons pas tout saisi, dit-il aux journalistes, mais le sens était très clair."

Et je fus donc obligée de tenir une conférence de presse à Bruxelles pour convaincre le gouvernement américain que mon spectacle n'avait rien d'embarrassant pour le pays. *Phèdre* était trop sexuel, me dit-on. Un sénateur, qui était sorti pendant la représentation, saisit un micro pour me demander quelle impression cela me faisait d'être un ambassadeur représentant mon pays par l'érotisme.

"J'ai toujours trouvé qu'*érotisme* est un beau mot", répondis-je. Chez nous, l'ensemble des danseurs nous soutenaient, de même que la plupart des gens impliqués dans les arts. Aujourd'hui encore, il y a toujours quelqu'un avec un œil sur la censure. Tout recommence – le phénomène Jesse Helm n'est pas nouveau.

En ce qui concerne le sexe, je crois que c'est une très belle chose. Sans lui, je ne sais pas ce que serait la vie. Je n'apprécie pas les danses nues sur scène. Cela m'ennuie. Il y a une forme de beauté dans le sexe qui ne peut être exprimée que par l'érotisme. J'aime la beauté du corps et j'apprécie ce qu'elle exprime de vital. C'est la raison pour laquelle je ne renie pas le sexe. Je n'ai fait que rendre hommage à sa beauté. Seules les choses cachées sont obscènes.

La censure est, à mon avis, le sommet de la vanité. Il y a des gens qui n'ont eu d'autre préoccupation que de censurer mon œuvre. J'ai appris à ne pas répondre. Je vois les choses à ma manière ; on n'est pas obligé de regarder si on n'en a pas envie.

Je sais que mes danses et ma technique sont considérées comme profondément sexuelles, mais je suis fière de représenter sur scène ce que la plupart des gens dissimulent au plus profond de leurs pensées. Emily Dickinson l'a dit, à sa façon, nous connaissons tous de ces instants où "de timides humiliations gambadent par des après-midi ensoleillés". L'artiste n'est que le reflet de son temps. Il n'est pas en avance sur son temps ; c'est au public, dans l'ensemble, à le rattraper.

Ça me laisse rêveuse qu'à New York on appelle mon école "the House of the Pelvic Truth*", au motif que tant de mouvements sont issus d'un élan pelvien, ou parce qu'il m'arrive de dire à une élève : "Tu ne bouges pas ton vagin." Au point qu'un des membres de la compagnie m'a raconté que pendant que je leur faisais répéter un de mes ballets, *Diversion of Angels*, pour leur examen à la *Juilliard School*, il en avait retiré l'impression que la *Martha Graham Dance Company* était la seule compagnie de danse en Amérique où les hommes souffraient d'une envie de vagin.

* "Le Temple de la vérité pelvienne". A noter, le jeu de mots entre "Pelvic Truth" et "pelvic thrust", traduit ici par "élan pelvien". *(N.d.T.)*

Tout ça c'est du domaine de l'érotisme ; rien à voir avec le *blue channel*, la nuit, à la télévision par câble. Absolument rien.

Je ne peux pas nier que la franchise de mes descriptions m'a valu parfois quelques ennuis. Au cours de notre première tournée en Asie, à Tokyo, l'une de mes danseuses était sortie avec plusieurs soldats américains et n'avait pas réapparu pour la représentation en matinée. Après le théâtre, dans le taxi qui nous ramenait, je me tournai vers une amie en disant : "De toute façon, elle ne serait pas devenue une grande danseuse. Ses mouvements ne viennent pas du vagin." Le taxi fit une embardée. "Vous comprenez l'anglais ?" demandai-je au chauffeur. "Oui, m'dame. Je suis né à Brooklyn."

Night Journey, mon ballet de 1947, est une danse entre Jocaste et Œdipe, la mère et le fils. Elle est d'un érotisme extrême. Je n'ai jamais cru à la nécessité pour la danse d'interpréter une histoire ou une musique. Je crois qu'on écrit un scénario gestuel, et qu'un musicien écrit un scénario musical. Les deux peuvent s'assembler, et le font. Pour Jocaste, ma vision commençait avant le moment où on la découvre sur scène.

Debout au pied du lit, Jocaste tient dans ses mains haut levées des cordelettes de soie. Avant cet instant, je la sentais qui parcourait les vestibules à colonnades dans une furieuse frénésie d'atteindre le grand portail. Ces portails grecs étaient magnifiquement sculptés : ils étaient hauts, et identifiés aux événements importants. Jocaste a ouvert le portail puis, entrée dans cette chambre de sa vie, l'a refermé derrière elle. Nous la découvrons au pied du lit, avec ses cordelettes haut levées. Ce sont des cordelettes de soie, identifiables au cordon ombilical. Le terrible péché d'inceste dominera la fin de sa vie. Elle a rencontré sans le reconnaître le jeune homme qu'elle a accepté comme son amant, son époux et le père de ses enfants. Ce n'est que beaucoup plus tard qu'elle s'est rendu compte qu'elle avait commis le crime d'inceste, qu'elle avait épousé son propre fils. Sa vie d'amante et de mère s'est déroulée dans cette chambre sacrée. J'aimerais croire qu'elle est née dans cette chambre : peut-être en est-il ainsi, peut-être non. C'est ici qu'ont été consommées ses amours, ici que sont nés ses enfants. Et c'est ici qu'elle accourt à la rencontre de son ultime destin, son suicide. Elle tient entre les mains le cordon ombilical qui est pour elle, en définitive, le symbole de son crime contre la civilisation et la vie. Mais à l'instant où elle va se passer le cordon autour de la tête afin de s'étrangler, Tirésias frappe le sol de son bâton, et elle prend conscience de son exigence : elle doit revivre le passé dans son intégralité avant que lui soient accordés la paix et l'oubli de la mort.

Tirésias s'avance avec son bâton, arrache la corde des mains levées de Jocaste et la jette sur le lit. Elle tombe, et les Furies se précipitent. Ces Furies, les filles de la nuit, représentent toutes nos terreurs. Elles sont le souvenir des choses dont nous avons peur de nous souvenir, des choses que nous souhaitons oublier – les terreurs. Il faut les reconnaître et les vivre jusqu'à ce qu'elles s'en aillent de nos consciences.

Maintenant Jocaste s'agenouille sur le sol au pied du lit puis se redresse avec une jambe serrée contre son sein, contre sa tête, le pied bien au-dessus de la tête, le corps ouvert en une profonde *contraction.* J'appelle ceci le cri vaginal ; c'est le cri qui vient du vagin. Elle pleure son amant, son mari, ou bien elle pleure ses enfants. La danse suit son cours, avec des détails intimes que je n'ai jamais révélés en paroles. Tout cela compte énormément pour moi. Je n'en parle guère, parce qu'on pourrait penser que je suis un peu folle. Mais lorsque d'autres danseurs ont repris les rôles, il m'a paru nécessaire d'expliquer certains petits mystères qui animent l'instant dans la reconstitution de l'histoire.

Entre autres celui où Jocaste tombe sur le sol, puis se relève pour courir sauvagement sur la scène avant de se jeter mains en avant sur le lit. Elle se laisse tomber à terre, s'efforce de se glisser sous le lit dans une tentative de se dissimuler à une conscience qui est trop pour elle. Elle essaie de ramper sous le lit. Elle n'y arrive pas. Elle lève une jambe et monte sur le lit et roule vers son côté du lit, celui de la femme. Elle se retourne pour enlever sa robe et la poser en travers de son corps comme si elle révélait sa honte, comme si elle était nue.

Elle cherche à voiler cette honte. C'est alors qu'Œdipe entre dans sa vie et qu'elle le reçoit enfin.

Il la porte sur le tabouret où elle devient la reine. Il danse pour elle et elle se lève. Ici, je faisais trois ou quatre pas autour du tabouret, une grande extension en avant puis trois petits pas hésitants en arrière. Puis une autre grande extension en avant suivie de trois petits pas hésitants en arrière. Elle fait cela, mais la troisième fois elle trébuche.

Elle tient dans les mains les branches qu'Œdipe lui a données quand il l'a portée du lit au petit tabouret où elle est devenue la reine. Elle tombe en grand écart et tend une fleur vers lui, timidement, se rassied jambes croisées, puis ouvertes, puis croisées, puis ouvertes puis croisées. C'est un mouvement que certaines danseuses évitent, hésitant à comprendre qu'elle l'invite dans l'intimité de son corps. Il s'avance, se dévêt de son manteau et l'enroule autour d'elle. Il ramasse la fleur et tous deux gagnent le lit. C'est ce moment d'invite qui manque parfois dans le ballet. Les danseuses ne sont pas toutes capables de le maîtriser. Ce n'est pas un simple mouvement, c'est le geste par lequel elle invite Œdipe à pénétrer entre ses jambes. Il y a un autre moment, peut-être plusieurs, où on a tendance à oublier cette intimité, ce mystère. Le premier est celui où elle se couvre de sa robe afin de voiler sa nudité. Le second, quand elle revient avec lui vers le lit, sous son manteau.

Il y a encore un autre instant d'intimité. Quand son jeune mari paraît couché sur ses genoux, comme si elle le berçait, et qu'elle croit entendre pleurer un bébé. Elle entend réellement ce cri ; il arrive de son âme. C'est le cri de son amant en train de lui imposer son désir. C'est le cri d'un bébé qui appelle sa mère. A un autre moment, ils marchent droit devant eux ; ils avancent tous deux, d'une démarche très simple. J'y vois toujours comme une procession de mariage, quand l'homme et la femme témoignent devant l'univers de leur grand engagement, celui du roi et de la reine.

Et puis, à la fin, le mystère se révèle, quand il réalise qu'il a commis ce terrible péché d'inceste. Elle est couchée sur le lit. Il arrache le bijou qu'elle porte sur sa robe et s'en perce les yeux. Se perce les yeux, afin de ne plus jamais la voir ni voir sa beauté ni la désirer, et il sort en titubant.

Et de nouveau, il y a ici un instant de mystère. Elle se dresse, se tourne vers le lit dans un geste enveloppant, presque un adieu. Elle se détourne et revient sur le devant de la scène. Œdipe a pris le cordon ombilical et dans sa violence et sa colère contre les dieux qui ont permis une telle situation, il l'a jeté loin de lui avant de s'aveugler en titubant. Elle avance lentement – un mètre à peine. Ça dépend de l'endroit où le cordon est tombé, où Œdipe l'a jeté. Pendant ce passage, elle fait de très petits pas, des pas très vides, tout en dégrafant sa robe dans son dos. Et à un moment donné, après trois pas ou quatre pas, selon la nécessité, elle laisse sa robe choir devant elle. Toute sa royauté, toute sa majesté tombent avec cette robe.

Elle marche par-dessus, ramasse le cordon qui devient le cordon ombilical, l'élève, l'étire entre ses mains, le contemple avec un amour profond, pas de haine mais de la pitié, de l'affection et la conscience tragique de la beauté et de l'angoisse qu'il lui a apportées. Elle regarde à droite de l'univers – il y a là des boutons-d'or. Le ciel est nuageux. Elle regarde à gauche – il y a peut-être des jonquilles, l'univers flamboie de la beauté des fleurs. Il flamboie de son amour de la vie. C'est alors, en cet instant de reconnaissance souriante, que le cordon ombilical sera son sauveur, son compagnon, la raison ou la preuve de son passage dans l'univers de la mort, de l'oubli, là où la mémoire n'existe plus et où les terreurs de la mémoire n'ont plus leur place.

Elle tourne le dos et serre le cordon autour de son cou. Il y a un instant de strangulation simulée, puis elle tombe en arrière. Elle ne se reçoit pas en position. Elle tombe comme une masse informe, une tache sur le sol, un test de Rorschach. Elle gît là, dans le néant.

Mais ce souvenir de mort et de vie marquera quiconque voudrait s'immiscer dans son existence, avec des bottes à jamais souillées par le souvenir du bonheur. Je sais que je la vois courir dans un corridor, un corridor à colonnades, frénétique, ce cordon ombilical entre les mains, frénétique car elle sait que les exigences de son crime ne lui laisseront de paix que dans la mort. Et c'est dans cette précipitation qu'elle arrive aux grandes portes du début, qu'elle les ouvre à la volée dans la chambre de son destin puis les ferme et se dirige vers le lit. C'est là que j'ai placé le début du ballet.

Un jour, alors que je dansais *Night Journey*, j'ai attrapé un mauvais rhume et je n'ai pas pu me rendre à une répétition. J'ai essayé, mais je n'avais tout simplement pas la force de sortir de chez moi. J'étais Jocaste et le ballet commence quand je suis sur le point de me tuer au moyen d'une cordelette, à l'avant de la scène, près du lit. Ça finit comme ça commence : c'est un flash-back. J'étais chez moi, et une autre jeune femme dansait le rôle de Jocaste pendant la répétition. Un des répétiteurs m'a téléphoné du théâtre : "Martha, est-ce que vous mourez près du lit, dans *Night Journey* ?" Je n'en croyais pas mes oreilles, et j'ai répliqué : "Bien sûr ! Mourir au fond de la scène ? Jamais !"

Quand j'ai eu besoin d'un lit pour *Night Journey*, j'ai demandé à Isamu Noguchi de s'en occuper et il m'en a procuré un qui ne ressemblait à aucun des lits que j'avais vus jusqu'alors. C'est la figuration d'un homme et d'une femme – rien à voir avec un lit. Il m'apportait l'image d'un lit réduit à son ossature, à son esprit même.

J'ai rencontré Isamu à une époque où j'avais un studio à Carnegie Hall et où sa mère, une Irlandaise, faisait pour moi des costumes. Le père d'Isamu était japonais et cette merveilleuse combinaison de sangs lui donnait une apparence telle que les gens le prenaient souvent pour un jeune Italien. Il était jeune et vibrant, avec des masses de cheveux bouclés.

En prenant de l'âge, il est devenu plus nettement japonais. Voilà l'histoire de sa vie.

Sa sœur, Ailes Gilmour, a dansé dans ma compagnie. La première œuvre à laquelle Isamu et moi avons collaboré était *Frontier*, en 1935, et nous devions continuer à travailler ensemble pendant cinquante ans. Notre collaboration a pris fin en décembre 1988, le jour de la mort d'Isamu ; nous avions encore des projets. C'était bien dans notre manière de nous intéresser à l'avenir, pas au passé. Notre relation était purement et absolument une relation de travail. Je l'adorais, et je crois qu'il m'adorait. Il ne nous est jamais venu à l'esprit de nous satisfaire de moins que du meilleur, et il ne nous est jamais venu à l'esprit d'être amoureux l'un de l'autre. Jamais.

Dans l'ensemble, Isamu créait ses œuvres à partir d'idées que je lui donnais ou d'idées qu'il me donnait. Je lui proposais éventuellement la structure d'une idée et il revenait avec quelque chose de complet. Jamais je ne lui ai dit ce qu'il devait faire ni comment le faire. Il avait le sens de l'espace et de son utilisation sur une scène.

Il existe une curieuse intimité entre des artistes habitués à collaborer. Une proximité distante. Dès le début, un langage tacite s'était établi entre Isamu et moi. Qu'à l'origine de ce que nous faisions ensemble se trouvât un mythe, une légende, un poème, il en venait toujours d'Isamu à moi quelque objet d'une étrange beauté, comme d'un autre monde.

Les éléments conçus par Isamu pour *Frontier* ont été inspirés par nos discussions à propos de la fascination qu'exerçaient sur moi, en tant qu'Américaine, les nouveaux territoires, symbole du voyage vers l'inconnu. Dans le train vers la Californie, les rails interminables avaient évoqué pour moi cette "frontière".

Quand je finis par suggérer à Isamu cette image pour mon ballet, il m'offrit des rails, cordes infinies tendues vers l'avenir.

Ma mère assistait à la première de *Frontier*. Les gens assis derrière elle remarquèrent à haute voix que je devais avoir un problème à une jambe car je ne m'étais servie que de la gauche pour mes battements. Ma mère se retourna, brusque et fière, en disant : "Je suis sa mère et elle était parfaitement conformée à sa naissance."

Je me souviens de la première fois que j'ai dansé *Frontier* en Europe. Une jeune femme est venue me trouver après le spectacle et m'a demandé : "Pourquoi avez-vous appelé ce ballet *Frontier* ? La frontière est la limite d'un pays. Ça n'a rien de grand ni d'étendu. Quand on arrive à une frontière, c'est une barrière qu'on atteint."

Dans mon esprit, le terme *Frontier* désignait une zone d'exploration, de découverte, et non de limitation. Je me demande ce que cette jeune femme me dirait aujourd'hui, maintenant que le Mur de Berlin est tombé. Je l'ai vu édifier et je l'ai vu détruire. Ça me donne un sentiment de triomphe de penser que rien ne dure sauf l'esprit humain et l'union des hommes. Des gens traversent la frontière d'est en ouest pour serrer la main à des gens qu'ils n'ont jamais vus. D'une certaine manière, ils sont devenus la *frontier* les uns des autres.

Quand j'ai eu besoin pour Médée d'un lieu sur la scène qui fût le cœur de son être, Isamu m'a apporté un serpent. Et quand je ruminais le problème que posait l'envol de Médée vers son père le soleil, Isamu m'a inventé une robe faite de fils de bronze brillants, vibrants, qui me revêtaient et m'entouraient comme un chariot de flammes.

Pour *Clytemnestre*, j'ai passé plusieurs soirées à disposer autour de moi sur le plancher du studio de grandes pièces de tissu rouge. J'avais mon idée, j'en ai parlé à Isamu, et il a imaginé un moyen d'utiliser le tissu à la fois comme costume et comme décor – une cape triomphale et aussi l'entrée de la chambre de Clytemnestre. Je m'étais déjà servie d'étoffes en mouvement, mais jamais de façon aussi intensément graphique. J'en sentais la nécessité, de même qu'Isamu. Il était toujours très sensible à ce que je souhaitais exprimer.

Seraphic Dialogue, d'abord intitulé *The Triumph of St Joan*, fut créé en 1951. L'œuvre se présentait alors comme un solo. Je dansais tous les aspects de Jeanne. Je dansais la Vierge, la Guerrière et la Martyre. Je sortais de scène pour me changer pendant les interludes orchestraux. Un jour, tandis que je passais d'un costume à un autre, j'ai soudain senti que sous cette forme de solo la danse n'atteignait pas à son accomplissement. L'histoire de sainte Jeanne est très dramatique, et quand je suis arrivée à cette conclusion, Isamu est intervenu.

C'est alors que ce ballet est devenu *Seraphic Dialogue*. Je ne savais pas du tout ce qu'Isamu allait me proposer. Je lui ai parlé de mes lectures sur la vie de sainte Jeanne et des sentiments qu'elle m'inspirait. J'avais une idée ; lui aussi.

En le découvrant dans son atelier, j'ai été éblouie par la beauté du décor qu'il avait conçu. C'est une construction très active, en métal, une cathédrale sans limites, qui ne ressemble à aucune cathédrale au monde. Les portes se sont ouvertes. C'était magique. Quand je me suis rendu compte que cela pouvait se démonter, j'ai vu se déployer devant moi toute une nouvelle gamme de mouvements. C'était ce qu'il appelait sa géométrie de la foi.

Dans *Legend of Judith*, le solo dans lequel j'évoquais le mythe de l'héroïne biblique, l'épisode où elle "se dépouille de ses vêtements de veuve pour revêtir ses vêtements de fête" me suggérait un bijou que j'arborerais sur scène. Mais je ne m'attendais pas à la splendeur barbare du collier et de la coiffure que m'apporta Isamu pour que je m'en pare au cours de la danse. Ils m'ont donné une image plus intense et plus profonde de moi-même en Judith, ils possédaient, en un sens, l'esprit de cette héroïne juive. Sur le devant de la scène, elle revêt son collier, sa ceinture, ses fines dentelles, les grands anneaux jusqu'en haut de ses bras. Pour moi, cela signifie : “Je suis prête au combat, ce qu’il faut que je fasse, je le ferai.” Judith, c’est le privilège d’être femme – une femme séduisante. D’une certaine manière, elle se sait amoureuse d’Holoferne. Elle s’affirme son ennemie. Elle l’adore. Mais jamais elle ne perd de vue son but : il doit mourir. “En plein désir, dit-elle, j’ai l’intention de te tuer.”

Le geste triomphal que je faisais en direction de la tente d’Holoferne, qu’Isamu avait conçue comme un animal rampant, m’était inspiré avec une puissance accrue par le bracelet lové qu’il avait dessiné pour mon bras.

Souvent, à la suite de nos conversations, Isamu me faisait cadeau d’une maquette, si petite parfois qu’elle émergeait d’une boîte d’allumettes. Peu après, ces délicats petits bouts de magie disparaissaient, de même que beaucoup des maquettes d’Isamu. Ni lui ni moi ne les donnions, peut-être rentreront-ils donc un jour au bercail. Je l’espère. Ils me manquent. Isamu me connaissait si bien que si je commençais : “Isamu, c’est très joli, mais il faut que j’y réfléchisse”, il me prenait la maquette des mains et s’en allait, pour revenir le lendemain avec quelque chose d’entièrement nouveau. Mais toujours, Isamu m’apportait sa conception de l’espace, l’intimité d’un objet sur la scène.

Ce n’est que dans le cas d’*Appalachian Spring* que j’ai proposé à Isamu une idée précise. Je l’ai emmené au musée d’Art moderne pour lui montrer la construction de Giacometti intitulée *Le Palais à quatre heures*. Il n'en avait pas très envie, mais nous y sommes allés. Et il a compris tout de suite la qualité d'espace que je recherchais.

Isamu a sculpté ma tête. Je n'aimais pas cette sculpture à l'époque, et je ne l'aime toujours pas. Elle montre un côté de mon visage, le côté gauche, qui ne change que quand je travaille. Isamu l'avait remarqué. Il avait vu trop loin cette fois, même pour moi.

J'ai eu du mal à trouver le décor idéal pour *Night Chant*, dont les racines plongent dans le folklore indien. Il nous fallait une plate-forme, une élévation d'où émergerait la déesse, la prêtresse. Un jour, dans le studio, je regardais, à l'autre bout de la pièce, le décor créé par Isamu trente ans plus tôt, en 1958, pour *Embattled Garden*. Je le retournai, lui fis révéler ses secrets, ses recoins, tout ce que le public n'en avait jamais vu. J'invitai Isamu à une répétition et lui montrai quel usage nouveau je pensais pouvoir faire de ce vieux décor, avec l'espoir qu'il ne m'en refuserait pas l'autorisation. D'une certaine manière, il s'agissait d'un accident, et ma demande était un peu étrange. Il se montra intéressé et ravi à cette perspective. "Martha, me dit-il, il y a toujours quelque chose d'accidentel dans l'art ; on profite de l'accidentel. Oui, bien sûr, tu peux te servir de ce décor comme tu le souhaites."

Plusieurs années auparavant, souhaitant persuader Isamu de créer une œuvre pour mon ballet *Frescoes*, je lui avais demandé de venir voir les premières ébauches de la danse. Lorsqu'il entra dans le studio, je m'écriai : "Oh, Isamu, j'ai besoin de tes yeux."

Il devait se douter que j'avais une idée derrière la tête, car il me répondit, tandis que nous allions nous asseoir : "Attention, Martha, ne me prends rien d'autre !" Mais j'avais déjà tant reçu d'Isamu, le monde entier lui devait tant. On dit que les chamans, les saints hommes du passé, sont aujourd'hui les artistes. J'ai la conviction que c'est dans cette voie que marchait Isamu, qu'il régissait notre mémoire du sang. Il m'a confrontée à des images que je n'avais encore jamais contemplées et a insufflé la vie à des œuvres que j'avais créées.

L'une des créations d'Isamu qui m'ont touchée le plus profondément est l'image centrale d'*Herodiade*, une danse qui correspondait à une crise profonde dans ma vie, en 1944. J'imaginais une femme en train d'attendre, errant dans l'espace de sa propre psyché, et ses os blanchis placés devant le miroir obscur de son destin. Que voit-on, quand on regarde dans un miroir ? Voit-on uniquement ce qu'on a envie de voir, et non ce qui s'y trouve ? Si l'on est introspectif, on voit sa propre mort. Un miroir est un instrument d'introspection, on s'en sert pour rechercher la vérité.

C'est dans un poème de Mallarmé que j'ai trouvé l'image de la femme en train de se maquiller. Elle entre, se dirige vers la chaise, hésite, s'éloigne de la chaise ; le moment n'est pas venu de commencer.

Puis elle s'assied sur la chaise et en prend possession en lançant une jambe par-dessus. A la fin, la femme, la servante, apporte l'obscur miroir et l'abandonne là. C'est alors qu'Hérodiade quitte son siège et, de ce fait, l'obscurité, pour entrer dans la lumière.

Ce qu'Isamu m'apporta était une évocation obsédante. Un petit objet se trouvait enfoui parmi des os, un oiseau. Je sentis qu'il s'agissait du cœur d'Hérodiade, vibrant et exposé à la vie. "Squelette" est, à mes yeux, un terme flatteur. Quand je marche vers lui, j'y pénètre. C'était aussi le mien. Et ce l'est encore. Nous avons pour représenter cela une démarche particulière. Nous l'appelons "le Dard". L'accent est mis constamment sur cet endroit unique où se concentrent les potentialités vitales, et c'est là que se trouve l'oiseau. Pour chacun d'entre nous, il existe des potentialités vitales, si nous voulons les saisir. Si nous ne le voulons pas, c'est que nous avons peur.

Chaque fois que j'ai dansé *Herodiade*, c'est toujours en fonction de cette force que je me déplaçais sur scène. Il s'agissait aussi pour moi de l'essentiel du cœur d'Isamu, de cette part de chaque artiste qu'il expose au monde en s'identifiant à l'animal du sacrifice.

Avec les compositeurs, j'ai toujours souhaité et exigé une collaboration. Cela fait partie du riche héritage que m'a laissé Louis Horst, et dont je lui suis reconnaissante. Il n'y a qu'une alternative : on accepte la musique du compositeur ou on ne l'accepte pas. Il me paraît important de rappeler que la danse n'interprète pas la musique ; la musique est un décor pour la danse.

Quand je travaille avec un compositeur, je lui fournis généralement un scénario détaillé. Ce scénario comporte des notes prises au cours de mes lectures, des citations diverses. Il y a une sorte d'ordre, de suite logique, que je tente d'indiquer en termes de placement et de possibilités des danseurs. Ici, par exemple, je note qu'il y aura un solo, et là un pas de deux ; ici la compagnie entière, et là de nouveau un solo, et ainsi de suite d'un bout à l'autre du scénario. Je ne coupe jamais la musique d'un compositeur. Je ne la réduis jamais au temps. Quand je reçois la musique, je commence ma chorégraphie. Jamais, jamais je n'ai coupé une note de musique ni même un surplus parce que, si je faisais ça, que me faudrait-il ? Je n'ai ni désir ni besoin d'un reflet de moi-même.

Louis avait une grande sensibilité musicale. Il m'a révélé la musique, qu'il s'agît d'Aaron Copland ou de Scott Joplin. Louis était persuadé qu'Aaron avait un grand avenir dans la danse et le monde de la danse, et qu'il était bien décidé à s'y manifester.

La première fois que je me suis servie d'une œuvre d'Aaron Copland, il s'agissait de ses *Variations pour piano*, en 1931, pour le ballet que j'avais intitulé *Dithyrambic*. Mais c'est notre collaboration pour *Appalachian Spring*, des années plus tard, qui reste la plus mémorable. La plupart du temps, nous communiquions par lettres. Si la poste avait su ce qui se tramait entre nous ! Je me trouvais à New York, à Bennington ou à Washington, Aaron était ailleurs, surtout à Mexico à cette époque. J'avais accepté une commande d'Elizabeth Sprague Coolidge : trois ballets pour une première à la bibliothèque du Congrès, à Washington. Les autres compositeurs au programme étaient Darius Milhaud et Paul Hindemith. Peu de temps après qu'Aaron m'eut donné son accord, Carlos Chávez accepta de composer la pièce que j'ai ensuite appelée *Dark Meadow*. Je me souviens d'avoir écrit à Aaron : “Il me semble que je suis la danseuse la plus privilégiée au monde : vous et Chávez ! J'ai encore peine à y croire.”

J'ai dû m'y reprendre à plusieurs fois avant d'arriver exactement au scénario que je voulais. Aaron avait trouvé le premier trop sévère et suggéré, à sa façon, un croisement entre le matériau que je lui avais proposé et *Our Town*. Cela me demanda quelque temps de réflexion. Je voulais un ballet américain. Dans l'un de mes premiers scénarios, j'avais imaginé d'inclure un passage de *la Case de l'Oncle Tom*. Il y avait aussi un épisode avec une jeune Indienne, plus précisément les pensées d'une femme de pionnier quand elle voit cette jeune Indienne et comprend que les colons se sont établis sur les terres de ses parents. Elle devait figurer un rêve, une de ces silhouettes toujours présentes à la limite de nos rêves. C'était la légende de Pocahontas, la légende de la terre d'Amérique, de sa jeunesse, du pays. Une rencontre entre colon et Indien. Mais ça ne marcha pas.

Pas plus que la référence à l'Oncle Tom. Aaron était du même avis. Dans une lettre que je lui adressais de Bennington, j'essayai de préciser ce que je désirais :

Il est difficile de traiter des sujets américains sans tomber dans le folklore ou quelque chose qui ressemble à la décoration murale d'une gare ou d'un bureau de poste du Middle West.

Vous pouvez n'être pas d'accord avec certaines choses, la jeune Indienne par exemple. Mais, je vous en prie, lisez le tout et dites-moi si à votre avis c'est faisable ou si ça va à contresens. J'ai pensé à l'usage que Hart Crane avait fait d'elle et aussi à l'*American Grain* de William Carlos Williams. Vous verrez que j'ai supprimé carrément l'épisode de *la Case de l'Oncle Tom*. Vous aviez raison, me semble-t-il, c'était tiré par les cheveux et je ne trouvais pas de solution, je suis donc repartie d'un point de vue différent.

J'ai plusieurs fois employé le mot *poème*. Je sais que vous comprendrez ce que je veux dire : une sorte de lyrisme nostalgique et pourtant fort, pas du tout sentimental. Cela concerne les racines, dans la mesure où on peut les évoquer sans raconter une véritable histoire.

Je veux me souvenir que c'est destiné à la scène et qu'il y aura certaines incongruités qui donneront un caractère délicieusement théâtral, si je réussis à tout combiner.

Malheureusement, je ne pus combiner ni l'épisode inspiré par *la Case de l'Oncle Tom* ni celui de la jeune Indienne. L'idée du rêve de celle-ci passe dans le ballet d'une autre manière. J'envoyai à Aaron un scénario révisé et il réagit favorablement aux modifications. Je lui écrivis alors :

Quel soulagement de recevoir ce matin votre lettre avec votre réaction au scénario révisé. Sans exagérer, je dirais que j'étais sur des charbons ardents. Je suis contente de savoir que vous le trouvez meilleur que le premier. Je sais que lorsque j'entendrai votre musique, elle donnera au scénario une vie nouvelle et différente. Une fois que la musique est arrivée, je ne regarde plus le scénario. Il n'est là qu'en tant que base de travail pour le compositeur et pour moi-même. Il n'existe encore qu'en mots, en termes littéraires, et il faut qu'il se mette à vivre selon un mode plus plastique, tel qu'est pour moi la musique. Il faut donc vous sentir libre de laisser la musique se déployer en fonction de sa propre vie et de ses propres exigences.

Je suis impatiente d'avoir à m'occuper de mouvement plutôt que de mots. J'ai l'impression d'avoir écrit des kilomètres de mots. Je sais, aussi, que la fin sera meilleure que ce que j'ai pu imaginer parce que la musique possède sa vie et son caractère propres et qu'elle portera le dénouement avec plus de force. Ce n'est peut-être pas bien de vous imposer une telle responsabilité. Mais c'est ainsi que je travaille… je fabrique une armature, et puis je suis prête à la modifier dès que la musique arrive. L'histoire a moins d'importance, bien entendu, que la vie intérieure qui émerge lorsque le matériau s'empare du germe de l'idée et commence à la développer.

Un an plus tard environ, à la mi-juin 1944, la musique arriva un vendredi après-midi au moment où je m'apprêtais à m'en aller pour le week-end. Aussitôt rentrée chez moi, je l'écoutai. "Merci pour cette œuvre superbe, écrivis-je alors à Aaron, car je suis certaine que la fin en est aussi belle que le début. Il y a si longtemps que j'en rêve, je me rends à peine compte à présent qu'elle est devenue réalité."

En août, à Bennington, je me préparais à la première, en octobre, à Washington. Avec des semaines de retard, je me mis enfin à écrire à Aaron :

Il y a des semaines que j'essaie de vous écrire mais j'ai été aussi occupée que vous pouvez l'imaginer, même si vous autorisez à votre imagination bien des extravagances. J'ai travaillé sur votre musique. Qu'elle est belle, et merveilleusement construite ! J'en suis obsédée. J'ai aussi un peu pesté de-ci, de-là, comme vous l'avez fait sans doute sur ce pas-tellement-bon scénario. Ce que vous en avez tiré m'a amenée à modifier plusieurs choses. Bien entendu, cela ne changera rien à la musique. C'est simplement que la musique m'a inspiré des modifications. Elle est si structurée, si complète qu'elle vous saisit de ses mains puissantes pour vous emmener dans son propre univers. C'est là que je suis.

La partie que je n'avais pas entendue est magnifique et la fin est merveilleuse. Je sais aussi que les gens se souviendront de *The Gift to be Simple* et en auront une grande joie. J'espère en faire quelque chose de bien, Aaron. Je n'ai pas encore trouvé d'idée pour le titre, il faudra que nous nous y appliquions ensemble.

Quand Aaron m'a envoyé sa musique, le titre en était d'abord *Ballet pour Martha* – simple et direct comme le thème de *shaker* qui le parcourt d'un bout à l'autre. Empruntant quelques mots à la poésie de Hart Crane, je l'ai rebaptisé *Appalachian Spring*. Lorsqu'il vint assister à une répétition à Washington, avant la première du 30 octobre 1944, Aaron me demanda : "Martha, avez-vous trouvé un titre ?"

Et quand je le lui dis, il me demanda : "Ça a quelque chose à voir avec le ballet ?"

"Non, répondis-je. J'aime ce titre, c'est tout."

Appalachian Spring est avant tout la danse d'un lieu. On choisit un bout de terrain, une partie de la maison s'élève. On en fait la dédicace. L'esprit investigateur suit, avec le sentiment d'établir des racines.

La partition originale d'*Appalachian Spring* était orchestrée pour treize musiciens. Aaron décida de l'élargir. Il en fit donc une entité qui a maintenant son existence propre, indépendante du ballet. C'est un symbole pour beaucoup de gens dans le centre de l'Amérique. Elle évoque pour eux des espaces qui, peut-être, n'existent plus.

J'aime travailler à partir d'une transcription pour piano. Le compositeur conçoit une musique pour un orchestre d'autant de musiciens qu'en comporte sa vision, puis la réduit à une partition pour piano à partir de laquelle je me sens plus à l'aise dans mon travail. Il m'arrive aussi de travailler en silence, en esquissant des mouvements avant d'avoir trouvé une musique, cela donne parfois de bons résultats, et parfois non, et je dois alors renoncer à certaines choses. Dans le cas du *Sacre du printemps*, par exemple, j'avais une connaissance approfondie de cette musique depuis des années, mais je me suis préparée à ma version de 1984 en écoutant et réécoutant sans cesse l'enregistrement, si bien qu'au moment de la première répétition j'ai travaillé en silence sur la musique que je sentais dans mon corps en même temps que je l'entendais dans ma tête. Ensuite j'ai travaillé en collaboration étroite avec le pianiste, en lui demandant de me guider dans la première lecture de la partition et puis dans les suivantes, et de noter pour moi les changements d'instruments.

Je ne compte pas, quand je travaille. Ma mémoire est très physique. Je travaille selon le phrasé de mon corps.

Une jeune fille est un jour venue me trouver après m'avoir vue danser l'épouse dans *Appalachian Spring*. Elle avait un sourire franc. "Je sais que votre danse est abstraite", dit-elle.

"Oui, répondis-je, abstraite."

"Pourtant, quand vous vous asseyez dans le fauteuil, vous avez l'air de bercer un enfant, et je sais que cela ne peut être abstrait."

"C'est précisément ce que c'est, dis-je. Chaque fois que vous buvez un verre de jus d'orange, vous buvez l'abstraction d'une orange. Voilà ce qu'est l'abstraction, pour moi : l'effet total."

Mon arrière-grand-mère est arrivée de Virginie en Pennsylvanie, où sa famille cherchait une bonne terre à labourer. La femme de pionnier dans *Appalachian Spring* est inspirée par elle, de même que l'aïeule dans *Letter to the World*. Elle me terrifiait. Elle était très belle et toujours très immobile. Son père est passé dans la légende familiale : convaincu de la noblesse du labeur physique, il portait sa plus belle chemise du dimanche pour travailler sa ferme et elle devait prendre bien garde à la repasser chaque matin, avant qu'il commence sa journée.

Chaque compositeur représente une expérience nouvelle. Au printemps 1990, je suis allée avec ma compagnie au *Spoleto Festival*, à Charleston. Gian Carlo Menotti m'a parlé de notre collaboration pour *Errand into the Maze*, qui était au programme. J'avais écrit à son intention un scénario détaillé.

Après quoi, me disait-il, je m'étais lancée dans quelque chose de tout à fait différent. Il en avait d'abord été très ennuyé, puis il avait téléphoné à Aaron Copland qui lui avait répondu : "Oh, Gian Carlo, elle fait ça toujours !"

Apparemment, ça l'avait un peu calmé. Gian Carlo m'a aussi rappelé une dispute que j'ai eue avec Isamu quand nous travaillions avec les praticables du décor d'*Errand into the Maze*. Outre une très longue corde symbolisant le labyrinthe, il y avait à droite de la scène une forme qui paraissait une curiosité mais qu'Isamu avait conçue comme une reproduction de l'os pelvien d'une femme. Quel meilleur symbole de la sexualité ou de la peur qu'elle inspire ? Mais, si beau que fût ce décor, Isamu et moi n'étions pas d'accord sur une chose ou une autre. C'est le seul souvenir que j'ai de m'être mise en colère contre lui. Je l'avais complètement oublié jusqu'à ce que Gian Carlo me rappelle que j'avais giflé Isamu pendant la répétition générale. J'avais préféré ne pas m'en souvenir. Tout ce que j'espère, c'est qu'Isamu aussi a pu l'oublier. Je suppose que je traversais ma période violente.

On m'a demandé un jour pourquoi je n'avais jamais créé un ballet fondé sur la vie de Marie-Antoinette, et j'ai répondu que je n'avais aucun désir de danser des héroïnes européennes. Ce qui m'intéressait, c'était l'Amérique et les femmes de la Grèce classique. Il y en a tout de même une, j'y pense maintenant, c'est Marie Stuart, dans *Episodes*, un ballet dont j'ai fait la première moitié de la chorégraphie et George Balanchine la seconde. C'était en mai 1959, sur une musique d'Anton Webern.

Lincoln Kirstein nous avait invités à déjeuner, Balanchine et moi, au restaurant du Pavillon. C'est là qu'il nous présenta l'idée d'associer nos deux compagnies pour travailler avec lui dans le théâtre. Ni Balanchine ni moi n'étions très chauds. Je crois que Lincoln essayait encore de prendre sa revanche sur moi parce que je lui tenais tête depuis des années. S'il proposait que Balanchine et moi fassions un ballet ensemble, c'était, je l'ai su plus tard, avec l'espoir que mes efforts se casseraient la figure. Il suggéra que je fasse quelque chose avec une trame dramatique et Balanchine quelque chose d'abstrait, tous deux sur une musique de Webern.

Je me souviens que Balanchine vint à ma répétition pour voir la danse complète. Je m'étonnai de le voir sans Lincoln. Balanchine parut surpris de ma question et me dit : "Mais quand il s'agit d'art, Lincoln n'a rien à dire."

Lincoln nous avait imposé dès le départ une règle simple : je danserais la première et personne ne saluerait. Je commençai donc et dansai l'histoire de Marie Stuart. Walter Terry, un merveilleux critique de danse, m'avait dit que Lincoln lui avait confié qu'à son avis mon travail serait démodé comparé à celui de Balanchine, qui était à l'avant-garde. Ce n'est pas tout à fait ce qui se passa. Je fis un malheur, Lincoln dut en être quelque peu déçu. Le public ne cessait d'applaudir et n'accepta d'arrêter et de laisser la représentation continuer que lorsque ma compagnie et moi eûmes salué. Lincoln était furieux !

Quelques jours plus tard, je lui parlai au téléphone ; je comprenais un peu mieux les raisons pour lesquelles il avait encouragé cette collaboration. Je lui demandai de reprendre *Episodes* l'année suivante. Il répondit : "Non, pourquoi le ferais-je ?"

"Lincoln, dis-je, si vous ne le reprenez pas, vous n'êtes qu'un vulgaire voleur."

Nous ne nous sommes plus parlé depuis, ce qui m'attriste. J'aimais Lincoln ; il était un peu bizarre parfois, mais qui ne l'est pas ?

Ce fut merveilleux de collaborer avec Mr. Balanchine : il était plein de considération et d'attention – sa présence était un enchantement. Je trouvai très intéressant aussi de travailler avec Karinska, la couturière russe qui créait les costumes et parlait anglais avec un accent délicieux. Je lui demandai une robe dans le genre de celle qu'Isamu Noguchi m'avait dessinée pour Médée dans *Cave of the Heart*. Mon idée était une robe que Marie porterait sur scène et dont elle pourrait sortir, devenant ainsi une femme tandis que la robe demeurerait sur scène, symbole de sa royauté.

Karinska nous emmena chez elle, dans une chambre remplie de boîtes débordant de tissus et de plumes. Toutes ses assistantes l'entouraient. Elle leur disait : "Apportez-moi la boîte avec les plumes. Non, les autres plumes. Et les perles. Oui, les perles noires."

Puis, quand elle fut satisfaite, elle se tourna vers nous en disant : “Maintenant vous dewez partir. Kawinska, maintenant, elle inwente.”

J’ai rencontré Antony Tudor : danseur, chorégraphe, un grand personnage dans le monde de la danse. J’avais entendu dire qu’il avait travaillé avec certains de mes anciens élèves et danseurs. Il est arrivé d’Angleterre pour travailler aux Etats-Unis au début des années quarante. Il m’impressionnait énormément. Il était grand, mince et d’allure distinguée. Il avait commencé sa carrière en 1930 avec le Ballet Rambert, en dansant certaines des premières œuvres de Frederik Ashton. Au fur et à mesure de leur évolution, il manifesta un intérêt croissant pour l’introduction d’éléments psychologiques dans ses danses.

Il était ce qu’on appelait un chorégraphe. Quel mot grandiose ! Je n’avais jamais entendu appeler “chorégraphie” la création de danses avant l’époque où j’ai quitté Denishawn. Là, on ne faisait pas de chorégraphie, on inventait des danses. Aujourd’hui, je ne dis jamais : “Je fais de la chorégraphie”, je dis simplement : “Je travaille.”

La chorégraphie ne m’a jamais beaucoup attirée. C’est un mot grandiose, qui peut recouvrir des tas de choses. Je crois que je n’ai commencé à “chorégraphier” que pour avoir l’occasion de m’exprimer. J’ai été très étonnée, quand j’ai arrêté de danser, de constater qu’on m’honorait aussi pour ma chorégraphie.

J'ai beaucoup apprécié la réaction de Samuel Goldwyn, dont les propos parfois mal tournés ne manquaient jamais de génie, quand Garson Kanin lui a conseillé de me confier la chorégraphie des *Goldwyn Follies*. "J'ai entendu parler d'elle, dit Sam. Quel genre de danse fait-elle ?"

"De la danse moderne", déclara Garson avec enthousiasme, à quoi Sam répliqua : "Pas de danse moderne ! C'est tellement démodé." Il avait raison.

La danse moderne se démode très vite. C'est pourquoi j'utilise toujours le terme de "danse contemporaine" – qui est de son temps. Jamais, jamais je ne parle de "danse moderne". Ça n'existe pas. Le public a pu me considérer comme moderne, mais pas moi. Quant à l'avant-garde, Gian Carlo Menotti m'a dit à Spoleto, après la représentation donnée par ma compagnie : "Tout change, dans l'art, sauf l'avant-garde."

Des années après ma première rencontre avec Antony Tudor, je bavardais avec lui en coulisses, et il me demanda comment j'aimerais qu'on se souvienne de moi – comme danseuse, ou comme chorégraphe. Je lui répondis : "Danseuse."

Il lança un regard un peu triste en disant : "Je te plains."

Quand nous commencions à bien nous connaître, Tudor est venu me rendre visite en coulisses après un spectacle ; il n'était pas satisfait de ce qu'il avait vu sur la scène.

"Enfin, m'a-t-il dit, tu as transigé."

Là-dessus, je lui ai envoyé un coup de pied dans les tibias. Il est resté là, jusqu'à ce que tout le monde soit parti, pour s'excuser. J'aurais dû en faire autant, mais je m'en suis abstenue ; pourtant j'aimais et respectais Antony.

Il y a dix-huit ans, j'ai été hospitalisée à cause d'une diverticulite. A mon retour chez moi, j'ai reçu un télégramme de Tudor qui disait : "J'apprends qu'une fois de plus te voilà ranimée, ressuscitée, rajeunie. Un vrai phénix ! Mais, Martha, j'ai toujours eu de la peine à faire la distinction entre phénix et harpie."

C'était dans les années soixante-dix, lorsque j'ai cessé de danser. J'avais perdu le goût de vivre. Je restais seule chez moi, mangeais peu, buvais trop et broyais du noir. Finalement j'ai craqué. Je suis restée longtemps à l'hôpital, dont une bonne partie dans le coma, entre les mains de mon cher docteur Allen Mead. On craignait que je ne m'en remette pas. Après quelque temps, les visiteurs se sont faits rares. Ma compagnie n'était pas vraiment agréable, et les pronostics étaient déprimants. Quelques amis me sont restés, peu nombreux. Et même eux ont commencé à se raréfier. Ron Protas venait s'asseoir auprès de moi. Je lui ai raconté plus tard tout ce que j'avais entendu, pendant mon coma, lorsque les médecins croyaient que je n'entendais rien.

Et puis, un beau matin, j'ai senti que quelque chose se passait en moi. J'ai compris que je revenais à la vie. Cette impression – une course dans le labyrinthe* – m'a donné la force d'aller de l'avant.

* *Errand into the Maze.* (N.d.T.)

C'était pour moi la seule façon d'échapper à la peur continuelle de ce qui pourrait arriver.

Finalement, l'instant décisif est arrivé. A ce moment-là, j'étais sortie du coma, je pouvais m'asseoir. Pour la première fois de ma vie, j'avais laissé mes cheveux devenir blancs. Agnes de Mille est venue me rendre visite. Elle est restée à travers tout une amie fidèle, et l'est encore maintenant, la courageuse, mais elle est capable parfois de dire exactement ce qu'il ne faut pas, pour les raisons les meilleures et les plus généreuses. Cette visite n'a pas fait exception. "Oh, Martha, m'a-t-elle dit en souriant, je suis si contente que tu aies décidé de laisser tes cheveux reprendre leur couleur naturelle." Après son départ, je me suis tournée vers la fenêtre en me disant : "Ça, jamais !" Le lendemain matin, je me suis fait teindre, et j'ai senti que j'allais reprendre la lutte. C'est ce que j'ai fait, mais la lutte a été plus dure que je ne m'y étais attendue.

Le plus facile, dans la guérison, fut de suivre les instructions du médecin. Les danseurs sont entraînés à respecter une discipline, à suivre un régime. Cesser de boire ne fut pas un problème. Je m'étais mise à boire, sans doute plus qu'il n'eût fallu, quand Erick m'avait quittée. Ma dépendance s'était accrue lorsque j'avais senti diminuer mes capacités de danseuse.

Plus que tout autre être humain, un danseur meurt deux morts : la première, physique, quand le corps puissamment entraîné ne répond plus comme on le souhaite. Après tout, c'était pour moi-même que je faisais mes chorégraphies ; je ne faisais rien que je ne fusse capable d'exécuter. J'ai changé des pas dans Médée et dans d'autres ballets pour les adapter à mon évolution. Mais je savais. Et cela m'obsédait. Je ne désirais que danser. Sans la danse, j'aurais voulu mourir.

La dernière fois que j'ai dansé, c'était *Cortege of Eagles*. J'avais soixante-seize ans. J'étais hantée depuis longtemps par l'image d'Hécube, la vieille reine de Troie qui regarde, impuissante, mourir ceux qu'elle aime, l'un après l'autre, sous ses yeux. Je n'avais pas prévu de cesser ce soir-là. C'était une décision pénible que je savais devoir prendre.

J'ai cessé de danser, mais je continuais à inventer des danses ; il me fut très difficile, au début, de ne pas créer en fonction de mon propre corps. Très, très difficile. Je n'arrivais pas à opérer le transfert. A présent, je sais que j'en suis capable, et je le fais. Je pense à l'une de mes bonnes amies, peintre, qui était devenue incapable de peindre après la mort de son mari. “Je n'y arrive plus, me disait-elle. Qu'y a-t-il à peindre ?” Sa toile demeurait nue, et chaque jour elle en contemplait la blancheur, la toile vierge à côté d'une table couverte de tubes de couleurs bouchés. Et puis un jour, d'une touche de peinture, elle fit une marque sur la toile. Et à partir de ce petit point, de cette minuscule conquête de l'espace disponible, elle se remit à peindre.

Quand le moment est venu pour un danseur de s'en aller, il s'en va. Je n'oblige jamais personne à rester. Quand un danseur veut s'en aller, je lui dis : "Va. C'est le moment pour toi. Mais la porte te restera toujours ouverte. Tu seras toujours le bienvenu." Et c'est arrivé. C'est ce qui arrive maintenant, dans ma vie. Quand il est temps, il est temps.

Je me suis remise. Mais ça n'a pas été facile, et d'autant moins que ceux à qui j'avais confié la compagnie ne souhaitaient pas mon retour. Ils étaient très contents de tout régenter, bien que la compagnie eût presque disparu. Sans ma permission, ils avaient donné leur accord de principe pour la programmation de ma compagnie à la même affiche que deux ou trois autres troupes de danse. La première fois qu'on me l'avait proposé, je l'avais strictement interdit. Deux des danseurs qui n'avaient pas envie de me voir revenir sont allés dire à mon ami Arnold Weissberger : "Ça prouve bien que Martha perd la mémoire. Nous lui avions parlé l'an dernier de ces spectacles composés, et elle avait trouvé l'idée excellente. Et maintenant, bien sûr, elle oublie. Pauvre Martha."

Arnold m'appela en riant : "Martha, me dit-il, je savais que c'étaient des menteurs, mais cette dernière réunion me le confirme. Ils prétendaient que tu avais oublié les programmes composés. Impossible, ai-je répliqué. S'il y a une chose qu'une star n'oublie jamais, c'est l'affiche." Et il avait raison.

Je suis revenue de l'hôpital à mon studio, et j'ai réorganisé la compagnie. J'ai encore fait la chorégraphie de dix nouveaux ballets et de nombreuses reprises.

Quelques mois avant sa mort, Tudor est venu faire une conférence dans mon école. "Antony, lui ai-je demandé comme il passait la porte, comment était-ce ?"

"Terrible", m'a-t-il répondu.

"Assieds-toi et raconte-moi tout", ai-je dit.

C'est la dernière fois que j'ai vu Antony.

On me demande souvent s'il est difficile pour un danseur de ballet classique d'apprendre ma technique. Il n'y a pas une telle différence entre les techniques. Avant tout, elles ont en commun l'amour de la danse, une émotion et un pouvoir. Dans le ballet classique comme dans la danse contemporaine, on utilise ce pouvoir. Ma technique est fondamentale. Je ne l'ai jamais appelée la technique Martha Graham. Jamais. C'est une façon de faire les choses autrement que tout le monde. Un certain usage du corps. La liberté et l'amour du corps. C'est l'amour du théâtre en tant que moyen, pour un danseur, de s'exprimer.

On me demande souvent pourquoi j'ai fait *Lucifer* avec Rudolf Noureev. Lucifer est le porteur de lumière. Après la chute il s'est moqué de Dieu. Il est devenu mi-dieu, mi-homme. Dans son humanité, il a connu les peurs, les angoisses et les défis de l'homme. Il est devenu le dieu de la lumière. Tout artiste est porteur de lumière. C'est pour cela que je l'ai fait avec Noureev. C'est un dieu de lumière.

Et Margot Fonteyn était pour lui un complément merveilleux. Lumineuse comme la nuit. Au début, elle se méfiait un peu de moi, jusqu'à un moment où elle a dû redescendre d'un porté et ça ne s'est pas très bien passé. Nous nous en étions rendu compte toutes les deux, mais il n'y eut aucun commentaire. J'ai revu la chorégraphie de façon que plusieurs hommes la dissimulent au moment où elle redescendait. Elle a compris ce que j'avais fait et j'ai deviné qu'elle l'avait compris. Dès lors, elle a eu confiance en moi. Notre seul désaccord, si on peut l'appeler ainsi, fut à propos de chaussures. Margot voulait danser pieds nus et j'avais beau lui expliquer que même moi j'avais dansé en chaussons dans *Appalachian Spring* et dans d'autres ballets, elle n'en démordait pas. Comment pouvait-elle faire de la danse contemporaine avec des chaussures ? Nous avions l'une et l'autre le caractère obstiné des taureaux, Margot et moi. Ça a duré des jours.

A Londres, où je me trouvais avec ma compagnie, Noureev est venu me voir en coulisses après une représentation de *Night Journey*. Il venait de passer à l'Ouest, en 1963. Peu de temps après son départ de Russie, Maude et Nigel Gosling l'ont emmené me voir dans Jocaste. Quand nous nous sommes rencontrés ensuite, il s'est contenté de me regarder fixement sans rien dire. Je me demandais s'il n'aimait pas ma danse ou si, peut-être, il ne parlait pas anglais. Je n'ai compris que des années plus tard, après que nous fûmes devenus amis, lorsqu'il m'a raconté qu'il avait été si ému qu'il en avait perdu l'usage de la parole. Plus tard encore, quand je ne dansais plus Jocaste, il m'a dit qu'il avait finalement commencé à remarquer les autres chorégraphies. Rudolf est russe, mais j'ai compris qu'il avait une faconde d'Irlandais.

J'ai eu deux anciens membres du Kirov dans ma compagnie – Rudolf Noureev et Mikhail Baryshnikov. Je souris en pensant qu'il y a des années, l'Union soviétique m'avait refusé les visas pour ma compagnie et moi sous prétexte que j'avais, m'avait-on dit, une mauvaise influence sur les jeunes. J'ai pris ça comme le plus beau des compliments. Et maintenant, bien sûr, ils me veulent plus que jamais. Ils ne vivent plus dans les années soixante ou soixante-dix. Ils veulent être de notre époque.

Il y a quelques années, lors d'un gala à New York, Maïa Plissetskaïa, *prima ballerina assoluta* des Ballets Bolchoï, a dansé *la Mort du cygne* de Michel Fokine. Certaines personnes se sont étonnées de voir une danseuse aussi classique dans une œuvre aussi classique au même programme que

Letter to the World et *El Penitente*. Mais la danse est universelle, et il n'y a que deux sortes de danse : la bonne et la mauvaise.

Je ne souhaite pas que les danseurs de ma compagnie me ressemblent. Je souhaite qu'ils aient étudié avec moi, bien entendu. Je souhaite aussi qu'ils soient eux-mêmes et je les y encourage. Je veux qu'ils apprennent la danse physiquement, avec force, et puis qu'ils y mettent leur propre signification, s'ils l'osent. Je n'ai aucune envie de voir partout des "moi" stéréotypés. Quelle idée abominable ! Il faut que, tout en gardant la trace de mon travail, ils se sentent libres d'être les individus qu'ils sont.

C'est ce que j'ai toujours ressenti avec Baryshnikov, Noureev et Fonteyn. Au début, j'avais affreusement peur d'eux. Je pensais qu'ils représentaient la quintessence du monde de la danse tel qu'il était alors. Jamais ils ne m'ont contrariée. Travailler avec eux était facile. Ils faisaient ce que je leur proposais de différent de ce qu'ils connaissaient déjà. Ils adoraient ça. Ils avaient un superbe appétit de la vie et des gens.

Avec eux, mon rôle consistait bien entendu à leur enseigner les danses. Ils apprenaient sans compter. Aucun vrai danseur ne compte, à ma connaissance. Ils travaillent un phrasé, que chaque danseur doit apprendre puis adapter à son corps. Et c'est exactement ce que nous faisions.

Ils se montraient tous très sensibles et très chaleureux, passionnants par leur capacité de maîtriser des choses nouvelles. Ils étaient sans cesse en train de faire quelque chose de nouveau pour moi ou pour eux-mêmes. C'était une expérience entièrement neuve pour nous tous. Quand vint le moment de reprendre *The Incense*, un solo de miss Ruth, il me sembla que seule Maïa Plissetskaïa, avec ses bras extraordinaires et sa présence, pouvait faire passer cette danse mystique de miss Ruth qui, en danseuse du temple, avait des gestes d'une extrême simplicité pour mettre l'encens dans les brûleurs et prendre la fumée en elle, devenir elle-même fumée. Maïa aimait beaucoup le film que je lui avais montré de miss Ruth en train de danser, mais elle avait alors une tournée en Espagne qui ne pouvait être déplacée. Elle en était triste. Nous nous embrassâmes. Elle sortit du studio et soudain, un instant plus tard, la porte se rouvrit brusquement et Maïa s'avança de quelques pas, imita à la perfection les ondulations des bras de miss Ruth et ressortit sans avoir dit un mot. Me tournant vers Ron, je lui dis : "Elle le fera." Et elle l'a fait.

La première fois que j'ai vu Margot Fonteyn, c'était un superbe et grand personnage. La magie de sa présence venait d'un esprit insaisissable, défiant toute description. Sur la scène, Margot était intrinsèquement elle-même, innocente et ouverte.

Nul critique n'était plus sévère pour Margot que Margot. Je me souviens de l'avoir regardée des coulisses danser *la Bayadère*. Sa danse avait suscité un tonnerre d'applaudissements et d'ovations mais aussitôt le rideau tombé, elle s'était jetée par terre en larmes parce qu'elle trouvait qu'elle avait été mauvaise. Malgré l'enthousiasme des louanges, elle estimait n'avoir pas été à la hauteur. Elle était très jeune d'esprit. Seul Noureev, son partenaire, réussit à l'arracher à cette hystérie. Il lui chuchota quelque chose à l'oreille et elle partit de ce rire merveilleux qui n'appartenait qu'à Margot, un rire qui paraissait lui échapper malgré elle. Plus tard, Rudolf m'a confié qu'il lui avait sorti les obscénités les plus choquantes qui lui étaient passées par la tête. Je l'ai cru. Les Gosling racontaient qu'à son arrivée de Russie, les premiers mots anglais qu'il avait voulu apprendre étaient des mots grossiers.

Je n'ai eu qu'un seul vrai problème avec Rudolf, au début des répétitions de notre *Lucifer*. Il était de moins en moins ponctuel. Finalement, un jour où il s'amenait avec une bonne demi-heure de retard, je me suis dressée en disant : “Je crois que je vais me mettre en colère. Je suis en colère.” Là-dessus, les danseurs se sont dispersés. Je suis allée vers Rudolf et je lui ai dit son fait. Je ne suis pas sûre que j'aurais osé ça si j'avais connu sa réputation de repartie. Et encore, je me serais sans doute laissé emporter par mon sale caractère irlandais. Je lui ai dit qu'il était un grand artiste mais un enfant gâté et obstiné. Et ce n'était qu'un début. Il m'a présenté ses excuses en bégayant. Ça doit lui avoir fait du bien. Il n'a plus jamais été en retard.

L'une de ses plus magnifiques déclarations d'artiste, Rudolf Noureev l'a faite pendant la saison où il a dansé gratuitement avec nous pour nous venir en aide, ainsi que plusieurs autres, parmi lesquels Misha et Margot. Bien qu'il sût qu'il ne danserait plus le rôle-titre d'*El Penitente* avant des années, voire jamais, et qu'il eût à peine le temps d'attraper l'avion de Paris sans même avoir pu se démaquiller, il s'est précipité vers moi pour me demander : "Quelles sont mes corrections ?"

Pas plus que Misha et Rudolf, Margot ne se soumettait aux règles ; elle traçait sa propre voie. Elle n'obéissait même pas à la géographie, puisque partout où elle dansait, elle occupait toujours le centre de la scène ; où qu'elle se tînt, elle possédait cette qualité d'immobilité et de silence… et nos cœurs.

Misha et Rudolf ont dansé ensemble dans *Appalachian Spring*. Misha dans le rôle du pionnier et Rudolf dans celui du prêcheur. On me demande pourquoi j'ai choisi de leur faire danser ça ; franchement, je l'ai fait parce que je crois que c'est un bon spectacle, et c'est dans cet esprit que je le présente.

Une chose que je n'oublierai jamais, c'est quand Margot, Rudolf et moi avons accepté de faire pour les visons Blackglama l'annonce intitulée "Qu'est-ce qui va le mieux à une star" – une entreprise délicate, c'est le moins qu'on puisse dire. Pour commencer, le jeune homme qui était chargé de la campagne avait eu l'idée géniale de ne nous donner que deux manteaux pour nous trois. Avec une grande douceur, Polly Bergen, une administratrice et amie, le fit changer d'avis. Alors Margot décida qu'il nous fallait six peaux supplémentaires, "pour une toque, par exemple", et que si on demandait pourquoi, c'était "parce que nous sommes Martha, Margot et Rudolf". Le jour des prises de vue, le responsable, pourtant averti de ne pas prévoir un repas important, le fit néanmoins. Lorsque nous arrivâmes, Rudolf, Margot et moi, il déclara avec un fort accent du Sud : "Monsieur Noureev, je vous ai préparé un peu à manger." Rudolf, qui s'était pris envers lui d'une antipathie immédiate, lui répondit d'un ton hargneux : "Je ne vous connais pas. Je ne mangerai rien."

La prise de vue en elle-même fut cependant très amusante, et je m'écriai : "C'est maintenant que nous jetons le bébé aux loups", par allusion à la fable russe de la famille en fuite sur la glace, obligée de sacrifier un enfant pour sauver les autres.

Le responsable me trouvait merveilleuse, une vraie légende, jusqu'au moment où nous avons eu un désaccord. Il souhaitait reproduire la photographie dans un livre, mais Rudolf lui opposa un refus catégorique. Il me demanda alors l'autorisation de reproduire uniquement ma portion de la photo et je répondis : "Je ne ferai rien contre la volonté de Rudolf." Tout d'un coup, je devins pour ce jeune homme, dans ses conversations avec des tiers, "une vieille folle arthritique". Il semble qu'il ait souhaité être invité à la Maison-Blanche quand j'ai reçu du président Ford la *Medal of Freedom*. Au début, c'était impossible, et il aurait dit : "Je m'en fiche, mais les éleveurs de visons seront furieux." Quand mon amie Diana Vreeland entendit cela, elle s'écria : "La fureur des éleveurs de visons, oh, les grands airs et les grâces du Sud !" Il y avait longtemps que je n'avais plus entendu cette expression.

Misha est entré dans ma vie comme un don de Dieu. Nos existences se sont rencontrées ; après son passage à l'Ouest, il est venu aux Etats-Unis, et puis il a dansé dans ma compagnie. Dans *Appalachian Spring*, il a été le pionnier le plus parfait que j'aie jamais vu. Je n'oublierai jamais ce passage où il avait de la difficulté, une course vers l'épouse. Misha me demanda du regard une motivation. Il s'éclaira lorsque je lui dis : "Misha, il y a cinq minutes que tu ne l'as plus vue." Et son *Penitente* était encore plus fort que celui d'Erick, qui avait créé le rôle. Que n'aurais-je pas donné pour danser avec lui, ou avec Rudolf !

Lorsque Misha fut à la tête de l'*American Ballet Theatre*, j'acceptai de céder à sa compagnie le droit de danser certains de mes ballets. En principe, je ne suis pas opposée au fait que d'autres compagnies dansent mes ballets. Le problème, c'est *comment* ils le font. Nous sommes une petite compagnie avec un grand déficit. Nous ne pouvons pas nous permettre de passer notre temps à enseigner nos danses aux autres ; il ne nous en resterait plus pour réunir des fonds pour nous-mêmes.

Avec Misha, il était convenu que nos ballets devaient être suivis et les danseurs bien entraînés. Mais il ne faut pas en déduire que nous avons l'intention de nous mettre à autoriser tout le monde à danser nos ballets. Dans le passé, d'autres compagnies se sont adressées à moi pour me demander l'un ou l'autre ballet. Ils les veulent, et ils veulent pouvoir les apprendre en deux semaines. Et ça, bien sûr, c'est impossible !

Misha a aussi fait le voyage de Washington afin de parler pour moi devant un comité du Congrès dans le but d'obtenir des fonds pour filmer et sauvegarder mon œuvre. L'argent n'aurait pas été celui de la Fondation pour les Arts, ça ne l'aurait lésée en rien. La Fondation s'y est opposée et c'est une grande perte pour la communauté artistique. J'en ai le cœur brisé.

Ce que je donne aux danseurs, c'est une technique. La technique est un langage qui élimine toute tension. On en fait ce qu'on veut en faire. Parfois, la technique est mal enseignée, et cela m'agace énormément. Au Caire, à la suite de quelques représentations que nous avions données avec une troupe locale, on afficha après mon départ : "Ici on enseigne la technique de Martha Graham." Ils n'avaient rien compris. Cela ne représentait pas pour eux ce que cela représente pour moi – la technique comme une science. Une science exacte. Je peux vous dire ce que signifie l'épaule. Je peux vous dire ce qui vient du ballet. Je peux vous dire où commence le bras, dans le dos, et la sensation qu'on éprouve à l'endroit du corps où naît un mouvement. Je ne sais pas combien d'années il m'a fallu pour apprendre certaines choses. Mais j'aimais ça. J'aimais cet engagement physique avec moi-même.

A propos de technique, il y a un exercice, sur une durée de seize temps, qui a toujours fait partie de mon enseignement : en position assise, imaginez que le sommet de votre crâne est au-dessus de vos pieds et que le reste de votre tête doit l'y rejoindre. Joignez les plantes des pieds comme en prière. Sur les temps deux et quatre, le corps entier se déroule, tendant à se soulever du sol. Le mouvement va de la base de votre corps au sommet de votre tête.

Pour le grand *release*, il y a une profonde inspiration d'air, qui est ensuite expulsé dans une profonde *contraction*. Pour la *contraction*, je vois le ciel ; pour l'approfondissement, je vois la terre. Pour le *release*, je vois la terre en haut d'une falaise. Pour l'élévation, je demeure en moi-même. Il y a aussi de profondes *contractions*, en avant et en arrière. C'est presque un balancement d'avant en arrière, un dévidage. Vous êtes un devin, vous lancez vos bâtonnets et n'obtenez pas de réponse. Vous les lancez à nouveau, toujours sans réponse. Vous essayez encore et finalement vous déroulez votre corps, écartez les bras et, finalement, oui, vous y êtes !

Pour la *contraction* au sol avec le haut du buste cambré : en vous cambrant en arrière, pensez à

Jeanne d'Arc résistant à l'épée qui lui perce le sein.

Pour la *contraction*, l'expulsion de l'air contenu dans votre corps, du bassin vers le haut : toute étude implique une continuité. Tirez, tirez sur la *contraction*. Ne vous creusez pas. Et la *contraction* n'est pas une position. C'est un mouvement vers quelque chose. Comme un caillou jeté dans l'eau, qui provoque des ondes circulaires au moment où il en frappe la surface. La *contraction* se déplace.

Pour les *half pleadings* : c'est une position où le corps est au sol, légèrement contracté, en inspiration, les bras le long du corps avec les mains en contraction vers le ciel.

Pour les mouvements de la tête et du corps : pensez à la *Pietà* de Michel-Ange ou à l'extraordinaire *Sainte Thérèse en extase*, du Bernin. J'ai vu une photographie d'un chanteur de rock avec la même exaltation dans le regard.

Pour les demi-pliés : imaginez que vous avez sur les clavicules des diamants qui scintillent dans la lumière.

Pour la tenue des bras, la plus grande des difficultés pour tous les danseurs : pensez aux bras comme à une extension de la colonne vertébrale. Le haut du bras, c'est l'amour, comme dans une étreinte. L'importance du bras est évidente chez tous les bons danseurs.

Si vous devez répéter un même mouvement un grand nombre de fois, ne cédez pas à l'ennui, pensez que vous êtes en train de danser vers votre mort. Dans *le Sacre du printemps*, quand je dansais l'Elue

– comme je l'ai fait tant de fois d'affilée –, à l'instant décisif, je pensais à ma résurrection.

Pour les *knee vibrations* *, en position debout, il faut lancer la jambe en avant jusqu'à se toucher la poitrine, la balancer derrière soi puis de nouveau en avant : je conseille toujours à mes élèves de penser aux trois sorcières dans *Macbeth* qui tournent interminablement dans leur chaudron, avec une intention : *Double, double, toil and trouble. Fire burn and cauldron bubble*.

Les chevaux m'ont toujours donné pour mon enseignement de merveilleuses images. Dans *Night Journey*, dans le rôle de Jocaste, il y a un moment difficile où on se contracte tandis que la jambe s'envole. J'évoque toujours pour mes élèves l'image d'un cheval qui rue. Pour celle qui interprète Jocaste, que Dieu l'aide, je dis que ce mouvement représente la morsure du souvenir qui s'élève et s'enfuit par la bouche.

Pour nos *prances* **, un mouvement plein de joie et de gaieté, je dis volontiers à mes élèves que c'est comme un beau cheval. Voyez ces créatures splendides, si débordantes de vie, comme les Lippizans à Vienne. Ils aiment ce qu'ils font. Ils sont aussi impatients de se produire sur scène que doit l'être un danseur.

Agnes de Mille auditionnait des groupes nombreux et faisait toujours la première élimination en

* Voir p. 301-302. *(N.d.T.)*

** *Ibid. (N.d.T.)*

regardant la démarche des gens. Elle est révélatrice. Je dis à mes élèves de marcher dans la pièce comme si leur cœur était accroché au mur. Si ça ne les stimule pas, j'ajoute : "Souvenez-vous qu'un jour vous mourrez." Ça fait généralement l'affaire.

Mes danseurs ne tombent jamais simplement pour tomber. Ils tombent pour s'élever. La première fois que Margot Fonteyn nous a vus danser, elle a remarqué combien nos chutes étaient différentes de celles du *Royal Ballet*. "Nous tombons comme des sacs en papier, vous tombez comme de la soie."

L'art du danseur est bâti sur une attitude d'écoute, qui implique tout son être. Quand j'évoque la nécessité d'écouter son propre corps, je ne manque jamais de rappeler ce merveilleux lion au commencement des films de la MGM. Quand il se tourne de côté, il se tourne complètement. Il se tourne pour écouter sa lionne, pour écouter sa propre vie intérieure. Il a cette capacité de prendre du recul au lieu d'attendre que quelqu'un le regarde. Il écoute. Quoi ? Lui-même. Et le corps est retenu au point précis où il peut se remettre en mouvement.

Les danseurs ont de curieux visages. Les danseurs sont plus osseux que la plupart des gens, et les jours où on travaille dur, on peut être certain d'avoir accumulé plus d'os qu'on n'en avait au début. Les visages des danseurs sont très osseux. Je regardais Alicia Markova. Ce visage, cette ossature. Je regardais Nora Kayes. Même ossature. Je regardais certains des hommes. Même ossature. Pourquoi ?

Parce que, à cause de cet entraînement constant, la peau s'applique contre les os.

Sur scène, la conscience du temps est essentielle, et certaines subtilités sont difficiles à enseigner. Il faut savoir comment soutenir l'attention du public et quand interrompre un effet qu'on a créé. Miss Ruth était un maître en ce domaine.

La révérence fait partie de cet effet, c'est un élément important du spectacle. Il y a quelques années, lors d'une conférence à la *New School for Social Research*, à Manhattan, j'ai parlé de la beauté des révérences de la Pavlova. Cela m'a valu de nombreuses critiques, en particulier de la part de mon chorégraphe Michel Fokine, qui était dans la salle.

Dans l'ancien temps, avant la révérence, on faisait quelques pas en courant. Je faisais ça très vite. Je courais vers le centre de la scène, m'inclinais en un mouvement hâtif et, dans le même élan, me retournais pour repartir en courant. Il fallait être rapide, au cas où les applaudissements ne dureraient pas.

On m'a souvent demandé quel est le rôle que j'avais préféré, ou auquel je m'étais particulièrement identifiée. Ma réponse a toujours été : "Mon rôle préféré est celui que je suis en train de danser maintenant." On ne bâtit pas sur la sécurité. On risque. Tout est risque. On se sert de l'ensemble de ce dont on se souvient comme d'une partie du présent, de maintenant.

Il y a toujours des gens qui viennent demander des autographes. Le plus étrange, ce fut un soir, après une représentation dans un collège. Il faisait froid, il était tard. Au moment où je montais en voiture pour rentrer chez moi, un jeune homme arriva en courant, hors d'haleine, dans la lumière des phares.

Je n'avais ni papier ni stylo, et lui non plus.

"Je suis désolée, lui dis-je, mais je n'ai pas de quoi écrire."

Il se jeta devant la voiture en disant : "Oh, vous n'avez pas besoin de me donner votre autographe. Voici mon programme. Crachez dessus."

Un jour où j'assistais à un spectacle au *Metropolitan Opera House*, un jeune homme à la mine avenante m'aborda pour me demander un autographe, suivi presque aussitôt par une femme qui sortit un bout de papier de son sac en bandoulière. J'étais assise au balcon – pas très riche, voyez-vous – et je signai sur son papier. Comme je m'apprêtais à le lui rendre, elle me demanda : "Merci, mais qui êtes-vous ?"

Je repris le papier, le laissai tomber par-dessus la balustrade et tandis qu'il voletait au-dessus du parterre, je lui répondis : "Tâchez de le découvrir !"

Juste avant que je ne confie à une autre danseuse mon rôle dans *Frontier*, Barbara Morgan, une excellente photographe, me déclara : "Martha, je trouve très dommage que vous ayez modifié *Frontier*."

"Modifié ? fis-je. Je n'ai rien modifié du tout."

“Alors pourquoi avez-vous changé la robe ?” insista-t-elle.

“Mais je n’ai rien changé !” ripostai-je.

“Si, si, j’en suis certaine”, fut sa réponse.

Et moi : “Ma chérie, c’est moi qui ai fait cette robe. Je l’ai cousue moi-même et il n’a jamais existé qu’une seule robe, la mienne.”

Elle ne me crut pas, néanmoins. En d’autres termes, les gens voient parfois ce qu’ils imaginent et non ce qui se passe réellement, neuf fois sur dix. Et quand Barbara revint me voir en coulisses après une représentation de *Deaths and Entrances*, nous eûmes un nouveau désaccord.

“Je regrette, Martha, que vous n’ayez pas fait revenir cet homme sur scène pendant le finale.”

“Quel homme ?” demandai-je. J’étais en train de me démaquiller devant ma table. Je voyais dans mon dos le reflet de Barbara.

“Merce Cunningham”, dit-elle.

Et moi : “Mais il n’a jamais été là !”

“Je suis tout à fait sûre que si”, fit-elle.

“Je devrais le savoir, dis-je. Peut-être aurait-il dû figurer dans la chorégraphie, mais je ne l’y ai jamais inclus.”

Je possède une photo prise par Philippe Halsman pendant que je fais un *backfall* * sous un éclairage stroboscopique. C’est un mouvement que j’ai utilisé

*Voir p. 302. *(N.d.T.)*

dans *Deaths and Entrances*. Ce titre vient d'un poème de Dylan Thomas. C'est un ballet sur les sœurs Brontë et beaucoup de gens veulent y voir une autobiographie de mes sœurs et moi. Une femme m'aborda en coulisses après la première en disant : "Ce n'est guère réaliste de tomber en arrière en robe du soir. Jamais je ne ferais ça."

"Moi non plus, lui répondis-je. Mais ne vous est-il jamais arrivé de vous trouver dans une pièce où entre quelqu'un que vous aimez et qui ne vous aime plus, et de sentir le cœur vous manquer ?"

A ce moment, elle parut comprendre le sens du mouvement qu'elle avait vu sur scène. Elle fut émue, et je ne demande rien de plus aux spectateurs.

Je crois que chacun a droit à sa vie privée, et que la vie doit être bien remplie. Je ne suis pas partisan d'une vie en communauté, ni d'une vie isolée, et je ne me mêle pas du tout de l'existence des membres de la compagnie. Ils ont leur vie privée. Nos relations sont des relations de travail, dans un respect réciproque. Mais je n'ai aucun droit à les influencer. Il peut m'arriver de trouver certaines choses un peu sottes. Mais ça ne me regarde pas. Je ne suis pas missionnaire, voyez-vous.

J'ai toujours encouragé les membres de ma compagnie à créer leurs propres danses. J'organise de petits ateliers et, au sein de la compagnie, Paul Taylor, Merce Cunningham et beaucoup d'autres ont exécuté sur scène leurs propres œuvres. Je ne choisis personne arbitrairement ; c'est le résultat d'une évolution. Je peux dire qu'untel a les qualités d'un grand danseur, mais je ne peux pas présumer de l'avenir. Untel peut être bon, il peut aussi ne pas devenir très bon. Le plus souvent, si je remarque quelqu'un dans la classe qui a de grandes possibilités, je m'efforce de les développer. J'en ai deux ou trois comme ça, maintenant. Il faut qu'ils aient une maîtrise parfaite de la technique. Il faut qu'ils sentent ce que la technique a de merveilleux – les capacités merveilleuses que la technique permet de mettre en valeur.

J'ai demandé à Jerome Robbins de créer un ballet pour ma compagnie. Et, à ma grande joie, il a accepté. Nous nous connaissons depuis des années, Jerry et moi. Un jour où nous nous promenions ensemble, nous avons abouti à la librairie Brentano. C'était l'hiver, et nous sommes entrés pour nous réchauffer en regardant les livres. Jerry était en plein marasme créateur, pire encore que moi. J'ai décidé de lui acheter un livre pour lui remonter le moral. C'était *Macbeth*. Ça a paru l'aider.

Peu après, pendant la Seconde Guerre mondiale, nous fûmes tous deux sélectionnés par *Roseland*, qui décernait un prix de danse intitulé *Tops in Terpsichore*. Jerry m'appela pour me proposer d'y aller avec lui, et j'acceptai. Je n'étais pas très à l'aise. J'aurais dû faire mieux qu'hésiter. J'aurais dû fuir. La salle de danse enfumée était pleine de marins en train de danser le *jitterbug*, et qui ne s'intéressaient pas le moins du monde à cette remise de prix. Quand le maître de cérémonie fit arrêter la musique pour nous présenter, il y eut un mouvement de colère dans la foule. Je fus annoncée comme "à l'affiche tous les soirs sur Broadway" et Jerry comme un nouveau jeune chorégraphe. Quand on nous remit nos prix, nous constatâmes, horrifiés, que les inscriptions avaient été orthographiées *Tops in Terpisscore*. Nous partîmes aussitôt – même en scène, je n'ai jamais fait une sortie aussi rapide.

Tout le monde m'interroge sur l'inspiration. Jusqu'à Agnes qui, il y a des années, s'est exclamée tout à coup : "Martha, comment as-tu fait ?" J'aimerais le savoir. Mes perspectives seraient moins affreuses, si je le savais. On ne sait jamais vraiment, on se sent suivi par ces pas terribles, inévitables, qui vous poussent à aller de l'avant et vous forcent à travailler. Je ne pense pas qu'il y ait jamais de précédents en art : chaque instant est nouveau, terrifiant, menaçant et débordant d'espoir. On me demande souvent mon avis sur l'avenir de la danse. Je réponds toujours que si je le savais je voudrais être la première à le réaliser. Mais on ne sait jamais vraiment.

Ma seule passion est le travail, c'est ce que Saint-John Perse appelle naître à l'instant, à "maintenant". C'est devenir une partie de cette constante dans la vie, notre unique constante : le changement.

J'ai eu la grande joie de travailler avec beaucoup d'amis bourrés de talent. C'était quelque peu effrayant, parfois. Liza Minnelli m'a rappelé qu'au moment de commencer à travailler au ballet que j'ai créé pour elle en 1978, *The Owl and the Pussycat*, je lui ai pris la main en disant : "Vous savez, vous êtes une terrible responsabilité."

Chère Liza, si généreuse avec moi ! Quand je suis tombée malade, il y a quelques années, elle a été l'une des premières, avec la présidente de notre comité, Evelyn Sharp, à offrir son aide pour payer les infirmières. Tout artiste doit faire face aux circonstances matérielles. On n'a pas le choix.

Quand Liza travaillait avec la compagnie, elle faisait preuve d'une grande sensibilité envers tout le monde. On aurait dit une simple jeune fille parmi les autres. Quand la danseuse qui la doublait dans *The Owl* avait l'air un peu triste de penser que ce serait à Liza de danser lors de la première, Liza ne manquait jamais de venir lui dire un mot gentil. C'est quelqu'un de très chaleureux. Quand j'ai eu besoin qu'elle se produise avec nous à Covent Garden, elle est venue avec toute son équipe et a tout payé, juste pour être à mes côtés. Je n'oublierai jamais le premier jour des répétitions à Londres. Nous étions sorties par l'entrée des artistes et des bataillons de jeunes filles couraient après Liza en lui demandant des autographes. Aucune ne s'adressait à moi. Pourquoi l'auraient-elles fait ? Et puis tout à coup, elles se mirent à se bousculer pour m'en demander aussi. J'ai compris ensuite que Liza, remarquant que j'étais ignorée, s'était empressée de dire à ces jeunes filles qu'elles étaient complètement idiotes de se priver de mon autographe alors que j'étais une légende au même titre que sa mère, Judy Garland. Ça avait suffi… mais seule Liza pouvait avoir une conscience aussi aiguë de la situation de quelqu'un d'autre.

J'ai également collaboré avec la comédienne Kathleen Turner. Il y avait des années qu'elle contribuait au financement de la compagnie, et quand je lui demandai si elle voulait bien faire le récitant dans *Letter to the World* elle accepta de bon cœur. Jamais l'expression "le mouvement ne ment pas" ne m'a paru plus juste que lors de la première répétition, en regardant Kathleen. Elle était généreuse, gentille et attentive, mais son corps criait : "Oh, mon Dieu, qu'est-ce que je suis venue faire ici ?" Je tentai de modifier certaines choses pour lui rendre le rôle moins malaisé, mais je crois que je ne réussis qu'à l'empirer. Je la laissai donc trouver sa propre voie, sa propre interprétation, et c'est ce qu'elle a fait.

Madonna a été mon élève quand elle était jeune. Au début, elle arrivait deux heures à l'avance afin de me voir entrer. Une fois devenue célèbre, elle est revenue me rendre visite. Tout le monde était terrifié à l'idée de ma réaction. C'était tout à fait injustifié.

Elle m'a plu énormément. Elle est directe. Elle arrive à ses fins et se fiche du tiers et du quart. C'est une non-conformiste. Oui, on la critique. Elle est provocante, elle vous met au défi de réagir. Mais elle ne fait que montrer sur scène ce que la plupart des femmes dissimulent ; c'est vrai, ce n'est guère respectable.

En 1980, un financier bien intentionné est venu me trouver en disant : "Miss Graham, notre meilleur atout pour vous trouver des subsides est votre respectabilité." J'ai eu envie de cracher. Respectable ! Montrez-moi un seul artiste qui ait envie d'être respectable !

Bien avant tout ça, la première fois que ma compagnie s'est produite à Londres, mon ami Robert Helpmann, ex-danseur étoile du *Royal Ballet*, était à l'affiche d'un autre théâtre dans *The Millionairess*, la pièce de George Bernard Shaw, avec Katharine Hepburn. Leur rideau tombait beaucoup plus tôt que le mien et souvent, Kate et Bobby venaient dans les coulisses me regarder danser mon dernier ballet. Des années plus tard, un critique a écrit qu'il reconnaissait des traces de ma technique dans le magnifique dernier soliloque de Kate à la fin du film *Long Day's Journey into Night*. Je n'ai rien remarqué de pareil. Kate est unique, elle est elle-même. Je ne pense pas qu'elle ait jamais eu besoin d'une inspiration extérieure, jamais.

Il y a quelques années, dans une école de Georgetown, à Washington, l'histoire de ma vie a fait partie du programme d'une classe de quatrième primaire. Ils ont regardé les films que nous avions pu faire ; ils sont venus aux représentations locales, et ensuite ils m'ont écrit des lettres – des lettres et des dessins – sur ce que cela signifiait pour eux. Une des lettres disait : "J'aimerais voir *Lamentation* comme une danse de joie." Un autre gamin m'écrivait qu'il avait trouvé *Lamentation* trop court, mais qu'en y réfléchissant, il s'était dit qu'on ne peut pas être triste trop longtemps et qu'il valait mieux que la danse fût courte.

Quand ces enfants allaient au théâtre, ils connaissaient la couleur des costumes, les décors, les coiffures, qui dansait quoi et quand. Et je puis affirmer une chose : ils savaient qui dansait bien ou moins bien. C'est ce que j'appelle de l'éducation, ça, et ces enfants en demeurent marqués.

Aujourd'hui, il y a des classes pour enfants dans mon école. J'aime beaucoup travailler avec les enfants. Je leur serre la main, je les appelle par leurs prénoms. Dans le cadre d'un gala, il y a quelques années, avec l'*American Ballet Theatre*, les plus petits se sont produits sur scène. Chacun a dit son nom, puis ils ont récité ensemble : "J'aime la terre. J'aime le ciel. J'aime le monde qui m'entoure."

Je voulais qu'ils aient un nom, qu'ils ne restent pas anonymes. Ils regardaient le ciel, levaient les bras. "Je m'appelle..." Leur nom n'est celui de personne d'autre. Chacun d'entre eux est une star en puissance, et cette capacité de se voir comme unique est ce que nous espérons favoriser dans cette classe. Ils sont uniques, et je veux qu'ils soient considérés comme tels.

Un jour, une nouvelle petite fille est arrivée dans la classe. Elle était très imbue d'elle-même et très turbulente. Une des plus grandes est venue vers elle et lui a dit : "C'est pas comme ça qu'on se conduit, dans cette école." Elle s'est calmée. Elle se sentait jugée par ses pairs, et quand on a sept ou huit ans, c'est efficace.

Je me souviens d'avoir dit à un gamin de cinq ans qui regardait une répétition qu'il pourrait, quelques années plus tard, travailler dans la classe des huit-dix ans. Ça n'a pas eu l'air de l'intéresser beaucoup, jusqu'au moment où je lui ai dit que nous servions du lait et des biscuits après la leçon.

Les enfants apprennent les rudiments du monde d'un danseur – si l'on doit quitter le plateau, ne jamais passer au centre pendant que les autres dansent. Marcher le long des bords – ne jamais, jamais interférer. Si on arrive en retard, ne jamais venir au milieu du plateau ; ça ne se fait pas. Et de plus, on risque d'y apporter des saletés de la rue…

J'essaie de communiquer aux enfants l'émotion de la danse. Je leur explique ce qu'ils font, comment ils respirent. Qu'on soit oriental ou birman ou n'importe quoi, les fonctions du corps et la conscience du corps aboutissent à la danse, on devient un danseur, et non plus un simple être humain.

Quel que soit l'âge de mes élèves, le message que je tente de leur transmettre à travers mon enseignement de la danse est le même. Je veux avant tout que mes élèves soient dans le rythme et dans le temps, pas seulement en train de participer à quelque chose qui n'a de relation ni avec les autres danseurs ni avec la musique. Ce que je recherche chez un professeur, c'est cette capacité de trouver ces petits morceaux épars des élèves – et d'aller les toucher quand ils se trompent. Ils sont en apprentissage, ils ont besoin d'une attention individuelle. Le toucher est très important. C'est par le toucher qu'on peut déterminer exactement de quel endroit du corps vient la motivation. C'est une tension et c'est une détente. Je touche pour montrer les muscles de la cuisse, ou l'attitude du dos dans un mouvement. Comment un danseur tourne en dedans, ou non.

S'il me fallait présenter un seul ballet à un enfant de six ou huit ans – et un tel choix n'est pas une tâche aisée – je choisirais *Errand in the Maze*. Ce ballet est exemplaire, grâce à l'usage qui y est fait de la corde sur le sol et des objets dans l'espace, de l'étrange univers dans lequel on s'engage, c'est une chose qu'un enfant peut comprendre. C'est une victoire sur la peur – la découverte de ce lieu unique sur la scène où vit l'oiseau qui vous donne envie de danser.

Quand j'ai dansé *Errand* à Ratcliffe, une jeune femme m'a abordée après le spectacle et m'a dit : "J'adore cette danse. Je vis la même chose, ici, chaque matin."

Ça, je ne peux pas en témoigner, mais ce que je sais c'est qu'au cours de notre tournée officielle, en

Iran, nous devions nous rendre dans un très petit avion, un DC-3, d'Abadan à Téhéran, à une altitude de croisière de cinq mille pieds. Nous avons traversé des tempêtes de neige, comme dans les presse-papiers de notre enfance, entre des sommets enneigés. L'avion a tout fait, sauf tomber. Nous avons dû revenir au point de départ. Assise sur mon siège, j'ai dansé *Errand* trois fois mentalement avant l'atterrissage. Cela représentait pour moi le franchissement de l'inconnu vers la vie. Et nous sommes arrivés sains et saufs à Téhéran.

A de nombreux enfants, j'ai dit : "Faites ce que vous faites et passionnez-vous pour ce que vous faites. Soyez les meilleurs dans votre univers grâce à ce que vous faites, et aimez-le." Je leur recommande toujours de beaucoup aimer ce qu'ils font. Allez jusqu'au bout, dis-je, en bien ou en mal, pour vous réaliser le mieux possible. Le public le comprendra. Le public est votre juge et votre seule réalité. Je ne suis pas une romantique. Je crois qu'il faut posséder une technique diabolique et, comme disait Louis, "aborder parfois le public fouet en main". Il y a bien longtemps, quelqu'un que j'aimais beaucoup, le critique Stark Young, a dit à un ami : "Suis-je obligé de vous accompagner au spectacle de danse de Martha, ce soir ? Tous ces mouvements percutants et angulaires… j'ai toujours peur qu'elle n'accouche d'un cube."

Je souhaite que tous mes élèves et tous mes danseurs aient conscience de l'intensité de la vie en un tel moment. J'aimerais sentir que, d'une certaine manière, je leur ai fait don d'eux-mêmes.

Halston, le grand créateur de mode des années soixante et soixante-dix, savait ce qu'est l'appétit de vivre. J'ai de la peine à parler de cet ami très cher dont je déplore chaque jour la perte. Je crois que j'étais sensible à ce qu'il y avait de meilleur en lui, qui communiquait avec ce qu'il y avait de meilleur en moi. Je ressens comme un privilège le fait d'avoir connu un être d'une telle générosité et d'avoir collaboré avec lui. Nous avons travaillé ensemble pendant au moins quinze ans. Notre première rencontre fut due au hasard.

Je devais présenter à Robert Irving le *Capezio Dance Award* ; je n'avais rien de mettable dans ma garde-robe, et je n'avais pas les moyens de m'offrir quoi que ce fût. Alors je pensai à Leo Lerman, mon cher Leo, qui connaît la vie. Je lui téléphonai et il me trouva la solution : Halston lui dit qu'il ne prêtait jamais ce genre de choses mais que pour Martha Graham, ce serait un honneur. Nous nous rendîmes à son immeuble, Madison Avenue.

Halston me proposa un merveilleux caftan de cachemire couleur terre surmonté d'un poncho légèrement plus foncé. J'eus le coup de foudre. Il me semblait avoir toujours porté cet ensemble. Halston comprenait le drapé du tissu et les mouvements du corps au-dessous ; il comprenait l'élégance.

Nous allâmes ensuite chez David Webbs, qui me prêta le plus enchanteur des colliers, rubis et émeraudes. Je fus à la cérémonie. Le lendemain matin, je revins à la réalité. Mais je me sentais incapable de me séparer de mon Halston. Je demandai à Halston si je pouvais le lui payer en mensualités. Il répondit : "Martha, si je ne peux pas vous offrir cette robe, il n'y a rien au monde que je puisse vous offrir."

C'est là qu'est née notre amitié. Nous discutions costumes, idées, et je lui racontais comment j'allais jadis acheter mes tissus dans le quartier de la 14e avenue et Orchard Street. Mes mains étaient alors si déformées par l'arthrite que je portais toujours des gants. Je ne pouvais plus tâter des étoffes et, surtout, mes mains avaient perdu toute habileté. C'était et c'est encore une perte très pénible.

Dans son atelier, nous regardions de nouveaux tissus, nous faisions couler des écheveaux entre nos mains. Je ne sentais pas les matières à cause de mes gants.

"Je ne peux plus me servir de mes mains", lui dis-je en regardant les longs gants noirs qui dissimulaient mes mains tordues.

"Martha, me dit-il, si vous voulez je serai vos mains."

Et c'est ainsi qu'a débuté notre collaboration. Il disait : "J'aime le corps de cette femme. J'aime le corps de cet homme. Je les vois sous un jour glorieux, j'ai envie de faire quelque chose pour eux."

Quand l'un de mes danseurs monte sur scène habillé par Halston, son costume est une merveille d'exécution, à l'envers comme à l'endroit, et ajoute à l'intégrité du mouvement. Il révèle le corps, la beauté des lignes de la taille, les hanches, les épaules, la nuque. Le costume doit révéler tout cela à tous.

Halston était un homme étrange, doux et féroce. Féroce car il ne se contentait jamais que du meilleur. Si vous ne pouviez donner le meilleur de vous-même, tant pis pour vous. Il n'en faisait pas mystère. Halston pensait, comme moi, que le seul péché est la médiocrité.

Dans l'un des pires creux de mon existence, Halston est venu à moi, il a permis à ma compagnie de continuer et m'a proposé une nouvelle image de moi-même. C'est ainsi qu'il a changé ma vie, exactement comme son génie a modifié le visage de la mode américaine. Sans lui, ma compagnie n'existerait plus aujourd'hui.

Je n'arrive pas vraiment à croire qu'il n'est plus. Halston est venu me voir juste avant de partir habiter à San Francisco. Il est venu prendre le thé, et nous avons bavardé, fait des projets et plaisanté comme nous le faisions à chaque veille de Nouvel An que nous passions ensemble. Il avait la conviction superstitieuse que si l'on travaille ce soir-là, si l'on fait des projets pour l'année nouvelle, on aura du succès ; et il avait raison. Mais ce qui est plus important que le succès, c'est qu'on a moins peur, on tente d'organiser son année, sa destinée. Cette dernière visite m'a paru bouleversante, hantée par la pensée, informulée entre nous, que nous ne nous reverrions jamais plus.

Napoléon, avant de se décider à engager un général mercenaire, écoutait ses références puis demandait : "A-t-il de la chance ?" Et moi je sais que j'ai eu de la chance. Toute la nécessité au monde, tout l'élan, tout le désir ne peuvent rien sans elle. Sans elle, comment serais-je revenue il y a trois ans d'une maladie dont on pensait que je ne me remettrais pas ? Je ne pouvais ni parler ni avaler. C'était un petit caillot de sang, m'a-t-on dit plus tard, une petite attaque, assez néanmoins pour me rendre impotente. Ron venait, et aussi Linda, Chris, Michele, Jayne, Richard, Peggy et Diane, et plus tard de merveilleuses infirmières, Anne, Kitty, Helen, Maureen, afin de m'aider à m'en sortir, à retrouver la lumière. Et Ron me lisait mes livres préférés et parlait interminablement. Il me faisait penser à la Martha dont ma grand-mère disait qu'elle avait la langue bien pendue. Mais ça ne me dérangeait pas. J'avais besoin qu'on me parle. Ça ne me dérangeait même pas que, dans sa nervosité, il déambule sans cesse à travers ma chambre. J'aurais trouvé terrible, alors, de rester seule. Car au fond de ma conscience, j'entendais tout le temps cette phrase du jeune médecin : "A quatre-vingt-quatorze ans, on ne s'en remet pas."

J'avais été frappée de façon si soudaine, si inattendue ! D'un instant à l'autre, alors que je me préparais à recevoir quelqu'un pour le thé, je m'étais retrouvée incapable de parler, mais comprenant tout. Je pouvais à peine répéter à Ron et aux infirmières que j'étais désolée. Inlassablement, je me répétai dans ma tête *Errand in the Maze*. Ce fut la corde de sauvetage à laquelle je me raccrochai.

L'une des luttes les plus ardues que j'eus à mener fut peut-être de persuader le docteur Mead de me laisser sortir un peu plus tôt que prévu. On avait dit qu'il me faudrait des semaines pour me rétablir. Je m'efforçais d'expliquer que ma compagnie au grand complet m'attendait pour commencer à travailler une œuvre nouvelle une semaine plus tard. Ce serait le meilleur des remèdes. Oh, j'ai tout essayé. Je dois les avoir rendus fous car je suis effectivement partie une semaine avant la date prévue.

Chaque jour, je venais passer un petit moment aux répétitions. Peu à peu, je redevins capable de rester deux heures dans l'après-midi et la soirée. Quand je me fatiguais et que ma voix cessait d'être intelligible, Ron et Linda étaient mes interprètes auprès des danseurs. Et je me suis rétablie. J'ai retrouvé ma voix. Un jour, j'ai reçu la visite d'une kinésithérapeute. Je l'ai écoutée avec une attention absolue et j'ai exécuté tous ses exercices. Ensuite je lui ai dit doucement : “Je voudrais vous montrer quelque chose.” Là-dessus, j'ai tendu mes pieds droit devant moi. Je me suis assise. J'ai fait en silence quelques pliés et quelques extensions. Je suis certaine qu'elle doit avoir cru que j'avais perdu la tête. Ensuite je lui ai dit : "Vous voyez, ceci a un sens pour moi. Je le comprends. Ça concerne ma vie, mon corps. Ce que vous m'avez montré, si merveilleux que ce soit, n'a aucun sens pour moi. Ce n'est pas ma voie. Il faut que je trouve ma propre voie." Et c'est ce que j'ai fait.

Huit mois plus tard, je terminais mon ballet *Night Chant* – dont le titre vient d'un rite navajo, le *Yabechi*, une cérémonie de guérison – avec sa musique de flûte navajo et ses images du Sud-Ouest. *Night Chant* a reçu certaines de mes plus belles critiques.

A San Francisco, Halston était désormais très malade. Lors d'une de nos conversations téléphoniques – nous nous parlions tous les jours – quelque chose dans ma voix dut lui faire comprendre que j'avais besoin de vacances. Il m'en offrit la possibilité ; il téléphona à notre directrice, Michele, et tout fut organisé en détail. Des vacances dans le Sud-Ouest. Il avait compris que j'avais besoin de me reposer et il m'en a donné les moyens. Il savait ce que signifiait pour moi cette région – son aridité et sa force, son ciel et ses paysages.

J'arrivai à Tucson en juin 1989. C'était une triste époque pour moi. Ma sœur Geordie, à qui j'avais rendu plusieurs visites depuis qu'elle était venue de New York s'installer dans cette région, dix ans plus tôt, était morte quelques mois auparavant. Elle était mon dernier lien avec mes parents et ma jeunesse.

Sans Rachel et Gertrude, les infirmières qui s'étaient occupées d'elle, elle aurait vécu moins longtemps. Je décidai d'aller les voir avant de repartir vers New York et les répétitions avec ma compagnie. Levant les yeux vers le ciel, je vis un "châle de pluie kiowa", une magnifique formation de nuages. Et devant moi, un grand cactus saguaro. Je suis très frappée par la puissance de cette curieuse forme préhistorique. On ne peut se défendre de l'impression qu'une partie de sa magie vous pénètre, de même que, je le dis souvent, des gestes étranges viennent à tous les danseurs, peut-être à nous tous, si nous voulons bien les accepter.

Il était prévu que je viendrais à Tucson pour visiter une école catholique pour jeunes filles que Mark Bahti, un de mes administrateurs et amis qui vivait en Arizona, considérait comme un second établissement possible pour notre compagnie de danse. Mais je voulus d'abord visiter son extraordinaire boutique d'objets d'art amérindiens. C'était l'œuvre de la vie de Tom, le père de Mark. Tom avait été un grand ami des Indiens. Ils lui apportaient toujours ce qu'ils avaient de mieux. Mais l'un des plus grands trésors de Tom ne vient pas des Indiens d'Amérique. C'est un billet manuscrit de Georgia O'Keeffe. Il se trouve aujourd'hui au mur de la boutique, avec une salutation que seule Georgia pouvait avoir tracée de cette écriture enlevée qui était la sienne : "Salut, Tom Bahti !"

Vus de la voiture, en parcourant le chemin d'accès, les bâtiments que nous devions visiter paraissaient un peu rébarbatifs, très gothiques – pas vraiment le style que je préfère. Ils abritaient depuis plus de soixante ans les sœurs du Cœur Immaculé. Lors d'une conférence de presse, à un journaliste qui me demandait pourquoi j'avais choisi cette académie comme lieu possible pour mon école et ma compagnie, j'ai répondu : "Parce que le sol où elle se trouve est sacré."

Mais le sol est sacré partout, dans cette région. Sacré pour les Indiens, sacré même avant qu'ils s'y installent. Quels étranges animaux vivaient ici, quelles gens et quelles plantes étranges. Tout cela repose sur un sol sacré. Un sol consacré à la vie – aux merveilles de la vie.

L'une après l'autre, les sœurs vinrent me saluer, vêtues de ce bel habit noir et blanc qu'on voit si rarement à présent. Sœur Julie me confia que ma danse accomplissait ce qu'elles espéraient réussir dans leurs messes : une communion dans l'unité de l'esprit humain. Les sœurs me dirent qu'elles me considéraient comme une mystique. Mais ce n'est pas du tout comme ça que je me vois.

Avec mon éducation presbytérienne, ce fut un soulagement pour moi de découvrir un jour que dans le tir à l'arc, pécher signifie manquer la cible. La Bible est pleine d'histoires merveilleuses, surtout l'Ancien Testament. J'aimerais être connue comme une conteuse. J'ai une attitude religieuse envers les livres. Si j'étais abandonnée sur une île déserte, il ne m'en faudrait que deux : le dictionnaire et la Bible. Les mots sont beaux et magiques.

Ils m'ont ouvert de nouveaux espaces. Je suis une lectrice très bizarre. J'aime l'espionnage. Rien ne m'aide davantage à réfléchir à un problème que la lecture simultanée, en alternance, de deux romans policiers. Etrange, mais ça marche.

Depuis l'époque des *Follies*, j'ai l'habitude, presque tous les soirs, de rassembler autour de moi sur mon lit quelques-uns de mes livres préférés et d'en copier des phrases dans des carnets de sténographie verts. Récemment, après quelques griffonnages, je me suis sentie très agitée. J'avais entrepris une nouvelle création, *Maple Leaf Rag*. En dépit de mes efforts, je ne pouvais m'empêcher de penser au temps où je travaillais avec Louis Horst, dans les années trente. Je ne sais plus où nous étions, sans doute dans l'un de ces studios froids et pleins de courants d'air qui donnaient sur Central Park. Je m'étais traînée jusqu'à la fenêtre, la tête entre les mains, un signe évident pour le pauvre Louis que sa "Mirthless Martha" était en route pour l'une de ses fameuses dépressions irlandaises. Mais je ne voulais pas y céder tout de suite. Relevant la tête, j'implorai Louis : "Oh, Louis, joue-moi le *Maple Leaf Rag*." Il le fit. Ça me fit l'effet que j'en attendais : une délivrance momentanée de ma peur.

Maple Leaf Rag est une danse assez joyeuse. Ce n'est pas la musique que j'aurais choisie il y a cinquante ans. Dans un sens, c'est encore un chemin de fer, comme celui qui m'avait emmenée d'ouest en est bien des années auparavant. Je me revois, assise dans le fourgon, en train de regarder défiler les paysages que nous venions de traverser. Cela a toujours signifié quelque chose à mes yeux. On va de l'avant. Peut-être la route est-elle étrange, déserte. Mais c'est l'élan du moteur qui vous emmène, et vous arrivez à destination malgré l'étendue du pays dont vous avez hérité. C'est ça, la vie, pour moi. La vie ne consiste pas à abandonner, mais à aller de l'avant.

Nous sommes maintenant en octobre 1990. Je suis assise dans une loge très sombre du *City Center Theatre*, face à face avec une autre peur, une peur que mes années d'expérience ne m'aident pas à affronter. La première mondiale de *Maple Leaf Rag* a été un grand succès, mais cela ne signifie pas grand-chose pour moi, bien que je sois montée sur scène au dernier rappel. Car je me trouve à présent confrontée au temps de la plus grande déprime pour tous les gens de théâtre, les semaines qui suivent une saison. On est convaincu qu'il ne se passera plus rien, ni en bien ni en mal. C'est la fin. Rien n'y fait, pas même notre départ pour Tokyo, dans quinze jours, début de notre tournée asiatique.

Le théâtre est vide, enfin, et je passe à côté de la seule lumière qui reste allumée dans n'importe quel théâtre, quand tout est fermé et que tout le monde est parti. C'est une ampoule isolée, éblouissante, perchée en haut d'un long pieu de métal dressé au milieu de la scène. On l'appelle la lumière fantôme, elle symbolise toutes les vies et toutes les légendes qui subsistent dans ce théâtre et qui, sous une forme ou une autre, s'y continuent.

A quatre-vingt-seize ans, on me demande souvent si je crois en la vie après la mort. En vérité, je crois au caractère sacré de la vie, à la continuité de la vie et de l'énergie. Je sais que l'anonymat de la mort ne m'attire pas. C'est l'instant présent que je dois et souhaite affronter.

J'ai un nouveau ballet à faire pour le gouvernement espagnol, et j'ai longuement ruminé l'idée de le centrer sur l'image de la déesse et sur sa migration, de l'Inde à Babylone, à Sumer, à l'Egypte, puis la Grèce, Rome, l'Espagne (avec sa Dame d'Elche) et le Sud-Ouest américain. Et je suis sûre que ce sera une terreur et une joie, et que je regretterai un millier de fois de m'y être engagée, je penserai que c'est mon chant du cygne et la fin de ma carrière, j'aurai l'impression de m'être trompée cent fois et j'essaierai d'esquiver ces pas inévitables qui me suivent. Qu'ai-je d'autre à faire que d'aller de l'avant ? C'est ça, la vie, pour moi. Ma vie.

Comment tout cela commence-t-il ? Cela ne commence jamais, j'imagine. Cela ne fait que continuer.

Et un…

TERMES SPÉCIFIQUES

L'enseignement de Martha Graham comporte un certain nombre de termes spécifiques qui ont été adoptés internationalement. La danseuse française Geneviève Reynaud, qui a travaillé à New York avec la Compagnie Martha Graham, a bien voulu nous donner une brève description de ceux d'entre eux qui dans ce livre figurent sans explication suffisante. Les voici, dans l'ordre de leur apparition :

Release et *contraction* sont les mots clefs de la technique de Martha Graham. Tous ses mouvements sont fondés sur ces deux "positions" qui, ainsi qu'elle l'explique, ne sont pas des poses mais des mouvements du dos liés à la respiration profonde : le *release* à l'inspiration, la *contraction* à l'expiration. "Martha Graham nous a dit un jour (lors d'une classe qu'elle enseignait en 1986 dans son école), raconte Geneviève Reynaud, que pour exécuter une *contraction* ou un *release* il fallait au moins dix années de travail spécifique. C'est un état qu'il faut trouver dans le corps plus qu'un mouvement enseigné. Tout autre mouvement partira soit d'une *contraction*, soit d'un *release*."

Knee vibrations : c'est un exercice qui consiste à balancer d'avant en arrière l'une ou l'autre jambe pliée (la jambe de terre pouvant être tendue ou pliée également), avec une rotation interne et externe de la hanche, le buste et le bras opposé à la jambe en l'air accompagnant le mouvement dans une alternance de *contraction* et de *release*.

Prances : ce mot désigne d'ordinaire la démarche caracolante et gracieuse d'un cheval de cirque. Il s'applique ici à une démarche particulière de la technique Graham, un exercice qui se pratique généralement en diagonale, plus ou moins vite selon l'enseignant, dans le but de chauffer les jambes par déroulements successifs des pieds et des jambes.

Backfall : chute sur le dos, généralement en *contraction*.

N.d.E.

BABEL

Extrait du catalogue

463. NAGUIB MAHFOUZ
Matin de roses

464. FÉDOR DOSTOÏEVSKI
Le Bourg de Stépantchikovo et sa population

465. RUSSELL BANKS
Pourfendeur de nuages

466. MARC de GOUVENAIN
Retour en Ethiopie

467. NICOLAS VANIER
Solitudes blanches

468. JEAN JOUBERT
L'Homme de sable

469. DANIEL DE BRUYCKER
Silex

470. NANCY HUSTON
Journal de la création

471. ALBERTO MANGUEL
Dictionnaire des lieux imaginaires

472. JOYCE CAROL OATES
Reflets en eau trouble

473. ANNIE LECLERC
Parole de femme

474. FÉDOR DOSTOÏEVSKI
Les Annales de Pétersbourg

475. JEAN-PAUL JODY
Parcours santé

476. EDUARD VON KEYSERLING
Versant sud

477. BAHIYYIH NAKHJAVANI
La Sacoche

478. THÉODORE MONOD
Maxence au désert

479. ÉRIC LEGASTELOIS
Adieu Gadjo

480. PAUL LAFARGUE
La Légende de Victor Hugo

481. MACHIAVEL
Le Prince

482. EDUARD VON KEYSERLING
Eté brûlant

483. ANTON TCHEKHOV
Drame de chasse

484. GÖRAN TUNSTRÖM
Le Voleur de Bible

485. HERBJØRG WASSMO
Ciel cruel

486. LIEVE JORIS
Les Portes de Damas

487. DOMINIQUE LEGRAND
Décorum

488. COLLECTIF sous la direction de JEAN-MICHEL RIBES
Merci Bernard

489. INTERNATIONALE DE L'IMAGINAIRE N° 14
Eros & Hippos

490. STEFANO BENNI
Le Bar sous la mer

491. FRANCIS ZAMPONI
Le Don du sang

492. JAMAL MAHJOUB
Le Télescope de Rachid

493. FÉDOR DOSTOÏEVSKI
Les Pauvres Gens

494. GUILLAUME LE TOUZE
Dis-moi quelque chose

495. HEINRICH VON KLEIST
Théâtre complet

496. VIRGINIE LOU
Eloge de la lumière au temps des dinosaures

497. TASSADIT IMACHE
Presque un frère

498. NANCY HUSTON
Désirs et réalités

499. LUC SANTE
L'Effet des faits

500. YI MUNYŎL
Le Poète

501. PATRÍCIA MELO
Eloge du mensonge

502. JULIA VOZNESENSKAYA
Le Décaméron des femmes

503. ILAN DURAN COHEN
Le Fils de la sardine

504. AMINATA DRAMANE TRAORÉ
L'Etau

505. ASSIA DJEBAR
Oran, langue morte

506. V. KHOURY-GHATA
La Maestra

507. ANNA ENQUIST
Le Chef-d'œuvre

508. FÉDOR DOSTOÏEVSKI
Une sale histoire

509. ALAIN GUÉDÉ
Monsieur de Saint-George

510. SELMA LAGERLÖF
Le Banni

511. PER OLOV ENQUIST
Le Cinquième Hiver du magnétiseur

512. DON DELILLO
Mao II

513. MARIA IORDANIDOU
Loxandra

514. PLAUTE
La Marmite *suivi de* Pseudolus

515. NANCY HUSTON
Prodige

516. GÖRAN TUNSTRÖM
Le Buveur de lune

517. LYONEL TROUILLOT
Rue des Pas-Perdus

518. REINALDO ARENAS
Voyage à La Havane

519. JOE BRAINARD
I Remember

520. GERT HOFMANN
Notre philosophe

521. HARRY MULISCH
Deux femmes

522. NAGUIB MAHFOUZ
Le Mendiant

523. ANNE BRAGANCE
Changement de cavalière

524. ARTHUR SCHOPENHAUER
Essai sur les femmes

525. INTERNATIONALE DE L'IMAGINAIRE N° 15
Les Spectacles des autres

526. FÉDOR DOSTOÏEVSKI
Les Frères Karamazov (vol. I)

527. FÉDOR DOSTOÏEVSKI
Les Frères Karamazov (vol. II)

528. ANNE GUGLIELMETTI
Le Domaine

529. STEFANO BENNI
Bar 2000

530. ALAIN GRESH ET TARIQ RAMADAN
L'Islam en questions

531. YÔKO OGAWA
Hôtel Iris

532. WILLIAM KOTZWINKLE
Le Nageur dans la mer secrète

533. YASMINE CHAMI-KETTANI
Cérémonie

534. SÉBASTIEN LAPAQUE
Georges Bernanos encore une fois

535. HANAN EL-CHEIKH
Le Cimetière des rêves

536. ALAN DUFF
L'Ame des guerriers

537. JEAN-YVES LOUDE
Cap-Vert, notes atlantiques

538. YOURI RYTKHÈOU
L'Etrangère aux yeux bleus

539. GEORGE SAND
Antonia

540. GEORGE SAND
La Marquise, Lavinia, Metella, Mattea

541. RUSSELL BANKS
L'Ange sur le toit

542. BARBARA GOWDY
Un lieu sûr

543. NAGUIB MAHFOUZ
L'Amour au pied des pyramides

544. ALEXIS WRIGHT
Les Plaines de l'espoir

545. NAOMI KLEIN
No logo

546. REZVANI
L'Origine du monde

547. CLAUDE PUJADE-RENAUD
Platon était malade

548. NANCY HUSTON
Dolce agonia

549. GÉRARD DE CORTANZE
Cyclone

550. ANNE BRAGANCE
Le Lit

551. RAYMOND JEAN
Un portrait de Sade

552. ZOÉ VALDÉS
Cher premier amour

553. PER OLOV ENQUIST
Le Médecin personnel du roi

554. SONALLAH IBRAHIM
Les Années de Zeth

555. MAHMOUD DARWICH
La Palestine comme métaphore

556. PAUL AUSTER
Je pensais que mon père était Dieu

557. ANNE-MARIE GARAT
Les Mal Famées

558. PRUNE BERGE
T'es pas ma mère

559. ANTON DONTCHEV
Les Cent Frères de Manol

560. ELIAS SANBAR
Le Bien des absents

561. REINALDO ARENAS
La Colline de l'Ange

562. LIEVE JORIS
Mali Blues

563. DON DELILLO
Joueurs

564. *
Contes populaires de Palestine
(à paraître)

565. WILHELM HAUFF
Contes

566. SELMA LAGERLÖF
Le Cocher

567. ALICE FERNEY
La Conversation amoureuse

568. DENIS LACHAUD
La Forme profonde

569. PHILIPPE DE LA GENARDIÈRE
Morbidezza

570. WILLIAM SHAKESPEARE
Comme il vous plaira

571. DAVITT MORONEY
Bach, une vie

572. MICHAËL VESCOLI
Le Calendrier celtique

573. VASSILI AXIONOV
Les Oranges du Maroc

574. DAVID HOMEL
Un singe à Moscou

575. RAYMOND JEAN
La lectrice

576. ISABELLE EBERHARDT
Lettres et journaliers

577. VÉRONIQUE OLMI
Bord de mer

578. ANNA ENQUIST
Le Secret

579. KEN SARO-WIWA
Sozaboy

580. DON DELILLO
Outremonde

581. MARTHA GRAHAM
Mémoire de la danse

582. JEAN PÉLÉGRI
Ma mère, l'Algérie

583. PIERRETTE FLEUTIAUX
Des phrases courtes ma chérie

584. ASSIA DJEBAR
Les Nuits de Strasbourg

585. HUBERT NYSSEN
Le Bonheur de l'imposture

586. ELIAS KHOURY
La Porte du soleil

587. ARTHUR MILLER
Mort d'un commis voyageur

COÉDITION ACTES SUD – LEMÉAC

Ouvrage réalisé
par l'Atelier graphique Actes Sud.
Achevé d'imprimer
en février 2003
par l'imprimerie Hérissey
à Evreux
pour le compte
d'ACTES SUD
Le Méjan
Place Nina-Berberova
13200 Arles.

N° d'éditeur : 4929
Dépôt légal
1re édition : mars 2003
N° impr. : 94252
(Imprimé en France)